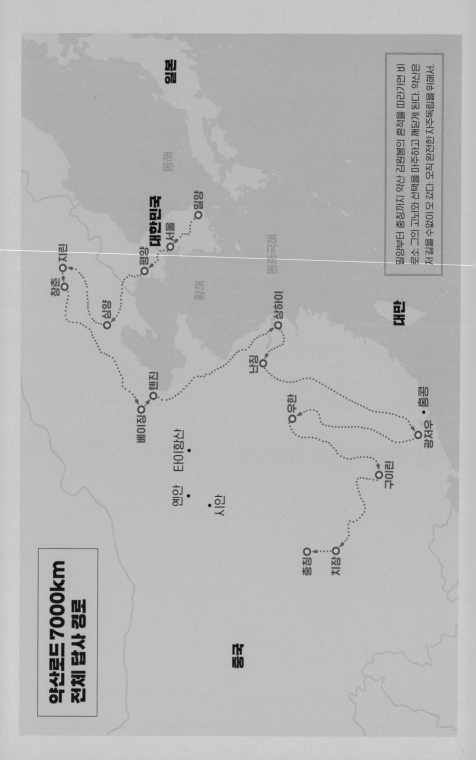

약산로드
7000km

약산로드
7000km

의열단 100년,
약산 김원봉 추적기

김종훈 지음

P 필로소픽

추천사

길, 고난의 길, 민족해방의 길, 벅찬 가슴을 억누를 수 없는 눈물 나는 길

김태영 박사
(약산 김원봉 장군의 생질)

지난 백년의 세월, 우리는 어떻게 지냈는가?
지난 백년의 세월, 우리는 어떻게 싸웠는가?

약산은 스스로를 직업 혁명가라고 했다. 그 혁명은 강도요, 악마인 일제를 내 나라에서 몰아내는 혁명이요, 착취에 고통 받는 조선 민중을 해방시켜 진정한 자유와 평등을 실행하는 혁명이다.

이승만, 박정희, 전두환 정부를 거치며 우리는 일제의 악행을 능가하는 처참한 살육과 착취의 현장을 보았고, 민중들의 기본권이 유린당하는 모습을 보았다. 그러나 우리는 지금 또 다시 희망을 본다.

나는 《약산로드 7000km》에서 희망을 만났다. 저자 김종훈 작가는 절대로 이 책을 책상머리에서 쓰지 않았다. 약산이 걸었던 7000km의 그 길을 애달파 울고 분노해 울며 다녔다. 약산을 아는 사람은 많을지 몰라도, 각지에 흩어진 약산의 흔적을 찾아서 현장을 두 발로 직접 누빈 사람은 김종훈 기자가 유일할 것이다. 그래서 이 책은 약산 추적 가이드이다. 나는 이 책을 통해 돌아가신 외숙부를 다시 만나 뵐 수 있었다.

대한민국 100년, 의열단 100년. 우리의 독립은 아직도 완수되지 않았다. 약산의 길을 따라 평생을 살아왔지만 나 역시 이제는 기력이 쇠함을 느낀다. 그러나 김종훈 기자는 젊다.

그래서 나는 우리에게 미래가 있음을 느낀다. 김종훈 기자의 말처럼 약산의 길을 따라가다 보면 만날 수 있을 것이다.

반 토막 난 독립운동을 완수하는 그 길.

차례

약산로드,
이렇게 준비하자

《약산로드 7000km》는 '여행서'다. 많은 청년과 시민이 이 책을 들고 진짜 약산의 길을 떠나길 바라는 마음으로 기록했다. 하지만 쉽지 않다는 걸 안다. 특히 시간과 돈, 마음을 써가며 약산 김원봉을 좇는 여행을 한다?! 열에 열은 '너 미쳤냐'는 반응부터 보인다.

스무 살 무렵, 《체 게바라 평전》을 읽고 게바라가 태어난 아르헨티나부터 혁명에 성공한 쿠바, 그리고 그가 최후를 맞이한 볼리비아까지 에르네스토 게바라의 삶을 추적해야겠다고 결심했다. 하지만 십수 년이 지난 지금까지도 감히 실천하지 못하고 있다. 영화 〈모터사이클 다이어리〉까지 나온 상황에서도 여전히 떠나지 못했다. 가장 큰 이유는, 내게 떠날 용기를 줄 '괜찮은 여행서 한 권'이 없었기 때문이다.

로드다큐 〈임정〉을 제작하고 《임정로드 4000km》를 쓰면서 약산 김원봉에 깊이 빠져들었다. 임정로드를 걷다가 약산 김원봉을 만났기 때문이다. '그가 없었다면 과연 우리 독립운동사를 제대로 기록이나 할 수 있었을까?' 라는 의문이 떠나질 않았다. 누군가는 그의 흔적을 좇아 기록해야 하지 않을까 생각했다. 약산 김원봉에 깊이 빠져들었던 만큼 프로젝트 〈임정〉을 마치자마자 자연스럽게 약산을 추적했다. 그리고 2019년 8월 29일, 경술국치 즈음해 이 책 《약산로드 7000km》가 탄생했다. 이 책이 언젠가 약산을 추적할 여러 시민의 '동행 가이드'가 되었으면 하는 바람이다. 부디 《약산로드 7000km》가 '여행서'로 널리 읽히길 바라는 마음으로 다음의 5가지 당부의 말을 남긴다.

1 지도 및 주소 활용법

임정로드와 달리 약산로드는 공용지도를 만들지 않았다. 들인 노력에 비해 효과가 크지 않다는 사실을 여러 후기를 통해 알게 됐기 때문이다. 대신 현장에서 직접 확인한 주소와 지도를 강조했다. 순수하게 이 책 한 권만 들고 약산 김원봉의 흔적을 추적할 수 있도록 배려했다. 대신 서울과 밀양 등 포털에서 검색만 하면 쉽게 찾아갈 수 있는 곳은 과감하게 지도를 생략했다. 대신 '놓치지 말아야 할 사실'을 강조해 내용의 풍성함을 더했다.

중국에서 만나는 약산의 흔적은 보다 농밀하게 지도로 첨부했다. 유적지 대부분은 최대한 지하철 같은 대중교통을 이용해 갈 수 있는 경로를 확인한 다음, 도착역에서부터 도보로 이동할 수 있도록 설명했다. 부득이하게 버스나 지하철 등을 이용

직접 현장을 표시해 활용한 필자의 구글 지도 구글 지도에서 주소를 입력하고 '내 장소'로 저장하면 노란 별로 즐겨찾기에 추가할 수 있다. 현지에서는 그저 스마트폰을 켜고 구글 지도에서 노란 별을 목적지로 삼아 경로 찾기를 하면 된다.

할 수 없는 유적지는 택시 등을 이용해 어떻게 하면 가장 효과적으로 찾아갈 수 있는지 따져보았다.

그래도 기본은 임정로드와 다르지 않다. 여정을 떠나기 전 자신의 개인지도(구글)에 가고자 하는 목적지 주소를 미리 입력해 앞의 지도 그림처럼 '노란 별'로 표시해 놓자. 현장에 도착하면 표시한 목적지를 지도를 보고 찾아가면 된다. 내 위치에서 목적으로 이동하는 과정을 이어가다 보면 왜 이 책이 인문서가 아닌 여행서인지 몸으로 알 수 있을 것이다.

② 이동하는 법

이번에도 최대한 대중교통을 이용해서 여정을 이어갈 수 있도록 구성했다. 도시 간 이동은 기본적으로 고속철도CHR 이용을 전제했다. 떠나기 전에 모든 열차 예매가 가능한 '씨트립ctrip'에서 승차권을 예약하자. 수수료가 아쉽지만 내 마음의 걱정을 덜어줄 값이다. 2018년과 비교해서 씨트립 예약에 변화가 하나 있다. 원래는 출발 전 역사에 미리 도착해서 티켓 교환처에 바우처와 여권을 제시해야만 승차권 교환이 가능했다. 열차를 이용할 때마다 상당히 시간이 걸렸던 이유다. 그런데 2019년 들어서 이 과정이 개선됐다. 직접 확인한 결과, 온라인으로 사전 예약한 승차권은 다른 역에서도 미리 발급할 수 있다. 예를 들면 미리 온라인으로 예약했다면 베이징 – 우한 구간 티켓을 지린역에서도 찾을 수 있다는 뜻이다. 중국에서 고속철도를 이용해

본 사람은 이것이 얼마나 대단한 변화인지 알 것이다. 시간과 노력, 심적 부담까지 모두 덜었다. 그럼에도 불구하고 항상 고속철을 탈 때는 최소 출발하기 한 시간 전에 도착해서 승차를 준비하자. 다시 경험한 사실인데, 이번에도 여지없이 예정 시각보다 빨리(!) 열차가 출발하는 경우가 발생했다.

❸ VPN과 로밍, 포켓 와이파이

중국에서 스마트폰으로 지도를 활용하려면, 특히 구글 지도를 사용코자 한다면, VPN은 필수다. 우회 접속 방식인데 본인 핸드폰에 VPN이 깔려있지 않으면 페이스북, 인스타그램, 네이버, 구글 등 각종 모바일 서비스와 SNS 이용이 매우 제한된다. 심지어 인증샷을 남기는 것도 매우 제한되는데, 반드시 한국을 떠나기 전 VPN 앱을 다운받자. 약산로드 여행을 떠날 계획이라면, 지금 이 글을 보는 순간 다운받자. 터보VPN 같은 무료 VPN도 있다. 굳이 유료 버전을 사용하지 않아도 된다.

임정로드 때는 로밍 대신 포켓 와이파이를 추천했다. 로밍을 사용해 요금폭탄을

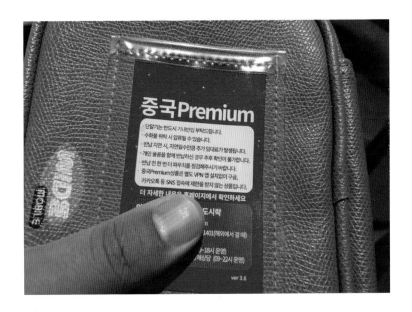

맞았던 경험 때문이다. 그런데 포켓 와이파이의 문제는 너무 느리다는 것이다. 인터넷을 넉넉하게 쓸 수 있다는 장점이 있지만 로밍에 비해 속도가 너무 느리다. 핸드폰을 집어 던질뻔한 기억이 많다. 그런데 최근 포켓 와이파이 프리미엄이 나와서 2019년 8월에 사용해보았다. 결과는 만족스러웠다. 로밍보다 훨씬 낫다. 물론 가장 싼 것은 바로 구입해 사용할 수 있는 'USIM'이다. 문제는 핸드폰 기종에 따라 중국 USIM이 아예 되지 않을 수도 있다. 필자가 그랬다.

4 아끼는 옷과 태극기, 플라스틱병 소주를 준비하자

약산로드는 상당히 고된 여정이다. 개인적으로 보면 인도와 아프리카 여행 못지않은 수준이다. 그럼에도 불구하고 훨씬 더 오래 기억에 남았다. 그만큼 준비를 많이 했고 자체적으로 특별한 이벤트도 계속 만들었기 때문이다.

우선 아끼는 좋은 옷을 준비하자. 약산로드는 특별한 장소의 연속이다. 특별한 곳에 섰을 때 아끼는 옷을 입자. 기록되고 기억될 사진이 달라질 것이다. 물론 힘든 여정에서 항상 아끼는 옷을 입고 다닐 순 없지만 그래도 한 벌쯤 준비했으면 하는 바람이다. 개인적으로 추천하는 장소는 상하이 와이탄과 충칭 연화지 청사(백범의

계단)이다. 태극기 역시 출국하는 순간부터 요긴하다. 잊지 않고 준비했으면 한다.

그럼 플라스틱병 소주는 왜 필요할까? 길마다 먹먹한 순간이 많다. 특히 지린시에 있는 의열단 창립지와 난징 천녕사, 우한 조선의용대 창립지, 충칭 약산 집터 그리고 밀양 박차정 지사의 묘는 뭐라고 형언할 수 없는 묵직한 감정이 밀려온다. 한 병에 2,000원 정도 하는 여행용 소주를 준비하자. 처음에는 중국산 독주를 준비했는데, 생각해보니 약산은 1918년에 망명해 1945년 12월에 돌아왔다. 만으로 27년이 넘는 시간을 중국에서 보낸 셈이다. 그에게 고향 땅 소주를 올리는 것도 우리의 여정을 더욱 단단하게 만들 것이라 생각된다.

5 그밖에 알아야 할 것 - 비자와 환전, 그리고 파파고에 대해

중국은 반드시 비자가 있어야 한다. 혼자 준비하기는 쉽지 않다. 최소 출발 2주 전, 여행사를 통해 문의하자. 쉽게 비자를 발급받을 수 있다. 단수의 경우 65,000원에서 70,000원 사이다. 급하게 하면 가격은 15만 원까지 올라간다. 환율은 2019년 8월 기준으로 1위안에 165원에서 170원 정도다.

끝으로 파파고. 일단 편리하다. 인터넷만 연결되면 내가 하고 싶은 말을 바로바로 전달한다. 보여주기만 해도 소통이 되니 크게 노력하지 않아도 됐다. 물론 상대의 말을 이해하지 못하는 단점은 있다. 그래도 급하게 내 생각을 전달해야 할 때, 특히 식당에서 유용하다. 핸드폰에 다운받기만 하면 된다.

이외에도 도시별 지하철 노선도와 중국판 네이버 지도인 바이두百度도 미리 핸드폰에 저장해놓자. 여정을 더욱 풍성하게 만들어줄 기본 자료다. 여름에 여행할 계획이라면 누차 강조하지만 모기 퇴치를 미리 준비하자. 장소를 가리지 않고 달려든다. 모기 기피제 혹은 바르는 모기약을 항상 가방에 넣고 다니자.

정말로 떠나고자 한다면 공부를 많이 하자. 대부분의 유적지가 잘 보존돼 있지 않다. 그냥 빈 터이거나 아무 흔적조차 없다. 하지만 아는 만큼, 생각한 만큼 보인다. 《약산로드 7000km》가 당신의 마음을 실천으로 이끄는 계기가 되었으면 좋겠다.

약산로드
추천코스

| 국내에서 만나는 약산로드 |

1 서울: 현충원에 잠든 친일과 항일을 찾아서

국립서울현충원 만남의집 – 부부위패묘(김홍준) – 국가유공자1묘역(백낙준) – 장군제1
묘역(김백일, 신응균) – 박정희 전 대통령 묘역 – 약수터(중간 휴식) – 대한독립군무명용
사위령탑 – 장군제2묘역(신태영, 이응준) – 임시정부요인 묘역 – 무후선열제단 – 애국지
사묘역 – 장군제3묘역(이종찬) / 3시간 코스

〈약산로드〉를 가이드 삼아 혼자서 친일파와 지사들을 찾아나서는 것도 좋지만 (오마이뉴스에서 비
정기로 진행하는) 저자와 함께 떠나는 현충원 투어를 함께하면 더 좋다. 보통 분기에 1회 진행한다.

2 밀양: 의열의 도시

밀양, 약산 김원봉이 태어난 도시다. 약산의 평생지기 석정 윤세주도 밀양에서 태어났다. 약산의 고모부 백민 황상규를 비롯해 정부로부터 훈장을 받은 독립유공 애국지사만 80여 명이다. 안동과 더불어 인구대비 가장 많은 숫자다. 한마디로 독립유공자의 산실과 같은 장소다. 2018년 봄 약산의 생가터에 밀양시가 의열기념관을 세우고 나서 밀양을 찾아야 할 이유가 더 분명해졌다. 그러나 2019년 들어 밀양시가 친일파 박시춘을 중심으로 한 〈가요박물관〉 건립을 추진 중이다. 지사들의 얼굴에 먹칠하는 부끄러운 일이다. 약산의 생질 김태영 박사와 밀양 출신 청년들을 중심으로 가요박물관 건립을 막고 있다.

> **오전** 밀양역 – 밀양시 내이동 의열기념관 – 석정 윤세주 생가 터 – 해천 항일 독립운동 테마거리(의열기념관 건너편) – 최수봉 선생 의거지 밀양경찰서 터 – 밀양보통학교 터 – 동화학교 터 – 밀양 아리랑시장(점심 식사)

> **오후** 밀양독립운동기념관 – 한반도 3대 누각 영남루 – 친일파 박시춘 집터(영남루 정문 앞) – 김약산 부인 박차정 지사 묘 – 표충사(약산의 십대 시절 공부 장소)

| 주제와 지역별로 떠나는 중국 약산로드 추천코스 4 |

약산로드의 여정은 길고 방대하다. 최적의 코스를 추천한다는 것이 결코 쉬운 일이 아니다. 최대한 효과적으로 여행할 수 있도록 동선과 스토리를 고려해 지역별로 구분했다. 우선 의열단이 탄생한 지린과 의열단의 중심이 됐던 베이징을 중심으로 꾸민 동북지역 코스, 약산의 꿈과 희망, 좌절이 동시에 존재했던 상하이와 난징을 중심으로 구성한 동부라인 코스, 조선의용대가 탄생한 우한을 시작으로 해방의 먹먹함이 이어진 광저우, 구이린, 치장, 충칭으로 이어지는 장강코스. 약산로드 전체코스는 지린에서부터 베이징, 상하이, 난징, 우한, 광저우, 치장, 충칭 등 모든 지역을 총 망라했다.

1 동북에서 만나는 약산로드 : 지린시-베이징 4박 5일 코스

1919년 11월 10일 약산이 동지들과 함께 의열단을 창설한 지린에서 일정이 시작된다. 우리에게 잘 알려지지 않았던 사회주의계열 지사들과 지린에서 유년기를 보낸 김일성의 흔적까지 추적할 수 있다. 도보 이동 및 지하철을 고려한 코스다.

1일차 장춘공항 – 고속철 이동(30분) – 지린 – 의열단 창립지 – 안창호 구금지(길림감옥 터) – 만보산 사건 발생지 – 조선일보 김이삼 피살지 – 손정도 목사 교회 터

2일차 김일성 수학 육문중학 – 북산공원 내 김일성 벙커 및 애국지사 회합장소 – 혁명열사기념비 – 혁명열사기념관 – 베이징 이동(고속철 7시간 30분, 다만 오전 10시 47분 고속철 5시간 42분)

3일차 베이징 의열단 본부(외교부가) – 협화병원(김산 수학 장소) – 왕푸징 거리 – 이육사 순국지 동창후통 28호 – 김산 거주지(1차 체포장소) – 신채호 '조선사' 집필장소 – 레닌주의정치학교 터 – 루쉰 박물관 – 금시방가

무심코 지나쳤던 거리, 그러나 지린에서도 베이징에서도 약산과 의열단의 발자취가 곳곳에 남아있다.

4일차 초두후통(단재-약산 만남 장소) – 이회영 및 밀정 김달하 거주 거리 – 대한독립 청년단 본부 구지 – 군사통일주비회 개최지(베이징 동물원 내 창관루) – 석등암 신채호 거주지 – 민국대학(운암 김성숙 수학) – 보타암 신채호 거주지

5일차 김익상-김원봉 이별 추정지 인근 – 천안문광장 – 자금성 – 한국 복귀

2 동부에서 만나는 약산로드 : 상하이-난징 3박 4일

대한민국이 탄생한 상하이에서 약산과 의열단의 흔적을 찾기란 결코 쉬운 일이 아니다. '상하이에 의열단 본부가 있다'라는 옛 기록은 남아있지만 흔적은 어디에도 없다. 그나마 유일한 흔적 중 하나가 의열단원 김익상의 의거지 와이탄뿐이다. 헝가리인 마자알과 함께 폭탄을 준비했던 장소도, 단재 신채호가 우근 류자명과 함께 조선혁명선언을 작성한 장소도 어딘지 알 수 없다. 그러나 아쉬운 마음을 달래며 난징으로 이동하면 약산의 흔적은 뚜렷하다. 125명의 조선청년들이 조국의 독립을 위해 훈련받았던 '천녕사'를 비롯해, 약산이 난징에 거주할 때 살았던 호가화원, 중국 내 두 번째 유학 장소이자 민족혁명당이 탄생한 금릉대도 여전하다.

1일차 영안백화점(1921년 신년기념식 장소) – 와이탄 김익상 의거지 – 와이탄 북단 일본 총영사관(김익상 구금지) / 황푸강 유람선 야경으로 대체 가능

알다시피 상하이는 대한민국 임시정부가 탄생한 장소, 1932년 윤봉길 의사의 의거 때까지 임정은 상하이 생활을 이어갔다. 상하이를 포함해 동부라인에 위치한 자싱, 항저우, 난징에서의 임정 관련 무수한 흔적을 《임정로드 4000km》에 자세히 기록했다. 동부라인 일정을 고려한다면 약산로드와 임정로드를 병행할 것을 추천한다.

2일차 난징 이동(고속철 1시간 30분에서 2시간) - 숙소 체크인 김구가 머물렀던 중앙반점 추천 - 리지샹위안소 - 김구 피난처 회청교 - 한인특별반 졸업생 남경거주지(교부영 16호)

3일차 금릉대(현 난징대) - 약산 거주지 호가화원 - 조선혁명간부학교 훈련터 천녕사 - (일정상 시간이 허락할 경우) 난징 대학살기념관(1937년 중일 전쟁 후, 남은 국민들은 크게 고통 받았다. 그 기록의 장소다)

4일차 쑨원의 묘 중산릉 - 한국 복귀

3 장강 따라 만나는 약산로드 : 우한, 광저우, 구이린, 충칭 6박 7일

1938년 10월 10일, 약산은 중국 혁명의 도시 우한에서 〈조선의용대〉를 창설한다. 약산이 평생을 준비했던 '군대를 통한 자주독립'이 드디어 첫 걸음을 뗀 것이다. 그러나 꿈은 오래지 않았다. 일제의 공습과 내부의 적이 약산의 꿈을 무너뜨렸다. 장강따라 이어지는 약산로드는 군인 김약산이 꿈꾸고 고민하고 실천하고 아파했던, 그 여정이 온전히 담겨있다.

1일차 우한 도착 - 조선의용대 창설지 - 조선의용대 경축식 장소(YMCA) - 조선민족전선연맹 터

2일차 우한 국민정부 청사 - 적경리 위안부 터 - 조선청년전시복무단 터 - 팔로군판자처 기념관(조선의용대 사진 전시) - 장강 둔치 - 신해혁명기념관 - 황학루및 백운정, 악비 장군 동상

3일차 광저우 이동(고속철 4시간 30분) - 황포군관학교 - 동정진망열사묘원

4일차 영웅광장 - 기의열사능원 - 동교장 - 동산백원 - 공산당 3차 회의장소 - **구이 린 이동**(고속철 2시간 30분~3시간)

5일차 조선의용대 구이린 본부 터 칠성공원 및 시가원 거리 (일정에 여유 있다면 '리강' 투어 적극 추천) - **충칭 이동**(고속철 5시간 내외)

6일차 약산 거주지 및 박차정 지사 순국 추정지 - 연화지 청사(군무부장 시절) - 광복 군 사령부 - 광파대하(약산 라디오 방송) - 충칭 홍야등 거리(야경)

7일차 한국 복귀

4 중국에서 만나는 약산로드 7000km 완전정복 / 15박 16일

약산 김원봉은 1918년 중국에 망명한다. 고국에 돌아온 것은 만 27년이 지난 1945년 12월의 일이다. 그사이 약산은 일제가 가장 두려워한 의열단을 창설한 의백이 됐고, 중국 국민혁명군의 간부가 돼 중국 동지들과 함께 난창봉기에 참여했다. 이후 베이 징에서 레닌주의정치학교를 만들어 교장이 됐다. 1932년 난징으로 이동해 조선혁명 간부학교의 교장이 됐고 1935년에는 민족혁명당을 창당했다. 1938년 조선의용대를 설립해 총대장이 됐다. 1940년대 충칭으로 이동해 우리민족 사상 최초의 좌우합작 을 이뤄냈으며 대한민국 임시정부 군무부장과 광복군 부사령으로 활동했다. 1944년 부인이자 동지였던 박차정 지사를 충칭에서 떠나보냈다.

약산로드 중국 전 일정을 돌아보는 완전정복 코스는 지린을 시작으로 베이징 - 상 하이 - 난징 - 우한 - 광저우 - 구이린 - 충칭으로 이어지는 15박 16일 일정이다.

1일차 장춘공항 - 고속철 이동(30분) - 지린 - 의열단 창립지 - 안창호 구금지(길림감 옥 터) - 만보산 사건 발생지 - 조선일보 김이삼 피살지 - 손정도 목사 교회 터

2일차 김일성 수학 육문중학 - 북산공원 내 김일성 벙커 및 애국지사 회합장소 - 혁 명열사기념비 - 혁명열사기념관 - 베이징 이동(고속철 7시간 30분 소요, 다만 오전 10시 47분 고속철 5시간 42분)

3일차 베이징 의열단 본부(외교부가) - 협화병원(김산 수학) - 왕푸징 거리 - 이육사 순국지 동창후통 28호 - 김산 거주지(1차 체포장소) - 신채호 '조선사' 집필 장 소(북경대학구지) - 레닌주의정치학교 터 - 루쉰 박물관 - 금시방가

4일차 초두후통(단재 약산 만남 장소) − 이회영 및 밀정 김달하 거주 거리 − 대한독립청년단 본부 구지 − 군사통일주비회 개최지(베이징 동물원 내 창관루) − 석등암 신채호 거주지 − 민국대학(운암 김성숙 수학) − 보타암 신채호 거주지

5일차 김익상-김원봉 이별 장소 추정지 정양문前门 인근 − 천안문광장 − 자금성 − 상하이로 이동(고속철 4시간 30분)

6일차 영안백화점(1921년 신년기념식 장소) − 와이탄 김익상 의거지 − 와이탄 북단 일본 총영사관(김익상 구금지) / 황푸강 유람선 야경으로 대체 가능

7일차 난징 이동(고속철 1시간 30분 2시간) − 숙소 체크인 김구가 머물렀던 중앙반점 추천 − 리지샹위안소 − 김구 피난처 회청교 − 한인특별반 졸업생 남경 거주지(교부영 16호)

8일차 약산 거주지 호가화원 − 조선혁명간부학교 훈련터 천녕사 − 난징 대학살 기념관

9일차 쑨원의 묘 중산릉 − 우한 이동(고속철 3시간)

10일차 우한 조선의용대 창설지 − 조선의용대 경축식 장소(YMCA) − 조선민족전선연맹 터

11일차 우한 국민정부 청사 − 적경리 위안부 터 − 조선청년전시복무단 터 − 팔로군 판사처 기념관(조선의용대 사진 전시) − 장강 둔치 − 신해혁명기념관 − 황학루 및 백운정, 악비장군 동상

12일차 광저우 이동(고속철 4시간 30분) − 황포군관학교 − 동정진망열사묘원

13일차 영웅광장 − 기의열사능원 − 동교장 − 동산백원 − 공산당 3차 회의장소 − 구이린 이동(고속철 2시간 30분~3시간)

14일차 조선의용대 구이린 본부 터 칠성공원 및 시가원 거리 (시간 여유 있다면 '리강' 투어 적극 추천) − 충칭 이동(고속철 5시간 내외)

15일차 약산 거주지 및 박차정 지사 순국 추정지 − 연화지 청사(군무부장 시절) − 광복군 사령부 − 충칭 홍야등 거리(야경)

16일차 한국 복귀

프롤로그

반 토막 난 독립운동사와
약산 김원봉의 길

　참 도발적이게도 난 약산 김원봉을 통해 '반 토막 난 우리 독립운동사'를 말하고 싶었다. 그만큼 '빨갱이 김원봉, 공산주의자 김원봉'이라는 소리가 듣기 싫었는데, 무엇보다 제대로 알지도 못하면서 너무나 당당하게 약산을 빨갱이라 외치는 그들에게 "좀 알고 떠드시오"라는 말과 함께《약산로드 7000km》를 던지고 싶었다. 그래서 지금까지 나온 약산 관련 이야기와는 좀 더 다르게 쓰고자 했다. 좀 더 현장감 넘치는 이야기를 치밀하게 담아내고 싶었다. 배낭을 메고 지난 1년을 걷고 또 걸은 이유다. 약산의 고향 밀양을 시작으로 서울, 지린, 베이징, 상하이, 난징, 우한, 광저우, 구이린, 치장, 충칭을 추적했다.

　그러나 일제가 가장 두려워한 의열단 창립지엔 아무런 표식이 없다. 이육사와 정율성 등 125명의 독립투사를 길러낸 조선혁명간부학교 터는 폐허가 돼 방치돼 있다. 중국 최초의 한인 정식군대였던 조선의용대 창립지는 정확히 어딘지 특정조차 안 된다. 김약산이 부인 박차정 지사를 보낸 충칭의 집터는 재개발을 앞두고 헐리기 직전이다. 현장에 서면 이를 어떻게 기록하고 정리해야 하는 아득함이 먼저 밀려온다. 1부를 서울로 잡았다. 그것도 약산과 직접적인 관련이 없는 현충원을 도입부에 배치했다. 왜 그랬을까? 약산이 부재한 '반 토막 난 독립운동사'를 그대로 보여주고 싶었다. 의열단원들이 잠든 묘역 뒤쪽으로 악질 친일파들이 잠들어 있다는 사실 또한 강조하고 싶었다. 어디서부터 잘못됐는지 알면 약산의 걸음을 쫓는데 좀 더 힘을 낼 수 있지 않을까 생각했다.

무려 7000km의 거리다. 약산이 걸은 거리를 실제로 환산하면 훨씬 길지만 기계적으로 밀양에서부터 서울과 평양, 지린, 베이징, 상하이를 거쳐 충칭까지 선을 그었다. 그랬더니 그 거리가 7000km였다. 이를 약산로드라 이름 붙였다.

서울에서의 헛헛함을 뒤로하고 지린으로 떠났다. 100년 전 일제가 가장 두려워한 의열단이 창설된 곳, 지린에서 약산의 중국 망명 초기 행적을 추적했다. 어떻게 의열단이 만들어지고, 우리가 잘 몰랐던 의열단 탄생의 진실도 함께 추적했다. 지린이 소년 김일성이 만들어진 땅이라는 사실을 이번 현장 답사를 통해 처음 알았다.

베이징에서는 우리가 잘 몰랐던 약산의 화북 생활, 그중에서도 초창기 의열단 행적과 20년대 후반과 30년대 초반에 집중했다. 약산은 당시 박차정 지사를 만나 자신의 목표대로 꿈을 이뤄갔다.

상하이는 약산에게 희망과 좌절의 도시다. 여러 동지들을 만나고 떠나보내며 영욕의 세월을 보냈다. 그중에서도 김익상, 박재혁과의 추억은, 우리가 결코 놓쳐서는 안 되는 이야기다. 난징은 약산이 1930년대를 올곧이 보낸 장소다. 난징 금릉대학에서 유학하긴 했지만 역사에 길이 남을 독립운동가 김약산을 만들고 키워준 땅은 바로 난징이다. 이곳에서 약산은 조선혁명간부학교를 운영했고 민족혁명당을 만들어 조국광복을 위한 구체적인 걸음을 실천했다. 약산의 직간접적인 실제 기록도 (밀양을 제외하고) 가장 많이 남아있는 장소다.

우한은 아픈 장소다. 조선의용대를 창설한 혁명의 도시지만 약산에 대한 기록이 많지 않다. 그래서 더 팔로군 판사처에서 접한 김약산의 사진이 뚜렷하다. 광저우는 슬픈 도시다. 약산과 함께 꿈을 키웠던 동지들이 이념이라는 이름으로 서로에게 총부리를 겨눴다. 약산은 이념이 만든 냉혹한 현실에 자신이 어떤 길을 걸어야 할지 깨닫고 다짐했다. 현실주의자 김약산이 탄생한 순간이다. 최근 황포군관학교에 새겨진 김약산의 이름이 발견됐다.

천하절경 구이린은 중국 최초의 한인 군대 조선의용대가 처음이자 마지막으로 약산의 뜻대로 행동하고 움직인 장소다. 장군 김원봉이 정치인 김원봉으로 변화해야만 했던 시기인데, 약산이 대한민국 정치사에서 최초로 이뤄지는 좌우합작을 위한 준비 시기이기도 하다. 충칭에서의 약산은 고난과 고난의 연속이었다. 광복을 향해 뜻을 모으지만 처음 목표했던 군대를 통한 수복을 이뤄내지 못했다. 군인으로 오를 수 있는 최고의 위치까지 올랐건만 정치인으로서의 선택에서는 최선의 결과를 만들어내지 못했다. 부인 박차정 지사를 보내고 최동옥 지사를 새로이 만난 곳이기도 하다. 이곳에서 해방을 맞았다.

그리고 서울과 평양, 해방된 조국에서 김약산은 갈등한다. 최선의 선택을 항상 고민하지만 결과적으로 그 선택이 최선이었는지는 여전히 답을 내릴 수 없다. 김약산의 이름 석 자는 지금도 대한민국 사회에서 논란 중이다.

2019년 의열단 100주년을 맞아,《약산로드 7000km》를 꺼내든 이유다. 진심 다했다.

1부
─
서울

의열단 100년,
친일의 그림자는 여전하다

01

항일과 친일이 함께 잠든 곳
국립서울현충원

📍 여기는

국립서울현충원. 약산 김원봉과 직접적인 관련이 있는 곳은 아니다. 그러나 《약산로드 7000km》를 시작하는 첫 번째 장소로 소개하기에는 부족함이 없다. 그럴만한 이유가 있기 때문이다.

〈국립서울현충원 종합안내서〉 제일 뒷면을 보면 '여기는 민족의 얼이 서린 곳, 조국과 함께 영원히 가는 이들, 해와 달이 이 언덕을 보호하리라'는 문구가 있다. 말 그대로 조국을 위해, 대한민국을 위해 목숨 바친 애국지사와 순국선열, 호국영령이 잠들어 있는 땅이다.

그런데 이곳 현충원에는 애국지사뿐만 아니라 친일 반민족행위자도 잠들어 있다. 그것도 하나같이 국가가 공인한 인물들이다. 2009년 대통령 소속 친일반민족행위 진상규명위원회는 보고서를 통해 '국립 서울 현충원에 친일파 7인이, 국립 대전 현충원에 4인의 친일파가 각각 잠들어 있다'고 발표했다.

반 토막 난 독립운동사에 약산의 이름을 올려야겠다고 결심한 첫 번째 이유다. 국립서울현충원에 잠들어 있는 친일파 7인 김백일, 김홍준, 신응

28

여기는 민족의 얼이 서린 곳
조국과 함께 영원히 가는 이들
해와 달이 이 언덕을 보호하리라.

균, 신태영, 이응준, 이종찬, 백낙준. 이들은 대부분 일제강점기 만주군에 복무하면서 독립군을 때려잡던 인사들이다. 게다가 해방 후에는 미군정과 이승만 정권 아래 다시 국군으로 돌아와 보란 듯이 현역으로 활동했다. 이들은 한국전쟁을 거치면서 더 높은 자리로 영전했고 각각 군 사령관과 참모총장, 국방부 장관이 됐다. 국립서울현충원 장군 제2묘역에 묻힌 일본군 장교 출신 신태영과 이응준이 대표적이다. 대한민국 임시정부 주요 인사 묘역과 불과 100m도 떨어지지 않은 곳에 이들이 묻힌 장군 제2묘역이 있다. 의도했든 아니든 이들 친일파의 묘역이 애국지사 묘역보다 더 높은 곳에 자리한 탓에 친일파 무덤이 애국지사 무덤을 아래로 내려다보는 형태다. 더 화가 나는 건 이름 없이 쓰러져간 수만의 독립군을 위로하기 위해 세운 '대한독립군 무명 용사 위령탑' 역시 친일파 묘역 입구 하단에 있다는 사실이다. 그리고 위령탑 아래가 의열단 출신 김익상과 김상옥, 박재혁, 곽재기, 최수봉, 이종암 등이 잠든 애국지사 묘역이다. 한마디로 친일파의 무덤이 조국 독립을 위해 청춘과 목숨을 다 바친 애국지사와 순국선열보다 더 높고 양지바른 곳에 위치해 있다는 말이다.

장군 제2묘역에 잠든 친일반민족행위자 신태영은 1914년 일본군 육군 보병 소위로 임관한 뒤 일본 나고야의 제3사단에서 근무하다가 1918년 시베리아 간섭 전쟁에 참전한 인물이다. 그 뒤 1934년 대전중학교 군사교관을 거쳐서 1942년 7월, 용산 정차장 사령관으로 부임해 병참 보급 업무를 수행했다. 그는 이때부터 병참에 탁월한 능력을 발휘했다. 신태영은 이때부터 일제의 침략전쟁에 조선 청년과 물자를 싹쓸이해가며 지원했다. 특히 1944년 4월부터는 황해도 해주에서 육군병사부 과장으로 근무하며 일

위성사진으로 내려다본 현충원의 모습
친일파가 묻혀있는 장군 제2묘역 등과 애국지사 묘역 등을 한눈에 확인할 수 있다.

제의 전시체제 동원업무에서 중추적인 역할을 수행했다. 일제에 군인으로 복무하며 살았던 시간만 따져 봐도 30여 년이다. 실제로 신태영이 1891년 2월에 태어나 1959년 4월에 사망한 것을 고려하면 70여 년 삶 중 반 이상을 일본인으로 살았다. 이는 곧 현충원 장군 제2묘역에 잠든 신태영이 일본인 '히라야마 호에이平山輔英'로 더 많은 인생을 살았다는 의미다. 그는 해방 후에 잠시 몸을 숨겼다가 1948년 여순항쟁이 발생한 뒤에 국군에 자진 입대했고, 그해 11월 대령 계급을 달고 육군본부 행정참모부장이 되었다. 1949년 드디어 준장으로 진급해 당시 존재했었던 대한민국 육군의 예비군 부대였던 호국군의 참모부장이 되었다. 신태영은 결국 1952년 3월, 육군 중장 예편과 동시에 대한민국 4대 국방부 장관이 된다.

장군 제2묘역에 잠든 친일파 이응준도 마찬가지다. 그는 '가야마 다케토

신태영의 묘 평생 히라야마 호에이로 더 많은 삶을 살았던 그는 광복 후 대한민국 제4대 국방부 장관이 되었다.

시香山武俊'라는 이름으로 대부분의 인생을 살았다. 1914년 일본 육군사관학교를 졸업해 소위로 임관한 뒤 일본군 장교로 30년 이상 복무하며 시베리아 간섭 전쟁과 1920년대 중국 침략전쟁 등에 참전했다. 1920년대는 우리나라 독립군이 만주에서 가장 빛나는 전공을 일궈냈던 시기다. 봉오동 전투와 청산리 대첩 모두 이때 얻은 전과였다. 그러나 이응준은 만주와 봉천 지역으로 출동하는 등 일본군 장교의 임무에 충실했으며, 1937년 중일 전쟁이 발발하자 일본군 중좌로 사단 사령부와 북지파견군 사령부 등에서 일하며 중국 전선에서 더욱더 적극적으로 각종 전투에 참전했다.

이응준은 조선인 출신으로는 가장 높은 계급중 하나인 '대좌(현재 대령급)'까지 올라간 인물이었는데, 실제로 고위 장교로서의 공적을 인정받아서 1935년과 1939년에 걸쳐 일제의 훈장을 받았고, 이후에는 더 열성적

친일파 이응준 묘에서 바라본
임시정부 요인 묘역

으로 조선 청년을 전선에 보내는 일을 했다. 1941년 태평양전쟁이 발발한 다음 대좌로 승진해 징병제 실시에 대해 감사와 지지를 표명하며 계속해서 앞장서서 침략전쟁을 수행했다. 그러나 해방 후 함경도 원산부에서 원산항 수송 업무를 보다 개인적으로 탈출했고 이후 미군정의 군사고문으로 위촉되어 국군 창설에 주도적으로 참여하며 초대 육군참모총장과 체신부(지금의 정보통신부) 장관을 역임했다. 1952년에는 육군대학교 총장을 맡기도 했다.

그리고 우리가 결코 잊어서는 안 되는 악질 친일파 김백일도 현충원에 버젓이 잠들어 있다. 김백일은 친일반민족행위자 명단에 김찬규로 기록된 인물로 인생의 대부분을 '가네자와 토시미나미金澤俊南'로 살았다. 실제로 김백일로 산 건 그의 인생에서 불과 6년밖에 되지 않는다. 친일반민족행위자 김백일은 〈친일반민족진상규명 보고서〉에 무려 22페이지에 걸쳐 친일 행적이 기록된 인물이다. 그만큼 화려한 친일 행각을 나타냈다.

김백일의 대표적 친일 활동은 간도특설대에서의 활약이다. 만주에서 태어난 터라 당시 일본의 괴뢰국가였던 만주국 봉천군관학교에서 수학하고 졸업한 김백일은 1937년부터 일본군 장교로 활동했고 1939년 간도특설대가 창설되자 창군 멤버가 되었다. 여기서 말하는 간도특설대는 조선인을 중심으로 만들어진 일본 만주국 소속 부대로, '조선독립군은 조선인이 다스려야 한다'라는 명분으로 탄생한 우리 독립운동사 사상 가장 악질적인 친일 부대다.

김백일은 해방까지 간도특설대 중대장으로 복무하며 간도성 및 열하성 일대에서 적극적으로 일제의 침략전쟁을 수행했다. 당시 혁혁한 공을 인정받아 1943년 9월에는 일제의 훈장까지 받았다. 해방 뒤인 1946년에는 오늘날 국군의 모태가 된 국방경비대 창설에 참여해 제3사단장 등을 지냈다. 1950년 6·25전쟁이 일어나자 육군 제1군단장으로 참전했다. 1951년

김백일 묘 전망 친일파 김백일의 묘역에서 바라본 서울시 전경, 최고의 위치다.

비행기 사고로 사망한 뒤 육군 중장으로 추서됐다. 현재 김백일의 묘는 국립서울현충원 안에서 가장 높고 양지바른 곳에 있다. 그의 묘에 서서 전망을 바라보면 한강을 비롯한 서울의 전경이 한눈에 들어온다. 만주군 출신 박정희 전 대통령의 묘역 바로 건너편이다.

이들 외에도 현재 국립서울현충원에는 친일파 백낙준, 신응균, 김홍준, 이종찬 등이 잠들어 있다. 국립대전현충원에는 해병대의 아버지라 불리는 간도특설대 출신 신현준과 친일파 김석범, 백홍석, 송석하 등 4인이 잠들어 있다. 분명한 사실은 이들로 인해 우리 독립운동사가 반 토막 났다는 불행이다. 우리는 현충원에서 이들 친일파의 묘를 마주하고 우리 역사가 지난 수십 년 동안 얼마나 비틀렸는지 반성하고 또 반성해야 하지 않을까. 현충원에 직접 가보면 더 절실하게 느낄 수 있다.

✪ 놓치지 말아야 할 사실

국가가 공인한 친일파들이 현충원에 잠들어있다는 사실. 이들의 친일 행적이 공식적으로 밝혀졌음에도 여전히 현충원에 이렇게 잠들어 있다는 사실을 현장에서 직접 보면 그저 기가 막힌다. 《임정로드 4000km》에서 다뤘던 예관 신규식 선생을 비롯해서 홍진, 양기탁, 노백린, 이상룡, 지청천, 이종암, 박재혁, 송병조, 조명하, 박은식, 이회영, 김상옥, 김익상, 조소앙, 엄항섭 등 독립운동가의 무덤이 친일파 무덤과 지척이라는 사실을 알게 되면 더 큰 울화가 치민다.

예관 신규식 선생 같은 경우는 70년 세월 동안 중국 상하이에 잠들어 있다가 1993년에야 고국의 품으로 이장됐다. 문제는 선생의 묘가 친일파 묘에서 불과 80m도 떨어지지 않았다는 점이다. 만약 선생이 이 사실을 안다면 어떤 생각을 할까? 죄송함과 부끄러움에 예관 선생의 묘 앞에서 한동안 고개를 들 수 없었다. 하지만 친일파 묘를 이장하거나 이장을 강제할 방법이 없다. 현재 우리 법이 그렇기 때문이다.

친일반민족행위자의 국립묘지 안장을 막거나 강제 이장을 가능하게 하는 법안은 지금까지 모두 다섯 번이나 발의됐다. 2007년 김원웅 전 의원(현 광복회장)이 처음 발의했는데 시간만 허비한 채 임기 만료로 폐기됐다. 2013년 김광진 전 의원이 발의한 개정안 역시 마찬가지다. 친일 인사는 국립묘지에 안장될 수 없도록 개정안에 규정했지만 제대로 된 논의 한 번 못하고 폐기됐다. 2016년과 2018년 6월, 같은 해 8월에 발의된 개정안 모두 국회 상임위 회의에서 언급조차 되지 못한 채 계류 중이다.

2019년 여름, 제21대 광복회장에 당선된 김원웅 전 의원은 필자와의 통화에서 '어떻게 친일파와 애국지사가 국립현충원에 함께 묻혀 있을 수 있냐'면서 '이 때문에 독립유공자 중에는 일부러 국립현충원에 묻히는 걸 거부한 애국지사도 있다'고 성토했다. 김 전 의원은 이어서 친일을 하고도 국립현충원에 묻히는 현실을 보면서 어느 누가 진심으로 나라를 지키고 군대에 가겠냐면서 이 문제를 해결하지 않는 이상 대한민국의 정통성은 정상 궤도에 올라설 수 없다고 목소리를 높였다.

그는 또 '친일 인사의 서훈을 취소하는 상훈법 개정안과 강제이장을 하게 하는 국립묘지법 개정안이 각 당의 당론으로 채택될 때까지 항일 독립선열 단체들이 힘을 모아 싸울 것'이라며 문재인 정부가 해야 할 일은 대한민국의 정통성이 정상 궤도로 올라갈 수 있도록 국립묘지에 있는 친일파를 우선적으로 이장해야 한다고 강조했다. 실제로 그는 친일청산을 광복회의 가장 중요한 과업으로 내건 상황이다. 2019년 5월 광복회장 당선 후에 재향군인회 등의 무차별적인 비난에도 불구하고 자신이 한 말을 실현시키기 위해 애쓰고 있다.

애국지사 묘에서 바라본
친일파의 묘

취재차 국회나 보훈처와 통화를 하다 보면 '법 때문에 어쩔 수 없다'는 말을 반복한다. 이해는 간다. 법을 준수해야 하는 공무원 입장에서 어떻게 위법한 행동을 하겠는가, 하지만 분이 풀리질 않는다. 억울해서 침이라도 뱉어야 할 것 같은 심정이다.

방법이 없을까? 누차 반복하지만 법을 바꾸지 않는 이상, 아무리 친일반민족행위자라도 유족의 동의가 없는 이상 강제로 무덤을 이장할 수 없다. 그렇다면 우리는 어떻게 해야 할까? 자발적으로 이장하게 만들면 된다. 방법은 의외로 간단하다. 친일반민족행위자 무덤에 세워진 비석 옆에 최소한 그것과 같은 사이즈의 비석에 '친일' 공적을 기록하면 된다. 어떻게 될까? 단언컨대 후손들은 떠나지 말라 해도 그들의 아버지와 할아버지를 옮길 것이다. 개인적으로 이를 위한 '운동'을 준비 중이다. 여러 시민들과 뜻을 모아 현충원에 잠든 친일파 무덤 옆에 공적으로 친일공적비를 세울 것이다. 지금은 구체적인 방안을 모색 중이다.

🚶 어떻게 갈까

국립서울현충원에 찾아가는 방법은 어렵지 않다. 서울지하철 4호선과 9호선 현충원역에 하차한 뒤 각각 4번 출구와 8번 출구로 나오면 현충원 입구가 보인다. 그러나 현충원에서 국가가 공인한 친일파의 무덤 위치를 찾기는 쉽지 않다. 여기서부턴 《약산로드 7000km》를 참조하는 것이 좋다. 국립서울현충원에 잠든 7인의 실제 묘역번호를 첨부했다. 현장에서 직접 보기를 추천한다. 우리 곁에 살아 숨 쉬는 항일과 친일의 역사를 온전히 체감할 수 있다.

혼자 방문할 경우엔, 현충원 입구에 위치한 만남의 집이나 민원안내실에 마련된 지도를 소지한 채 이동하자. 조금 더 원활하게 동선을 파악할 수 있다. 물론 가장 좋은 방법은 시간을 내서 필자와 함께 〈항일과 친일이 잠

대한독립군무명용사위령탑 친일파 묘역(2장군묘역)
입구 아래에는 이름 없이 조국을 위해 싸우다 사망한
독립군을 추모하는 위령탑과 부조가 있다. 경건한 마
음을 넘어 비장함 마저 느껴진다.

든 곳 현충원 투어)를 진행하는 것이다. 다음은 국립서울현충원에 잠든 국
가 공인 친일파 명단과 묘소 위치다.

김백일 제1장군묘역 19번 만주군 상위, 간도특설대 부대장
김홍준 부부위패 05-197번 만주군 상위, 간도특설대 복무
신응균 제1장군묘역 288 일본육사, 일본군 소좌, 친일파 신태영 아들
신태영 제2장군묘역 3 일본육사, 일본군 중좌, 친일파 신응균 아버지
이응준 제2장군묘역 6 일본육사, 일본군 대좌, 시베리아 간섭 전쟁 참전
이종찬 제3장군묘역 1 일본육사, 일본군 소좌, 일제로부터 금치훈장 수여(유일)
백낙준 유공자제1묘역 26 일제 대동아 구상 찬양, 애국기 헌납 운동, 연세대 초대 총장

02

독립운동의 거두가 모욕당한
치욕의 장소
수도청과 중부경찰서

🏷 여기는

약산 김원봉 장군은 1918년 스물한 살 나이에 중국으로 망명한 뒤부터
1945년 12월 조국에 돌아올 때까지 단 한 번도 일제에 잡힌 적이 없었던
독립혁명의 거두다. 그러나 1947년 봄, 악질 친일파 출신 경찰 노덕술에게
끌려가 모욕을 당했다. 수도청과 중부경찰서는 그런 장소다.

붙잡힌 지 십수 일 뒤에 약산은 '무혐의'로 풀려난다. 그리곤 아무런 말
도 없이 옛 의열단 동지 유석현 선생의 집으로 가 꼬박 사흘을 통곡했다.
당시 상황을 유석현 선생은 회고집《유석현 선생 증언》에 기록했다.

"장택상은 수도청장이 된 뒤 이승만의 정적들을 공산당으로 몰
아 때려잡았다. 약산과 조소앙이 붙잡혀갔다. 약산은 붙잡혀갈
때 화장실에 있었는데 일제 경시 출신 노덕술이 그대로 수갑을
채워서 끌고 갔다. 약산은 수모를 당한 뒤 나에게 와 사흘을 울었
다. 그는 '여기서는 왜놈 등쌀에 언제 죽을지 몰라…….'라고 울
면서 말했다."

이후 미군정은 약산에게 '민전과의 관계'를 끊으라고 요구했다. '민전'은 민주주의민족전선의 줄임말로 미군정 시기 결성된 좌파 계열의 연합 단체다. 약산은 여운형, 박헌영, 허헌 등과 함께 민전의 공동의장단을 맡았다. 그러나 미군정 입장에서 정치적으로 다른 입장을 가진 민전은 도저히 받아들일 수 없는 눈엣가시 같은 급진 단체였다.

당시 민전은 친일파 처단과 토지 개혁, 8시간 노동제 실시 등 당시 미군정에서 다시 득세한 친일파와는 완전히 반대 위치에 서서 혁신을 부르짖었다. 결국 부담을 못 이긴 미군정은 '약산이 남한에서 노동자의 파업을 사주하고 주도했다'는 이유를 대고 체포령을 내렸다. 동시에 1947년 8월 11일 밤을 기해 민전 산하 단체에 대한 폐쇄조치를 단행했다. 다음날 새벽에는 서울 수표동 소재 김원봉 자택에 대한 압수수색도 진행했다.

그러나 의열단 의백이자 조선의용대 총대장, 광복군 부사령 출신인 약산은 여전히 신출귀몰했다. 그는 일찌감치 위기를 감지하고 있었다. 무엇보다 미군정이 체포령을 내리기 한 달 전인 1947년 7월, 금릉대학 선배이자 민전 공동의장이었던 몽양 여운형 선생이 백주대낮에 혜화동 로터리에서 차로 이동하다 테러를 당해 사망하는 모습을 그대로 지켜봐야 했다. 함께 하던 동지가 해방된 조국에서 허망하게 떠나버린 것이다. 몽양의 암살은 약산으로 하여금 더 주변을 살피고 경계하도록 만들었다. 약산은 미군정의 체포령이 내려진 후 1948년 4월에 평양에 다시 나타나기 전까지 아예 종적을 감춰버렸다.

어쩌면 약산은 몽양의 장례위원으로 활동할 때부터 남한을 떠나야겠다고 이미 마음먹었을지도 모르겠다. 실제로 약산은 몽양의 장례 이후 우익 테러가 심각하게 우려되던 상황에서 종적을 감췄다. 다만 문제는 어떤 이유에서든 자발적으로 북으로 올라갔다는 점이다. 친일파의 득세만큼 우리 독립운동사가 반 토막 나버린 이유다.

약산이 노덕술에게 끌려가서 모욕을 당했다는 경찰서는 수도청인지 중부서인지 정확하지 않다. 확인 결과 1947년 3월에 약산이 노덕술에게 끌려간 곳은 두 군데로 압축된다. 공식적으로 약산이 끌려갔다고 나오는 장소가 당시 수도청(현 서울지방경찰청)과 중부경찰서다. 송건호 선생의 책에는 약산이 '수도청'으로 끌려갔다고 나온 반면 정정화 지사의 기록 등에는 중부경찰서로 나온다. 그만큼 약산에 대한 기록 자체가 명징하지 않다는 방증인데 확실한 답은 알 수가 없다. 그럼에도 조심스럽게 추측하면 서울 종로구에 위치한 수도청에 손을 보태고 싶다. 왜냐하면 당시 약산을 끌고 간 노덕술이 수도청 소속 수사과장이었기 때문이다. 기록에도 '노덕술은 약산을 수도청장이었던 장택상에게 우선 끌고 갔다'고 나온다. 이것을 놓고 보면 약산은 수도청으로 끌려온 다음 고초를 당한 것 같다. 물론 약산이 실제로 수도청에서 어떤 모욕을 당했는지 지금의 우리로서는 알 길이 없다. 기록에는 친일경찰 출신 노덕술에게 끌려가 모욕을 당했다는 이 야기만 나올 뿐이다.

당시 약산의 사회적 명망을 고려했을 때, 아무리 노덕술이라도 보는 눈이 많은 수도청에서 공개적으로 약산을 모욕주기란 쉬운 일이 아니었을 것이다. 그래서 서울 종로구에 위치한 수도청에 먼저 끌려간 뒤 다시 서울 을지로에 위치한 중부서로 옮겨졌을 가능성도 높다. 실제 수도청과 중부서 사이의 거리도 2.7km에 불과하다. 두 군데 모두 당시부터 지금까지 그 자리 그대로 자리하고 있다.

필자는 약산이 모욕을 당한 장소를 정확하게 알아내고자 서울지방경찰청에 정보공개 청구를 했다. 혹시라도 중부서와 수도청이 같은 장소는 아니었을까 하는 추측도 배제할 수 없었기 때문이다. 답변은 아래와 같다.

> "서울지방경찰청 홈페이지에 명시된 대로 1947년 본정경찰서가
> 중부경찰서로 개칭되었으나, 일본식으로 '중심지'를 뜻하는 본정
> (本町 : 혼마찌)이라는 단어가 일제강점기에 정해진 표기이기 때
> 문에 경찰서 명칭만 개칭한 것이다. 1946년 새로 창설된 수도경
> 찰청은 본정과는 무관하다고 해석함이 타당하다."

빈약한 기록 탓으로 결국 약산이 모욕을 당했던 정확한 위치는 여전히 확인할 길이 없다. 그러나 의열단 의백이자 조선의용대 총대장, 광복군 부사령이자 대한민국 임시정부 군무부장 출신인 약산 김원봉 장군이 자발적으로 북에 올라가기 전 수도청 혹은 중부서에서 친일경찰에 큰 모욕을 당했다는 것만은 분명한 사실이다.

✪ 놓치지 말아야 할 사실: 친일경찰 노덕술

해방 후 유력 정치 지도자 중에서도 제일 먼저 환국한 이승만 전 대통령은 대한민국 역사에 다시없을 잘못을 저지른다. 잔뜩 웅크리고 있던 친일파의 손을 잡아준 것이다. 이는 미군정 하에서 국내 경찰이 다시 친일반민족행위자로 가득 채워지는 직접적인 계기가 되었다. 약산을 잡아들인 노덕술이 대표적이다.

한민당 출신이자 당시 경찰 최고 수뇌부였던 경무부장 조병옥은 '직업적 친일이 아닌 생계를 위한 친일은 문제 될 게 없다'면서 친일파 재등용에 누구보다 앞장섰다. 실제로 1946년 11월, 미군정 치하의 경찰 간부 비율을 보면 경사 이상의 간부 중 80%가 일제 경찰 출신이었다. 장택상이 맡은 수도경찰청도 다르지 않았다. 수도청 산하 열 개 경찰서장 모두 일제 경찰 출신으로 등용됐다. 그리고 이들 일제 경찰 출신들은 보다 확실한 자리매김을 위해 '빨갱이 척결'을 자신들의 최우선 목표로 삼았다. 이는 미군정의 목표와도 부합했다. 1945년 9월 8일 오후 2시 인천에 상륙한 재조선미육군사령관 하지 중장은 자신들의 공공연한 목표가 '공산주의' 저지임을 숨기지 않았다. 결국 미국의 목적을 이루기 위해서라면 친일파든 아니든 수단은 중요한 문제가 아니었다. 미군정 입장에서 볼 때, 조선에는 일제강점기부터 활약했던 소위 '능력 있는' 인재들이 넘쳐났고, 하지는 아무 거리낌 없이 이들을 데려다 쓰기만 하면 됐다. 무엇보다 미국에서 공부하고 스스로 미국의 은혜를 입었다고 생각하는 유력 정치인 이승만은 그들에게 그 어떤 한국 지도자보다 유능하고 괜찮은 리더였다.

이러한 미세한 정세의 흐름을 친일경찰 노덕술은 정확히 포착했다. 독립군을 고문해 일제로부터 훈장까지 받은 그가 미군정 하에서 다시 한번 날개를 달 수 있었던 이유다. 노덕술 뒤에는 수도청장 장택상과 미군정의 직접적인 지원을 받는 이승만이 있었다. 해방 후 평양에서 구류됐다 탈출

한 노덕술은 수도청 수사과장이라는 고위직으로 영전한다. 노덕술에게 미
군정 치하의 대한민국은 물러설 수 없는 기회의 땅이었다. 다시 찾아온
기회, 그는 반드시 '더 높은 자리로 올라야겠다'라는 다짐을 한다. 때마침
1946년 9월 바라마지 않던 기회가 찾아왔다. 조선노동조합 전국평의회가
주도한 파업이 터진 것이다.

　파업은 당연한 결과였다. 미군정 하에서 남한의 물가는 상상을 초월할
정도로 인플레이션이 심각했다. 도저히 감당할 수준이 아니었다. 중간 도
매상들의 횡령 또한 심각했다. 1946년 3월 7일, 서울지역 철도 노동자들은
말 그대로 '입에 풀칠하기' 위해 뜻을 모아 산지 직접 구매를 시도했다. 그
러나 이번에도 친일경찰 출신이 문제였다. 노동자들이 뜻을 모아 구매한
쌀을 모두 강탈했다. 구매를 책임졌던 노동자는 열차에서 떨어지는 참사
를 당했다. 철도노동자들은 포기하지 않고 단체 명의로 미군정에 진정서
를 제출했다. 하지만 소용이 없었다. 미군정 하에서 다시 중용된 친일파들
은 '노동조합'을 공산주의 세력과 다르지 않게 생각했다.

　이들은 감히 노동자 나부랭이들이 어떻게 힘을 모아 집단행동을 하느냐면서 '다 때려잡아 족쳐야 한다'는 말을 공공연하게 하고 다녔다. 이런 상황에서 3월 29일 철도국 소속 열차 식당 노동자 38명이 무단으로 해고당했다. 이어 38도선 이남의 철도노동자 4만 명 가운데 15,000명이 해고된다는 소식도 전해졌다. 철도노동자들은 '강제해고'에 반대하는 투쟁을 결의했다. 이들은 미군정 하에서 요직을 차지하고 전횡을 휘두르는 친일파 출신 간부에 대해서도 투쟁을 다짐했다. 배를 곯던 노동자들은 미군정에 '잃어버린 쌀을 달라'고 요청했다. 미군정은 반응하지 않았다.

1946년 9월, 수개월을 힘겹게 버틴 철도노조는 남조선 철도종업원 대우 개선 투쟁위원회를 결성해 다음 날부터 총파업에 들어갈 것을 발표했다. 4만 명의 철도노동자들이 파업에 동참했다. 파업은 들불처럼 확산됐다. '쌀을 달라'는 목소리는 점차 '해고 반대', '노동운동의 자유'로 확대됐다. 철도노동자들이 파업을 선언한 지 사흘 만인 9월 27일, 전국의 학생 15,000명도 '학원 자유'와 '식민지 노예교육 철폐' 등을 요구하며 거리에 나섰다. 시위대의 기세는 날이 갈수록 커졌고 당시 전국적인 총파업 참여자는 무려 25만 명에 달했다.

문제는 미군정의 대응 방식. 그들은 '대화'보다는 '진압'을 선택했다. 하지 중장은 총파업은 과격한 선동분자에게 선량한 노동자들이 유인되어 발생한 것이라고 발표했다. 미군정의 지원을 받은 장택상 수도경찰청장은 9월 30일 새벽 장갑차와 소총으로 무장한 2,000여 명의 진압경찰을 동원해 남조선 총파업 투쟁위원회가 있는 용산의 경성 철도공장으로 출동했다.

새벽 2시, 경찰의 지원을 받으며 극우 집단 대한노총과 대한민주청년동맹 출신 괴한들이 먼저 파업노동자들에 대한 공격을 시작했다. 진압과정에서 전평 조합원 두 명이 현장에서 죽임을 당했다. 대한민주청년동맹의 감찰부장, 소위 '장군의 아들'로 잘 알려진 김두한은 파업 중인 철도노조원들에게 현장으로 즉각 복귀하지 않으면 모두 불태워 죽이겠다고 협박

했다. 전국적인 파업은 미군정과 극우주의자들의 테러로 이렇게 일단락되고 말았다.

파업 진압 과정에서 친일경찰 노덕술 역시 나름대로 자신의 역할을 수행했다. 다만 특출나게 두드러진 것은 아니어서 스스로 위기감을 느꼈다. 다른 친일파에게 밀릴 것 같은 분위기를 감지한 것이다. 그래서 그는 한 가지 특별한 결심을 한다.

노덕술은 치밀한 인간이었다. 한번 목표를 정하면 수단과 방법을 가리지 않고 준비하고 실행했다. 시류를 읽는 능력이 탁월했기 때문인데, 1937년 중일전쟁이 일어나자 병참 등을 지원하며 적극 협력해 일제로부터 공로상을 받았다. 이를 계기로 1941년에는 경성 종로경찰서 경부가 됐다. 동시에 일제로부터 서훈까지 받았다.

노덕술은 멈추지 않고 승진에 목숨을 걸었다. 1943년 9월 30일 보기 드물게 조선인 출신 일제 경시警視가 되었다. 해방이 되었어도 그의 성향은 변하지 않았다. 입신양명과 승진을 위해서라면 수단과 방법을 가리지 않았다.

그러나 아무리 노덕술이라도 약산이라는 독립운동의 거목을 상대하기

친일경찰 노덕술

는 쉽지 않았다. 국민들의 열화와 같은 지지를 받는 의열단 의백 출신을 건드리는 건 말도 안 되는 일이었다. 노덕술은 가만히 때를 기다렸다.

1946년 전평의 9월 파업이 지나간 1947년 3월 1일, 해방 후 두 번째로 맞이하는 삼일절이 됐다. 좌우의 갈등은 걷잡을 수 없이 번졌고, 전평은 다시 한 번 '24시간 총파업'을 선언한다. 1947년 3월 22일의 일이다.

노덕술은 전평의 총파업과 김원봉을 연결시켰다. 그는 공공연하게 '파업 배후에 민주주의민족전선 중앙위원 김원봉이 있다'는 시나리오를 강조했다. 마침내 노덕술은 우익청년단을 잔뜩 대동하고 꿈에 그리던 약산 김원봉을 체포한다. 미군정 하에서 다시 날개를 단 친일파 노덕술은 그제야 회심의 미소를 짓는다.

약산 김원봉의 구속은 당시 대한민국 사회에 엄청난 충격을 줬다. 애국지사 정정화[1]의 기록을 보면 알 수 있는데, 참고로 정정화는 김원봉과 마찬가지로 일생 독립운동을 위해 평생을 다한 인물이지만 정치적으로는 완전히 결을 달리한 인물이다.

"언젠가 약산이 경찰서에 잡혀 들어가 왜정 때부터 악명이 높았던 노덕술로부터 모욕적인 처우를 받았다는 말을 듣고 몹시 분개했

---

1) 정정화 지사는 약산보다 2년 늦은 1900년 여름에 태어났다. 대한민국 여성독립운동가의 대표 격이며 애국지사 김의한 선생과 1910년 열 살 나이에 결혼했다. 그의 시아버지는 구한말 고위 관료를 지낸 뒤 대한민국 임시정부에서 고문 역할을 맡은 김가진 선생이다. 그는 1920년 먼저 상하이로 망명한 남편과 시아버지를 따라 대한민국 임시정부에 망명했다. 그녀는 감시가 덜한 여성이라는 점을 이용하여 임시정부의 독립운동 자금을 모금하는 역할을 맡아서 중국과 국내를 오가면서 10여 년간 자금 모금책, 연락책으로 활동했다. 중국 망명 27년 동안 자신의 가족뿐 아니라 이동녕, 백범 김구 등 임정 요인 및 그 가족들을 돌보며 임시정부의 안 살림꾼으로서 임정 요인들이 지속적으로 독립운동을 할 수 있도록 뒷바라지하였다. 광복 후에는 미군정의 홀대 속에 1946년 개인 자격으로 귀국해야 했다. 오랫동안 임시정부에서 함께 활동했던 김구가 암살된 뒤에는 한국 전쟁 중 남편 김의한 마저 북으로 납북됐다. 남한에 남은 정정화는 부역죄로 투옥되는 등 고초를 치렀다. 1982년에야 뒤늦게 건국훈장 애족장을 받았다. 1991년 영면했다.

던 일이 기억난다. 평생을 조국 광복에 헌신했으며 의열단의 의
백이었고 민혁당의 서기장을 거쳐 임시정부의 국무위원 겸 군무
부장을 지낸 사람이 악질 왜경 출신자로부터 조사를 받고 모욕
을 당했다는 소리를 듣자 세상이 아무래도 잘못되고 있다는 것
을 느끼지 않을 수 없었다."

- 정정화,《장강일기》중

　약산은 4월 9일 무혐의로 석방됐다. 당연한 결과였다. 처음부터 노덕술
의 말도 안 되는 술책으로 발생한 일이었다. 그러나 다시 친일파가 득세한
세상, 독립운동의 거두 김원봉은 친일파에게 모욕을 당했다. 누차 강조하
지만 광복된 조선 땅에서 벌어진 일이다.

🚶 어떻게 갈까

서울지방경찰청와 중부경찰서를 찾아가는 길은 어렵지 않다. 서울지방경
찰청은 서울지하철 3호선 경복궁역 7번 출구를 나와 2분 거리다. 중부경
찰서는 서울지하철 2호선 을지로3가역 12번 출구를 나와 퇴계로 방향으
로 내려오면 도보 5분 거리에 있다.

나경원 선 넘었다…
친일경찰 노덕술과 뭐가 다르냐

> "해방 후 반민족행위특별조사위원회(이하 반민특위)로 인해 국민
> 이 무척 분열했던 것을 모두 기억하실 것이다. 또다시 대한민국
> 에서 이러한 전쟁이 일어나지 않도록 잘해 달라."

나경원 자유한국당 원내대표가 지난 3월 14일 자유한국당 최고위원회의
에서 위와 같이 언급했다. 발언 후 정치권은 여야를 가리지 않고 나 대표
가 오히려 국론을 분열시킨 것이라면서 '나라를 팔아먹은 친일 정당임을
스스로 인정한 것 아니냐'고 강하게 비판했다.

독립유공자와 후손들과 관련 단체 역시 나 대표에게 불편한 감정을 숨
기지 않았다. 특히 반민특위 위원장을 지낸 애국지사 김상덕 선생을 기리
는 김상덕기념사업회는 나 대표의 발언이 공개된 후 해방 후 친일경찰 노
덕술이 한 발언과 무슨 차이가 있느냐면서 반민특위가 탄생했을 당시에
도 나 의원처럼 친일파들이 '국론분열'을 언급하며 반민특위 활동을 반대
했다고 강조했다.

반민특위는 1948년 8월 대한민국 제헌헌법 제101조에 의거해 만들어
진 특별조사기구로 일제강점기 친일파의 반민족 행위를 조사하고 처벌하
기 위해 애국지사와 국민들의 성원 속에 탄생했다. 2.8 독립선언의 주역
이자 대한민국 임시정부 국무위원을 지낸 김상덕 선생이 반민특위 위원
장을 맡았다.

그러나 이승만 정권의 노골적인 방해와 노덕술 등 친일세력의 특위 위
원 암살 음모, 국회 프락치 사건 등을 겪으며 설치 1년여 만에 강제 해산됐

다. 반민특위가 좌초하면서 일제강점기의 친일 행위에 대한 처벌은 공식적으로 한 명도 이뤄지지 않았다.

나경원 대표 발언 선을 넘었다

나경원 원내대표의 '반민특위 국론분열' 발언 이후 김상덕기념사업회 정희철 회장은 나경원 대표의 발언은 선을 넘었다면서 허탈하게 웃었다. 정회장은 김상덕 위원장이 활동했던 당시 반민특위도 '국론분열' 같은 말들이 이어지다 해체된 것이라면서 '당시 반민특위가 제대로 활동할 수 있었다면 지금 우리가 (나경원 의원처럼 발언할 수 있는) 이런 상황에 빠졌겠느냐'고 개탄했다.

실제로 반민특위법 제정 과정에서부터 친일파들의 방해가 매우 거셌다. 특히 제헌의원이자 일제강점기 조선일보와 동아일보에서 몸담았던 김준연 등은 반민족행위처벌법(반민법)이 시행되면 사회가 혼란에 빠진다는 이유로 반민법 제정에 반대했다.

1948년 9월 7일 당시 제헌국회는 국민의 성원을 등에 업고 찬성 103명, 반대 6명의 압도적인 수치로 반민법을 통과시켰다. 특히 반민특위는 산하에 특별재판부와 특별검찰부를 둬 수사권과 기소권, 재판권을 바로 행사할 수 있게 했다. 말 그대로 유례없는 친일청산의 확실한 기구였다.

그러나 반민법 통과 이후의 과정은 단 한 번도 순탄한 적이 없었다. 일제강점기 35년 동안 자리를 잡은 강고한 친일세력의 저항이 곳곳에 가득했다. 1948년 10월 예비조사를 시작으로 1949년 1월 5일부터 본격적인 활동을 시작했으나 불과 8개월도 채 넘기지 못했다.

이승만 정권의 비호를 받은 노덕술 등 친일파가 암살자를 고용해 반민특위 위원들을 살해하려고 했다. 암살 기도가 실패로 끝나자 다음에는 사상범의 굴레를 덧씌웠다. 바로 '국회 프락치 사건'이다.

당시 국회 부의장이던 김약수를 비롯해 반민특위 특별검찰부 소속이던 노일환 등 진보적 소장파 의원들이 남로당 공작원과 접촉해 정국을 혼란시키려 했다는 혐의로 하루아침에 체포당했다.

친일파의 지원을 받은 시민들은 매일같이 반민특위 사무실에 몰려와 '반민특위 내 공산당을 숙청하라'는 구호를 외치며 문을 부수는 등 위협을 가했다. 그럼에도 김상덕 위원장 등 반민특위 위원들은 흔들리지 않았다. 오히려 1949년 6월 4일 당시 경찰 수뇌부였던 친일파 최운하를 체포하기까지 했다. 그러나 이승만 정권의 내무차관 장경근과 시경국장 김태선 등은 6월 6일 오전 7시에 중부서장 윤기병을 시켜서 반민특위 사무실을 습격하고 오히려 특위 소속 특별경찰대(특경대) 경찰들을 체포했다. 특경대를 습격한 경찰은 이어서 김상덕 선생을 비롯한 반민특위 주요 인사들을 가택 연금했다.

이승만 전 대통령은 1949년 6월 9일, AP통신과 한 인터뷰에서 반민특위 습격은 자신이 직접 지시한 것이라고 밝혔다. 이어 6월 11일에는 '반민특위 활동으로 민심이 소요되어 부득이하게 특경대를 해산하였다'는 담화문을 발표했다.

결국 1949년 7월 6일, 반민법 공소 시효 단축을 골자로 하는 정부 개정안이 큰 저항도 없이 국회에서 통과됐다. 김상덕 위원장은 정부 개정안이 통과된 뒤

김상덕 선생 선생은 2.8 독립선언을 주도하고 해방 후 반민특위 위원장이 되었다. ⓒ김상덕선생기념사업회

특위 주요 인사들과 함께 위원장직을 사임했다.

김상덕 위원장 납북, 가족들은 연좌제로 고통

정희철 회장은 나경원 대표의 발언은 당시 친일파들의 주장과 같다면서 사실을 왜곡한 것만 보고 알고 싶은 것만 알리려고 하는 무지에서 비롯된 행태라고 꼬집었다. 그러면서 그는 '광복 70년이 넘었는데 우리는 친일파를 언급하면 국론분열이라는 이상한 말을 한다'면서 그때 제대로 역사의 걸음을 밟아나갔다면 (나 대표가) 이런 발언을 할 수 있었겠느냐고 목소리를 높였다. 또 정 회장은 지금 나경원 대표의 발언을 보면 해방 후 잠시 숨죽였던 친일파가 미군정과 이승만 정권을 거치며 다시 득세한 것과 다르지 않다면서 독립운동의 1세대가 사라지고 이제 2세대도 얼마 남지 않았다. 역사를 간접적으로 체험한 3세대의 시대가 오고 있는데 과연 친일청산이 제대로 이뤄질 수 있을지 걱정이라고 토로했다.

돌아보면 정 회장의 걱정에는 김상덕 선생에 대한 애정이 담겨 있다. 그는 김상덕 선생이 반민특위 위원장을 하셨기 때문에 이 점을 널리 알리려고 김상덕기념사업회를 만들었다면서 '김 선생이 반민특위 위원장을 맡은 건 말 그대로 그가 가장 적임자였기 때문이다. 선생만큼 민족독립을 위해 좌우를 가리지 않고 두루두루 애쓴 분은 없다'고 강조했다.

김상덕 선생은 1891년 경북 고령에서 태어나 1956년 북한에서 사망한 것으로 알려진 애국지사로, 3.1운동의 불씨가 된 동경 2.8 독립선언을 주도한 인물 중 한 명이다. 이 사건으로 투옥된 선생은 이듬해 중국 상하이로 건너가 대한민국 임시정부 임시의정원 경상도 의원에 선출됐다.

이후 선생은 좌고우면하지 않고 오직 '조국 독립'이라는 목표만을 향해 달렸다. 특히 약산 김원봉, 백범 김구와 두루두루 가까이 지내며 지근거리에서 함께 활동했다. 반민특위 위원장에 선출된 것도 선생의 이러한 이력이 큰 영향을 끼쳤다.

　선생은 반민특위가 와해된 후 서울에서 생활하다가 한국전쟁 발발 후 납북당했다. 이후 남은 가족들은 연좌제로 고통을 받으며 평생을 어렵게 지냈다. 1990년에야 정부는 김상덕 선생의 독립운동 공로를 인정해 '건국훈장 독립장'을 추서했다. 김상덕 선생의 장남 김정륙씨는 이미 초로의 노인이 된 상태였다. 김상덕 선생은 1956년 4월 28일 평양시 용성구역 용흥 1동에 조성된 재북 인사의 묘에 잠들어 있다.

2부
—
밀양

의열의 도시,
그러나 아직 고개를 들 수 없다

<u>01</u>

약산 생가 터에 세워진
의열기념관

여기는

한마디로 귀한 장소다. 본격적인 〈약산로드〉에 걸음을 옮기기 전 반드시
거쳐야만 하는 장소다. 그래야만 하는 이유가 있다. 2018년 3월, 여러 시민

의열기념관 전경 2018년 3월 7일, 밀양시는 독립운동 수훈자만 80명
이 넘는 독립운동의 성지이자 약산 김원봉의 생가 터에 시민들의 귀한
뜻을 모아 전국 최초로 의열 정신을 기념하는 의열기념관을 세웠다.

조선의용대 표지

이 뜻을 모아 약산 김원봉 장군의 생가 터에 의열기념관을 세웠다. '의열'을 주제로 한 우리나라 최초의 기념관이다. 의열기념관 스스로도 '의열義烈 정신을 후세에 전하고 오늘을 살고 있는 우리 모두에게 독립운동의 참가치를 보여주고, 의열義烈 정신으로 항일 독립운동에 앞장섰던 독립투사들의 꿈과 희망을 담기 위해 세워진 곳'이라고 소개했다. 약산 김원봉 장군을 비롯해 의열단 최수봉, 나석주, 김익상, 김상옥, 나아가서는 조선의용대의 걸음을 한눈에 살펴볼 수 있다.

의열기념관은 각 층마다 다른 주제로 전시를 하고 있다. 1층은 '우리들, 지금 여기에 있다'라는 주제로 의열단 공약 10조와 강령 20개조, 조선혁명선언 등을 기록해 놓았다. 다소 막연할 수 있는 의열 정신을, 누구나 쉽게 접할 수 있도록 영상자료와 판넬식 구성으로 전시해 놨다. 2층은 '그들의 역사가, 지금 여기에 있다'라는 주제로 의열단이 초기에 활동했던 현장과 의열단 창립의 주역들, 의열단 주요 멤버들의 발자취 등을 확인할 수 있는 공간이다. 특히 약산이 독립을 위해 그토록 바라마지 않았던 군대 창설의 과정이 바로 의열단에서부터 시작했음을 자연스럽게 보여준다. 영문으로 된 조선의용대 마크를 볼 수 있어서 개인적으로도 선호하는 장소다.

의열기념관 옥상에는 '지금 여기에, 함께 살아있다'라는 주제로 쉼터 공간이 마련돼 있다. 해방의 기쁨을 표현한 조각상도 볼 수 있는데, 넉넉한 의자도 있어 숨을 고르며 약산의 걸음을 차분히 생각해볼 수 있다. (언젠가 그 옥상에서 밀양시민들과 함께 약산과 관련된 이야기를 한 번쯤 나눠봤으면 하는 바람이다) 특히 약산의 생가 터 위에 세워진 의열기념관은, 옥상에 올라가면 여러 지사와 약산이 다녔던 밀양공립보통학교와 동화학교 터까지 확인할 수 있다.

약산은 의열기념관이 세워진 이 자리에서 1898년에 태어났다. 정확한

석정 윤세주를 기리며 조선의용대의 영혼이라 불렸던 윤세주가 남긴 조선혁명간부학교 졸업식 훈화가 가슴뭉클하다.

출생일이 3월 14일생이냐, 9월 28일생이냐 의견이 나뉘지만, 확실한 것은 약산은 현재 주소를 기준으로 경상남도 밀양시 밀양읍 내이리 901번지에서 태어났다는 분명한 사실이다. 귀한 장소다.

그런데 놓치지 말아야 할 공간이 하나 더 있다. 의열기념관 정문 우측 뒷집이 '조선의용대의 영혼'이라 불리는 석정 윤세주 선생의 생가 터다. 의열기념관 바로 옆에 작은 공원처럼 석정을 기리는 비석이 세워져 있는데, 뒷면에 보면 석정이 직접 지은 항일 노래 '최후의 결전'이 새겨져 있다. 반드시 들러 꼼꼼히 읽어보자. 묘한 울림이 이어진다.

약산 생가지(의열기념관)를 중심으로 의열단원 황상규, 김대지, 고인덕, 강인수 등 여러 지사들의 생가 터도 몰려있다. 대한민국에서 의열의 본산이 어디인지, 약산의 생가 터인 의열기념관에 서면 온전히 알 수 있다. 약산의 생가 터, 의열기념관은 그런 장소다.

★ 놓치지 말아야 할 사실

의열기념관에 가면 그곳을 지키고 알리는 이준설 선생이 있다. 밀양 의열기념관 학예연구사 선생님인데, 가면 인사드리고 꼭 설명을 부탁드려보자. 대한민국 어떤 곳보다 더 자세하고 농밀한 약산과 의열단의 소식을 직접 들을 수 있다.

백미는 그가 직접 전하는 (약산과 석정이 다닌) 밀양보통공립학교의 진짜 위치 이야기인데, 현장을 지킨 사람만이 알 수 있는 사실을 풀어 놓는다. 선생에게 약산이 다닌 두 학교(밀양보통공립학교, 동화중학)를 소개해 달라고 하자. 현장이 바로 지적이다.

한편 의열기념관을 자세히 보면 건물의 형태가 다소 독특하다는 사실을 알 수 있다. 1층과 2층이 통창으로 돼 있는데, 원래 카페 용도로 만들어진 새 건물이었다. 영화 〈암살〉과 〈밀정〉을 통해 약산이 역사의 중심으로 등장하자, 이것을 밀양시가 12억 원에 매입해 지금의 의열기념관으로 꾸몄다. 앞서 밀양시는 약산과 석정이 태어난 해천변을 항일 독립운동 테마거리로 조성하려 했다. 해천은 밀양 내이동과 내일동을 경계로 흐르는 600m 소하천인데, 이곳은 전국에서 독립운동가가 가장 밀도 있게 탄생한 지역 중 하나다.

다만 항일 테마거리는 석정의 비석뿐 아니라 우리가 놓쳐서는 안 되는 중요한 시설들이 많다. 특히 의열기념관 건너편에는 애국지사들의 나무

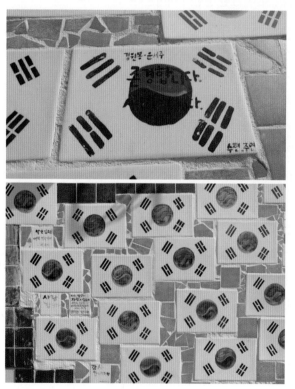

해천변 항일 독립운동 테마거리 의열기념관을 마주하고 태극기 벽화와 애국지사들의 나무 위패, 약산, 석정의 벽화 등 가장 농밀하게 밀양의 독립운동사를 만날 수 있다.

위패부터 약산과 부인 박차정 여사, 석정 윤세주 선생의 벽화, 조선의용대의 탄생 사진 등이 전시돼 있다. 여러 그림과 사진을 보는 순간 핸드폰을 꺼내 사진을 찍는 자신의 모습을 발견하게 된다. 그만큼 해천변 항일테마거리는 유익하고 귀한 장소다. 천천히 볼 것을 추천한다.

의열기념관 등 항일 테마거리는 거의 완벽하다. 솔직히 고마울 정도다. 다만 의열기념관 맞은편에 걸린 밀양 출신 독립운동가들의 위패가 아쉽다. 밀양 출신 80여 명의 애국지사들이 걸어온 길과 훈장 등급이 명시됐는데 우하단에 위치한 김원봉만 서훈이 없다. 고모부 황상규와 동화학교 스승 전홍표 선생 모두 서훈이 있는데, 임시정부 군무부장과 조선의용대 총대장, 의열단 단장이라 명시된 김원봉만 서훈 관련 기록이 없다. 우리 역사가 김원봉을 어떻게 대하는지 다시 한번 알 수 있는 부분이다.

🚶 어떻게 갈까

의열기념관은 항일 테마거리 중심에 위치해 있다. 찾기 어렵지 않다. 밀양역에서도 멀지 않다. 거리는 3km 정도다. 밀양역에서 택시를 타고 내이동 의열기념관으로 가달라고 하면 5,000원 정도에 충분히 갈 수 있다. 버스를 이용할 경우 밀양역 앞에서 1번 혹은 2번을 타자. 각각 시민약국 맞은편과 내일동주민센터 앞에서 내린 뒤 해천 항일 테마거리 방향으로 3분 정도 걸어가면 된다.

> **〈의열기념관〉**
> 경남 밀양시 노상하1길 25-12
> TEL: 055-351-0815
> 관람시간: 09:00~18:00 (입장시간 09:00~17:30)
> 휴관일: 1월 1일, 설날 당일, 추석 당일
> 매주 월요일 (월요일이 국경일인 경우 개관, 다음날 휴관)

02

일장기를 똥통에 버리고
의열 정신을 키우다.
밀양보통학교와 동화중학교

🗺 여기는

약산은 어린 시절부터 자신도 모르게 드라마틱한 에피소드를 만들어 냈
다. 대표적인 것이 1910년 11월 3일 일왕 메이지明治의 생일 때 일장기를
똥통에 투척한 사건이다. 뒷집 사는 소년 윤세주와 함께 의거를 일으켰는
데, 사건이 발생한 뒤 온 동네가 발칵 뒤집혔다. 일왕의 생일에 맞춰 학교
차원에서 큰 행사를 준비 중이었고, 행사의 핵심인 일장기를 약산과 석정
이 똥통에 버려버린 것이다.

이 일로 열두 살 약산은 학교에서 바로 잘렸다. 이 지점을 놓고 일부 자
료에서는 약산과 석정이 동시에 퇴학당한 뒤 전홍표 선생이 교장으로 있
었던 동화중학으로 편입했다고 나온다. 그러나 그것은 잘못된 사실이다.
소년 석정은 1914년 밀양보통학교를 졸업한 뒤 서울의 오성학교에 입학
했다. 이는 학적부를 통해서도 확인한 사실이다. 반면 약산은 1910년 2학
년까지 수료한 것으로 확인됐다.

다행스럽게도 2018년 밀양초등학교 졸업식에서 학교 측은 약산에게 명
예 졸업장을 수여했다. 졸업장에는 '위 사람은 1910년 본교 2학년에 재학

중에 일제에 항거하다 퇴학당한 후 의열단장과 조선의용대 총대장, 한국
광복군 대장으로 독립을 위해 헌신하였기에 자랑스러운 밀양인으로 귀감
이 되어 탄신 120주년과 개교 120주년을 맞이해 명예 졸업장을 드린다'고
적었다. 약산의 명예 졸업장은 당시 생존해 계시던 약산의 막내 동생 김학
봉 여사가 직접 받았다고 한다.

약산이 밀양보통학교에서 퇴학당한 뒤 다시 입학한 곳이 바로 동화학교
다. 약산은 여기서 전홍표 선생을 만난다. 일장기 똥통 투척 사건으로 유
명인사가 됐지만 갈 곳도, 불러주는 곳도 없었던 약산을 전홍표 교장이 편
입생으로 받아주었다.

약산은 동화학교에서 날개를 폈다. 전홍표 교장은 대놓고 민족의식과
애국심을 고취시키는 인물이었다. 덕분에 약산 같은 애국 소년은 더욱 의
기가 넘쳐서 소년들을 이끌고 연무단을 만들어서 체력과 병법을 익혔다.

밀양보통학교 졸업식 1915년의 모습인데, 아마 1914년에 졸업한 윤세주
도 저런 모습이었을 것이다. 일장기 똥통 사건으로 학교에서 쫓겨난 약산
또한 아마 사진 속의 아이들 같은 앳된 모습이었을 것이다. ⓒ밀양시립박물관

이때부터 약산의 리더십이 본격적으로 발현되었다. 약산은 친구들과 함께 밀양 거리로 나와 학교에서 익힌 애국심을 표현했다. 그러나 결국 이것이 계기가 돼 동화학교가 폐교당하는 결정적 이유가 되고 말았다.

당시 약산은 동화학교 폐교 사유가 '재정 부족'이라는 소식을 듣고, 어린 나이에도 불구하고 동네 유지들을 만나 학교 운영자금을 모았다. 밀양 보통학교 일장기 똥통 투척 사건의 유명세가 자금을 모으는 큰 역할을 했다. 그러나 큰돈을 모아 전홍표 교장에게 건넸어도, 돌아온 대답은 어쩔 수 없다는 반응이었다. 사실이 그랬다. 폐교의 표면적 이유는 재정 부족이었지만 실제로는 조선인의 민족혼을 고취하는 동화중학은 일제가 용인할 수 없는 눈엣가시였기 때문이었다.

※ 약산, 동화중학 이후 서울 유학에 나섰지만

1913년, 약산은 집안 어른들의 권유로 서울로 올라가 공부할 결심을 한다. 그러나 서울살이는 생각보다 길지 않았다. 약산은 1년 만에 학교를 그만두고 다시 밀양으로 내려왔다. 귀향의 이유가 참으로 약산다웠다. 당시 약산은 여승으로 지내는 조모의 형님 되는 분의 집에서 몸을 의탁했다. 하지만 약산이 볼 때 조모와 주변 사람들의 생활이 말도 안 될 정도로 풍족했다. 일제강점기 전국 어디를 가도 가난한 사람이 태반이었는데 약산 입장에서는 이러한 삶을 도저히 이해할 수 없었다. 결국 소년 약산은 다시 집으로 돌아왔다. 1914년의 일이다.

다시 밀양으로 돌아온 약산의 행선지는 집이 아니었다. 임진왜란 때 큰 공을 세운 사명대사의 충혼을 기리기 위해 세워진 표충사로 향한다. 약산은 표충사에 머물면서 각종 병서를 접하고, 조국 광복에 필요한 실질적인 훈련을 했다. 약산이 본격적으로 중국 유학을 준비했던 시기이기도 하다. 이 무렵 약산은 전국의 명산을 찾아 무전여행도 했다. 박태원이 기록한《약산과 의열단》에는 이 시절의 약산이 '동저고릿바람에 바랑을 등에 지고 명승지를 찾아 무전여행을 했다'고 기록돼 있다. 또한 '약산이 표충사를 나와 지리산과 계룡산에 갔다. 이후에는 천년고도 경주와 부여에도 갔다'면서 '부산 사람 김철성과 영주 사람 강택진을 만난 것이 큰 수확이었다'고 평했다. 왜 큰 수확이라는 말을 했을까? 바로 이들과의 만남이 훗날 중국에서도 계속 이어졌기 때문이다. 이 이야기는 뒤에서 더 언급하고자 한다.

　1916년 19살이 된 약산은 서울 중앙학교에 입학한다. 그리고 이곳에서 평생 동안 자신을 따라다닐 호, 약산若山을 얻게 된다. 친구 김두전과 이명건 역시 각각 물처럼, 별처럼 살아가라는 의미에서 약수若水와 여성如星이라는 호를 얻는다. 그해 10월 약산은 드디어 중국 톈진 덕화학당으로 유학길에 올랐다.

✪ 놓치지 말아야 할 사실

약산과 석정 모두에 영향을 끼친 인물이 바로 동화학교 교장 전홍표 선생이다. 어린 시절 누구를 만나느냐에 따라 인생의 향방이 달라진다. 만약 약산과 석정이 전홍표를 만나지 않았다면 어떻게 되었을까? (물론 전홍표가 아니었더라도 강물이 바다를 향해가듯 두 사람 모두 애국의 길을 걸었을 것은 변함 없었을 테지만) 약산과 석정이 전홍표를 만났기에 두 사람이 장강의 물줄기처럼 독립운동의 큰 강이 될 수 있었던 것은 부인할 수 없는 사실이다.

　전홍표 선생은 1869년 12월에 태어나 1929년 8월에 사망했다. 그런데 2018년에야 뒤늦은 건국포장을 받았다. 사망 99년이 지나서다. 서훈 사유는 1921년 7월경 밀양경찰서 투탄 의거로 사형을 당해 순국한 최경학(최수

밀양 3.13 만세운동 밀양독립운동기념관에 있는 3.13 만세운동 디오라마. 석정과 전홍표 선생이 주축이 되었다. 이것이 기폭제가 되어 밀양에서는 8차례의 만세운동이 더 일어났다. ⓒ독립운동기념관

봉)의 시신을 인수한 후 최경학의 영靈을 위한 부의금을 모집하는 등의 활동을 하다 일제에 체포되어 징역 10월을 받은 점 때문이었다.

그러나 전홍표의 진짜 공로는 약산과 석정을 비롯해 수많은 애국지사들을 키워냈다는 점이 아닐까. 특히 전홍표는 약산과 석정 등에게 '빼앗긴 국토를 도로 찾고, 잃어버린 주권을 회복하기 전에는 우리 민족의 운명은 언제나 슬프고 비참할 것이다. 따라서 우리는 목숨이 있는 동안 강도 일본과의 투쟁을 한 때라도 게을리해서는 안 된다'고 자주 말했다. 전홍표 선생의 영향을 받은 두 사람은 당연히 애국의 길을 걷게 된다. 1919년 3.1 혁명²⁾ 당시 서울에서 만세운동에 참여했던 석정은 3.1 혁명의 감동을 지역에서도 실천해야 한다고 생각했다. 석정이 은사인 전홍표 교장을 찾아간 것은

---

2) 3.1운동은 중국 상하이에 대한민국 임시정부를 만드는 결과를 이끌어냈다. 대한제국에서 민국으로 바뀌는 결과를 이끌어낸 것이기 때문에 3.1운동 대신 3.1혁명이라 바꿔 부르기로 한다.

당연한 일, 전홍표 역시 전력을 다해 거사를 준비했다. 그리고 1919년 3월 13일, 밀양 장날이 열린 날, 석정과 전홍표는 면사무소의 등사기를 몰래 빼내 독립선언서와 태극기를 수백 매씩 인쇄해 숨겨놓았다.

거사 당일 오후 1시 30분, 석정은 수천 명의 군민들이 모인 자리에서 소리 높여 독립선언서를 낭독했다. 장터에 모인 군민들도 함께 태극기와 독립선언서를 들고 대한독립 만세를 외쳤다. 이 모든 게 동화학교 교장 전홍표가 있었기에 가능했던 일이다. 이후 전홍표는 만세운동을 교사한 혐의로 일제 경찰의 검거를 피해 북간도로 피신했다가, 일제의 폭력적 3·1혁명 진압 아래 조선을 해방하는 방법은 오로지 무장투쟁이라는 방법 밖에 없음을 재천명하는 내용의 〈고천문告天文〉을 지었다. 1921년 초 밀양으로 돌아가 청년들에게 민족의식을 고취하는 활동을 전개하였고, 최수봉의 시신을 수습했다. 1924년 전후 밀양 향교에 설립된 집성학교 교사로 재직하였다.

🚶 어떻게 갈까

밀양공립보통학교는 현재의 밀양초등학교다. 그러나 밀양시 삼문동에 위치한 현재의 밀양초등학교는 약산과 석정이 다녔던 학교의 위치가 아니다. 두 사람이 다닌 학교 터는 현재 밀양시 내일동에 위치한 아리랑시장에 있다. 최수봉 선생의 의거지 밀양경찰서 터가 이곳 밀양공립보통학교 자리인데, 실제로 당시의 밀양공립보통학교는 3·1혁명의 영향 등으로 현재의 삼문동으로 이전하고 그 자리에 밀양경찰서가 들어섰다가 최수봉 의사의 의거 이후 다시 시장으로 변경되었다. 약산과 석정의 집에서 해천을 건너면 불과 5분도 걸리지 않는 위치다. 경남 밀양시 내일동 192다.

동화학교 터는 현재 택시회사가 자리해 있다. 원래는 1908년 전홍표와 약산의 고모부 황상규 등이 밀양군 부내면 노하리에 있는 군 관청에 창설한 사립학교다. 이 학교는 새로운 지식의 습득을 통해 청년을 교육하고 자주독립의 애국사상을 고취하여 항일사상과 항일투사를 육성할 것을 목표로 삼았다. 전홍표는 동화학교 학생들에게 국권 회복을 위한 항일 투쟁의 필요성을 가르쳤기에 인근 지역에서 수많은 애국지사들이 몰려들었다. 특히 동화학교에서는 전홍표의 지도 아래 김원봉·윤세주·최수봉·김상윤 등 의열 투쟁에 앞장섰던 인물이 다수 배출되었다. 당시 주소는 경상남도 밀양군 부내면 노하리, 현재는 경남 밀양시 내일동 477이다.

※ 현충원에 잠든 최수봉 의사

1894년 밀양 출신인 최수봉은 약산보다 4살 많다. 최경학이라는 이름으로도 불렸으며, 그 역시 동화학교에서 수학했다. 그러나 일제의 강압으로 학교가 폐교당하자, 1912년 동래 범어사 안에 있는 명정학원을 졸업하고 1913년 평양 숭실학교에서 수학하다 중퇴했다. 1916년 평안북도 창성군에 있는 사금광에 가서 날품팔이 노동을 했고, 1919년 고향으로 돌아와 윤세주, 윤치형과 더불어 3월 13일 밀양 장날에 만세 시위를 주도했다고 전해진다. 이후 최수봉 역시 윤세주·윤치형과 함께 만주로 망명하여 길림으로 가서 의열단에 가입, 동료들로부터 폭탄 제조법을 배우고 밀양으로 돌아왔다.

1920년 9월 박재혁의 부산경찰서 투탄 사건 소식을 듣고 거사를 도모하기로 결심했다. 그해 12월 밀양경찰서장이 경찰서 직원 19명을 사무실에 모아놓고 훈시하고 있을 때 폭탄을 던졌지만 불발되고 말았다. 이에 일본 경찰이 추격하자 경찰서 근처의 민가에 들어가서 자결을 시도하였으나 실패, 붙잡혔다. 부산지방법원에서 무기징역을 선고받았으나 검사가 불복, 대구복심법원

최수봉의 밀양경찰서 의거 1920년 12월 7일, 의열단원 최수봉은 밀양경찰서에 폭탄을 투척했다. 사진은 당시 최수봉 의사의 1심 재판을 보도하는 매일신보 기사

密陽署에投下한
爆彈犯崔壽鳳
폭발물취체벌칙건조을
손괴구니침입죄로겸뎡
釜山法院으로移送

에 상소되어 1921년 4월 사형을 선고받았다. 7월 대구형무소에서 사형이 집행되었다.

최수봉 선생은 국립서울현충원 애국지사묘역 78번에 잠들어 있다. 그의 곁에는 의열단원 박재혁 의사와 김상옥 의사 등이 함께 잠들어 있다. 안타깝지만 최수봉 선생의 묘역 뒤쪽 높은 곳에 우리 정부가 공인한 이응준, 신태영 등 친일파의 무덤이 있다. 그가 의거를 일으켰던 밀양경찰서 자리는 현재 아리랑시장 입구로 변해 있다.

03
의열 투쟁을 기록하다
밀양독립운동기념관

📍 여기는

밀양시는 스스로를 일컬어 '충절의 성지에서 독립운동의 요람'이라고 표현해 놓았다. 실제로 가서 보면 왜 그렇게 말하는지 알 수 있다. 대한민국에 세 곳밖에 없는 독립기념관 중 하나다. 그만큼 밀양 출신 독립운동가가 얼마나 많은지 실감할 수 있다. 그중에서도 윤세주와 전홍표를 중심으로 일어난 밀양 3.13 만세운동과 약산 김원봉과 의열단의 기록을 밀양의 시선으로 전시하고 있다. 뒤에서 언급하겠지만 의열단이 왜 중국 지린성에서 탄생할 수밖에 없었는지 구체적으로 설명해 놨다. 기념관은 약산의 고모부인 백민 황상규를 주목한다.

> "3.1운동의 국지적 폭력은 목적의식적이기 보다는 우발적이었고, 그것을 전국적 차원으로 끌어올릴 만한 지도력의 결핍으로 인해 일제 통치권력 자체를 겨냥한 조직적 폭력투쟁으로 발전하지 못함. 무장투쟁의 기운도 고양시켜 갈 수 있을 긴급한 행동방책으로 새로이 구사된 것이 국내 방면의 작탄투쟁이며, 그 행동대 창

설이 1919년 6월경부터 길림에서 추진되었고, 마침내 11월에
결실을 보게 된 것이 의열단 창립임. 의열단의 창립은 대한독립
의군부의 후신조직으로 성립한 조선독립군정사朝鮮獨立軍政司의
기획 작품이며, 재정책임자(회계과장) 황상규가 창단 준비 과정
을 주도함."

특히 밀양 독립운동기념관은 의열단 창립 당시의 조직원을 열 명으로
봤는데 기존의 열세 명 의열단 창립 설과는 차이가 있다. 열 명은 김원봉,
곽재기, 강세우, 김상윤, 서상락, 신철휴, 윤세주, 이성우, 이종암, 한봉근 등
이다. 기존에 알려진 멤버에서 한봉인, 배동선, 권준 등이 제외됐다. 이 중
에서 약산과 김상윤, 윤세주, 한봉근 등이 밀양 출신이다.

밀양 독립운동기념관 약산 김원봉을 비롯한 밀양 출
신의 독립운동가들을 만날 수 있는 유일한 공간. 이곳
에 가면 왜 밀양이 '독립운동의 성지'인지 알 수 있다.

✪ 놓치지 말아야 할 사실

내부 전시관도 훌륭하지만 밀양독립운동기념관이 매력적인 이유는 기념관 외부에 전시된 선열의 불꽃과 애국지사들의 흉상 때문이다. 선열들의 '조국해방에 대한 염원'을 담아 조성한 것이라는 설명과 함께 서른여섯 명의 흉상이 선열의 불꽃을 바라보고 있다. 정부로부터 서훈을 받은 밀양 출신 독립운동가 중 애족장 이상의 서훈자와 밀양 독립운동의 선구자 을강 전홍표, 약산 김원봉 장군이 있다.

특히 양복을 입은 약산의 흉상이 전시돼 있는데, 의열단장, 조선민족혁명당 총서기, 조선의용대 총대장, 조선혁명군사정치간부학교 교장, 대한민국 임시정부 군무부장 등이 명기돼 있다. 그러면서 1898년 3월 14일에 태어나 1958년 행불됐다고 기록돼 있다. 그런데 약산의 기록 중 태어난 날짜가 여러 기록에서 차이가 난다. 학계 등 일각에서는 약산이 태어난 날짜를 1898년 9월 28일, 음력으로는 8월 13일로 보고 있다. 하지만 밀양독립운동기념관과 의열기념관에서는 약산의 탄생일을 1898년 3월 14일로 명시했

밀양의 독립운동가 명패 밀양은 무려 80여 명의 독립운동가를 배출했다. 그러나 오직 김원봉만이 서훈을 받지 못했다.

다. 어찌 보면 독립운동의 거두가 태어난 날짜조차 지금까지 제대로 정리가 안됐다는 뜻인데, 이에 대해 약산의 생질(외조카) 김태영 박사는 필자에게 다음과 같이 전언했다.

"아직까지 정확히 정리되지 않았으나 몇 년 전에 밀양초등교에서 나온 자료에서 3월 14일로 나왔으니 맞는 듯도 합니다. 당시가 제대로 된 호적도 없던 시절이라 그것 역시도 정확한지 알 수가 없지요."

그러면서 김태영 박사는 '살아계셨던 형제분들도 엄혹한 시대 상황 탓에 제 이름 석 자도 잊고 살아야 하는 세월이었다'라고 덧붙였다. 참고로 2019년 6월 현재 서훈을 받은 밀양 출신 독립운동가는 82명에 달한다. 그러나 약산은 여전히 아니다.

🚶 어떻게 갈까

의열기념관을 기준으로 북성사거리까지 도보로 이동한 뒤 2번, 5번 버스에 탑승하자. 버스로 7개 정류장이다. 교동사거리에서 내린 뒤 도보로 이동하면 된다. 약 3km 내외 거리다. 다만 버스가 많지 않아서 택시로 이동할 경우 5,000~6,000원 정도면 충분하다. 개인적으로 택시로 이동하는 것을 추천한다. 주소는 밀양시독립기념관 경상남도 밀양시 교동 485-4번지다.

밀양독립운동기념관은 입장료가 있다. 박물관 및 화석전시관 통합입장권인데, 어른은 1,000원, 청소년은 700원이다. 어린이는 500원. 입장 시간이 보통 업무시간(9시~17시)과 차이가 없다. 설날을 비롯해 추석, 매주 월요일은 휴관이니 관람에 유의하자. 문의는 055) 351-0815으로 하면 된다.

04

떼 하나 서지 않는 땅,
독립운동가 박차정 지사의 묘

🗺 여기는

1945년 12월 약산이 고국으로 돌아올 때 그의 손에는 부인 박차정 지사의 유골이 들려있었다. 약산은 피 묻은 적삼을 친정 식구들에게 전한 뒤 부인을 고향인 경남 밀양 부북면 제대리 뒷산에 모셨다. 약산이 부인 박차정 지사에게 할 수 있는 마지막 배려였다.

필자가 박차정 지사의 무덤을 찾은 것은 지난 2월이었다. 약산의 막내 동생인 김학봉 여사가 소천하셔서 여사님의 빈소 방문을 평계로 박차정 지사의 묘까지 찾아간 것이다. 가는 길이 결코 쉽지 않았다. 약산이 박차정 지사를 모셨을 때만 해도 밀양 송산 공동묘지였다. 그러나 지금은 여러 이름 없는 무덤 사이에 떼 하나 서지 않는 모습으로 남아있다. 마른 솔잎이 봉분을 뒤덮었기 때문인데, 초라한 모습이 가슴에 남아 무덤 앞에 서면 더 미안하고 숙연해질 뿐이다. 그나마 '약산 김원봉 장군의 처, 박차정 여사의 묘'라는 비석이 없으면 누구의 묘인지 알 수도 없을 정도다.

약산로드를 진행하며 끊임없이 떠올렸던 감정이 박차정 지사의 묘 앞에서도 이어졌다. '왜 약산과 관련된 흔적들은 하나같이 이토록 초라하게 남

박차정 지사의 묘 약산 김원봉 장군의 처 박차정 여사의 묘라고 쓰여 있지만, 약산의 아내이기 전에 그 역시 당당한 독립운동가였고 애국지사였음을 기억하자.

아있을까?' 실제로 박차정 지사 역시 약산의 배우자라는 이유만으로 공훈을 인정받는 데 상당한 시간이 걸렸다. 1995년에야 비로소 건국훈장 독립장을 받았으니, 지사가 1944년 중국 충칭에서 사망한 것을 고려하면 50년도 더 지나서의 일이다.

1910년에 태어나, 약산보다 정확히 12살 어렸던 박차정 지사는, 집안이 모두 독립운동가라고 해도 무방할 정도였다. 대한제국 탁지부 주사를 지냈던 부친 박용한은 일제의 침략에 분노해 자결했다. 숙부 박일형과 친척들, 오빠들도 모두 항일 운동에 뛰어들었다. 외가 쪽 역시 독립운동가 김두전과 김두봉이 친척인 집안이다. 이러한 집안 분위기 때문에 신간회, 의열단 등에서 활동한 큰오빠 박문희, 둘째 오빠 박문호 등과 함께 박차정 지사역시 독립운동에 투신했다. 그는 일찍이 동래여자고등학교의 전신인 일신

여학교 시절부터 지역을 대표하는 독립운동가로 활약했고 1929년 광주학생운동, 1930년 1월 서울 여학생 시위사건을 배후에서 지도했다. 그러나 '근우회 사건'으로 구금된 다음 일경의 혹독한 고문을 당했다. 병석에 누워 있던 박차정 지사를 의열단에 몸담고 있던 둘째 오빠 박문호가 불렀고, 지사는 중국으로 건너가 의열단에 합류했다. 1930년 봄의 일이다.

박차정 지사는 문학에 재능이 깊었는데 심심치 않게 등단을 이야기할 정도로 평단의 반응이 좋았다. 약산과 가까워진 계기도 문학적 공통점 때문이다. 약산은 톨스토이 마니아였다. 자연스레 두 사람은 가까워졌고, 마침내 1931년 3월 베이징에서 식을 올린다. 당시 약산은 베이징에서 레닌주의정치학교를 운영 중이었고, 1932년에 난징에서 설립된 조선혁명간부학교를 준비 중이었다. 박차정 지사는 조선혁명간부학교에서 교관으로 활약한다. 이후 잘 알려졌듯 약산은 중일전쟁 발발 후인 1938년 10월 10일에 항일 무장부대인 조선의용대를 창설했다. 약산은 의용대장이 됐고 박차정은 부녀복무단장을 맡았다. 1939년 2월 박차정은 장시성 쿤룬관昆侖關 전투에서 적탄에 맞아 크게 다치고 말았다. 이때의 부상이 결국 지사의 직접적인 사망 원인이 되고 말았다. 약산이 임시정부 군무부장에 취임한 직후인 1944년 5월 27일, 부상 후유증이 깊어져 결국 박차정 지사는 사망한다. 다음 해 약산이 해방된 조국에 돌아올 때 박차정 지사의 유해를 손수 들고 고향에 모신 이유다.

공적에 비해 늦게 1995년에서야 박차정 지사에게 건국훈장 독립장이 추서되었다. 이후 부산시 동래구청, 동래고등학교 맞은편에 박차정 지사의 생가도 복원되었다. 현재 부산 금정구에 지사의 동상이 세워져 있다.

🌟 놓치지 말아야 할 사실

박차정 여사의 묘에 직접 가보면 서러움이 더한다. 그가 걸어온 길에 비해

너무나 초라한 무덤 때문이다. 그럼에도 불구하고 시민들과 학생들이 자발적으로 나서서 '독립운동가 박차정의 묘, 그녀에게 가는 길 86걸음' 등 표지판을 세워 놓았다. 특히 무덤 바로 옆에는 '총을 들고 일제와 담대하게 싸웠던 독립운동가 박차정을 기억하길……'이라는 문구가 새겨진 나무 안내판도 있다. 김원봉의 아내였지만 동시에 독립운동가 박차정의 삶도 온전히 기록돼야 함을 시민들 스스로 각성하고 있음을 증명한다. 그래서 더, 박 지사의 묘를 찾을 때면 조금 더 준비했으면 한다. 좋은 옷을 입고, 소주 한 병 들고, 꽃 한 송이 들고서 그의 무덤을 찾아가자. 떼 하나 제대로 서지 않는 그의 무덤에 가서 우리가 이렇게 그를 기억하고, 기록하고 있음을 보여주자. 우리가 박차정 지사를 위해 할 수 있는 유일한 위로다.

🥾 어떻게 갈까

주소는 밀양시 부북면 제대리 산 44-7번지다. 이곳에 가면 '130m 전방'이

라고 적힌 애국지사 박차정 선생의 묘지 안내판을 확인할 수 있다. 다만 이 안내판을 만나기까지 전형적인 시골 좁은 소로를 지나야 한다. 버스가 있기는 하지만 정류장까지 1km가 넘는다. 택시를 타거나 자차를 이용해 이동하는 편이 좋다. 박 지사의 무덤은 산 중턱에 위치해 있다.

"먹고 살려고…"
1급 친일파 기념관 짓겠다는 밀양시

"무명지(약지) 깨물어 붉은 피를 흘려서 일장기 그려 놓고 성수
만세(일왕의 만수무강 기원) 부르고 한 글자 두 글자 쓰는 사연 나
라님의 병정 되길 소원합니다."

경남 밀양 출신 친일파 작곡가 박시춘이 1943년에 지은 '혈서지원'이라는
노래 가사 중 일부다. 총 5절로 된 이 노래는 한 청년이 손가락을 깨물어 혈
서를 쓰고 '나라님의 병정 되기를 소원한다'는 내용을 담고 있다. 당시 조
선 청년들에게 일제의 침략전쟁에 나가라고 독려하는 노래다.

박시춘은 이 노래뿐만 아니라 1945년 8월 광복 직전까지 '아들의 혈서',
'즐거운 상처', '결사대의 아내' 등 일제의 침략전쟁을 옹호하고 참여를 호
소하는 곡을 만들었다. 박시춘은 민족문제연구소와 친일인명사전편찬위
원회가 2009년 11월 발간한 《친일인명사전》에 대중음악가로 유일하게
1등급 친일파로 등재된 인물이다.

최근 밀양시가 박시춘을 비롯해 밀양 출신 유명 작곡가들의 행적을 모
아 (가칭)가요박물관(이하 박시춘 기념관)을 건립하겠다고 밝혔다. 밀양시민
들은 이에 맞서 '밀양가요박물관저지시민연합'을 만들고 독립운동의 성지
밀양에 어떻게 친일파 기념관을 짓느냐면서 강하게 반발하고 있다.

대중음악가로서는 유일한 '1급 친일파' 박시춘을 둘러싼 논란

박일호 밀양시장은 2019년 3월 20일 밀양시의회에서 '밀양을 먹여 살릴
성장 동력을 만들려면 차별화된 가치를 높이는 것이 필요하다'면서 '박시

춘 박물관은 많은 논란이 있고 명칭도 '가요박물관', '가요센터' 등 여전히 논의 중이지만, 박시춘뿐 아니라 정풍송 등 거장의 명곡을 감상하고 대중 음악을 사랑하는 시민들의 공간을 타지역과 다르게 만들고픈 욕심이 있다'면서 '가요박물관' 건립 추진 의지를 밝혔다.

박 시장은 '시민과 향우, 문화계, 가요계 인사들의 가요 콘텐츠 요구가 많아 가요박물관을 계획했다'라면서 '가요박물관 등을 만들면 박시춘의 친일 행적을 분명히 기억하고 더 아프게 만들 수도 있다'라고 밝혔다. 그러면서도 박 시장은 '박시춘이라는 사람이 2등짜리, 3등짜리, 10등짜리 작곡가만 되어도 이런 논란 없었을 것'이라면서 '박시춘이 뛰어나기 때문에 이렇게 더 논란이 되는 것 같다'라고 덧붙였다.

밀양시의 박시춘 기념관 건립 시도는 이번이 처음이 아니다. 중심에는 손정태 밀양문화원장이 있다. 당시 밀양문화원 이사였던 손정태 씨는 지난 2015년 12월부터 다음해 1월까지 〈밀양신문〉에 '박시춘을 일으키자!'라는 제목의 칼럼 4편을 연속 기고하면서 '박시춘 논란'에 불을 지폈다.

그는 칼럼을 통해 '밀양인과 박시춘 선생을 가슴 아프게 만든 민족문제연구소와 친일인명사전편찬위원회라는 것이 일제강점기를 살아온 사람들에게 친일파 딱지를 그들의 기준으로 마음대로 갖다 붙였다'라면서 '다분히 정치적인 이유로 욕보이고 싶은 사람들과 구색 맞추기식으로 묶어서 일방적 기준으로 재단한 것은 대단히 잘못된 일'이라고 주장했다.

그러면서 그는 '박시춘의 친일곡은 〈목단강 편지: 조명암 작사 이화자 노래〉, 〈아들의 혈서: 조명암 작사 백년설 노래〉, 〈결사대의 아내: 조명암 작사 이화자 노래〉, 〈혈서지원: 조명암 작사 백년설, 남인수, 박향림(공동) 노래〉등 겨우 네 곡이었다'라면서 '일제가 볼 때 최고의 자리에 있던 박시춘과 가요인들을 어찌 그냥 두었겠는가? 목숨의 위협을 받고 통한의 눈물을 흘리면서 오선지를 채워 나가지 않았겠는가?'라고 덧붙였다.

손정태 이사는 2016년 6월 밀양문화원 원장이 되었고, 이후 박시춘의 후손들을 직접 만나 박시춘의 기타와 아코디언, 의상 등을 협조받는 등 '박시춘 기념관' 건립을 위한 행동에 앞장서고 있다. 밀양시민들이 밀양시청 대신 손정태 위원장이 재직하는 밀양문화원 앞에서 1인 시위를 하는 이유이기도 하다.

이미 옛 집터도 조성된 상황, "밀양시가 왜 이리 애쓰는지 알 수 없다"

2019년 3월 26일부터 밀양문화원 앞에서 1인 시위를 진행하는 장창걸 밀양가요박물관저지시민연합 부회장은 '손정태 원장은 밀양문화원 본연의 역할인 우수한 밀양문화를 알리기보다는 2015년부터 4년 동안 꾸준히 친일 선양에 앞장서고 있다'라면서 '손정태 원장의 사퇴만이 민족 앞에 속죄하는 최선의 방법'이라고 목소리를 높였다.

　밀양시 의원들도 박시춘 기념관 반대의견을 보태고 있다. 26일 저녁 밀양시에서 만난 장영우 밀양시의원은 '시는 애초 정부 공모사업으로 100억 원 규모로 박시춘을 비롯해 밀양 출신 유명 작곡가를 망라하는 가요박물관을 추진하다 공모사업이 여의치 않자 30억 원 정도로 규모를 축소했다'라면서 '밀양시가 왜 이렇게까지 1급 친일파를 기념하는 가요박물관을 짓기 위해 애를 쓰는지 알 수 없다'고 말했다.

　이현우 밀양 시의원도 이미 밀양 최고의 관광지 영남루 입구에 1급 친일파 박시춘의 옛집 터가 조성된 상황에서, 과연 박일호 밀양시장 말대로 가요박물관이 들어섰을 때, 얼마나 많은 시민이 박시춘의 친일 행적에 대해 제대로 알 수 있겠냐고 지적했다.

　박시춘 친일 기록은 옛집 터 입구 안내판에 언급된 '일제 강점기에 작곡한 4곡으로 인하여 2005년 9월 민족문제연구소에서 친일인사로 거명되어 논란에 휩싸이기도 했다'라는 내용이 전부다.

박시춘의 옛집 터는 밀양 최대 관광지인 영남루 입구에 조성돼 있다. 박시춘 옛집 터 중앙에는 박시춘의 흉상이 자리하고 있다. 그 옆에 자리한 노래비 근처에서는 박시춘의 히트곡들이 메들리로 흘러나왔다. 특히 박시춘의 최고 히트곡으로 꼽히는 애수의 소야곡(1938)은 당대 최고의 가수로 손꼽혔던 남인수가 노래했는데, '노래비'에 새겨진 노래이기도 하다.

박시춘은 남인수와 짝을 이뤄 여러 쇼의 간판스타로 활약했다. 박시춘은 무대에 오를 때마다 흰 양복에 검은 나비넥타이 차림으로 스포트라이트를 받으며 기타를 치면서 무대에 등장했다.

해방 후 박시춘은 남인수와 〈은방울 쇼〉를 만들어 공연했으며, '가거라 삼팔선', '신라의 달밤'으로 전국을 풍미했다. 그 후 가수 현인과 콤비를 이뤄 '고향 만 리', '럭키 서울', '비 내리는 고모령', '전우여 잘 자거라', '굳세어라 금순아'를 발표해 큰 인기를 얻었다. 그러나 박시춘 옛집 터에서 그의 친일 행적에 대한 흔적을 찾기는 쉽지 않다.

이날 친구와 영남루를 둘러본 뒤 박시춘 옛집 터를 방문한 관광객 김지훈 씨는 '박시춘의 친일행적을 알고 있느냐'는 기자의 질문에 '당연히 몰랐다'라면서 '왜 친일파의 집을 복원해 놓은 것이냐'라고 오히려 반문했다.

게다가 독립운동가 김원봉·윤세주 생가 터 주변에?

장영우 밀양시의원에 따르면, 밀양시는 박시춘 기념관의 최초 위치를 밀양시 해천변에 위치한 항일 독립운동 테마거리에 잡으려 했다. 그러다 밀양 시민의 반발로 본래 계획이 변경됐다는 것이다.

항일 테마거리는 의열단 단장 약산 김원봉과 조선의용대의 영혼이라 불리는 석정 윤세주의 생가가 있는 곳이다. 해천변 중심에 자리한 김원봉 생가 터에는 이미 지난해 3월 의열기념관이 건립돼 자리하고 있다. 또 의열기념관 건너편에는 밀양 출신 독립운동가 80여 명의 위패가 걸려 있을 정도로 밀양시 해천변은 대한민국 항일운동의 중심지로 인정받고 있다.

장창걸 밀양가요박물관저지시민연합 부회장은 약산 김원봉 장군과 석정 윤세주 열사가 주도한 의열단 창단이 올해로 100주년이라면서 밀양은 독립운동의 성지인데, 그것도 약산 김원봉 장군과 석정 윤세주 선생의 생가가 위치한 해천변에 친일파 기념관을 만들려 했다는 사실 자체가 더더욱 말이 안 되는 일이라고 성토했다.

이어 장 부회장은 이번 일을 기회로 영남루 입구에 들어선 1급 친일파 박시춘의 집터와 흉상, 노래비 등 부끄러운 우리의 지역 문화유산을 바로 알리고 철거해야 한다면서 민족정기를 바로 세우고 밀양 시민들에게 지금의 사실을 알리는 1인 시위를 계속 이어갈 것이라고 강조했다.

그렇다면 박시춘 기념관이 세워질 장소는 어디일까? 장영우 의원은 〈오마이뉴스〉에 '밀양읍성 동문 우측 공터가 박시춘 기념관의 잠정적인 위치로 알고 있다'라면서 '문제는 이곳이 해천 항일 테마거리와 걸어서 10분 거리다, 독립운동가의 항일거리 인근에 친일파 기념관이 만들어지는 것'이라고 전했다.

밀양시 "아직 아무것도 결정된 것 없다"

이와 관련해 밀양시 관계자는 필자에게 현재 이 사업과 관련해 아무것도 결정된 것이 없다면서 '건립 추정지 역시 마찬가지다, 지금은 출발점에 서 있다. 그저 밀양시에서 보유한 문화적인 자산을 이끌어내기 위해 개발을 유치하고 있다'라고 강조했다.

그는 또 밀양시는 인구가 줄어들고 있는 중소 농업복합도시라면서 밀양에 관광객이 와도 즐길 수 있는 마땅한 콘텐츠가 부족하다, 관광객들의 동선을 고려해 가요박물관의 위치를 관광지가 몰려 있는 그곳(항일 테마거리)으로 고려했던 것이라고 덧붙였다.

한편, 박시춘은 5·16쿠데타 이후 기존의 연예 조직을 재편한 한국연예협회에서 4·5·6·7대 회장을 연임했다. 1973년에는 회갑기념을 겸해 '가요작곡 40년'이라는 공연을 열었다. 당시 박시춘은 자신의 40년 작곡 생활을 통해 발표한 곡이 모두 3,000여 곡 된다고 밝혔다.

1982년 전두환 정권 시절에는 '대중음악 발전에 이바지했다'며 문화훈장 보관장을 받았다. KBS 2TV 예능 프로그램 〈불후의 명곡〉 '대한민국 100년 겨레와 함께 노래하다' 편에서는 친일파 박시춘의 '비 내리는 고모령'이 방송돼 논란이 되기도 했다. 박시춘은 1996년 84세의 일기로 사망했다. 그는 생전에 단 한 번도 자신의 친일 행적을 사과하지 않았다.

※ 이 내용을 실은 필자의 〈오마이뉴스〉 기사가 나간 뒤 밀양 시민들은 자발적으로 '밀양가요박물관건립저지시민연합'을 만들었다. 이 모임의 회장으로 약산 김원봉 장군의 생질 김태영 씨가 추대됐다. 지금도 친일파 박시춘의 기념관 건립을 막기 위해 시민들은 마음을 모아 행동하고 있다.

이미 밀양에서 박시춘 집터가 얼마나 말도 안 되는 위치에 복원됐는지, 바로 조선 3대 누각이라 불리는 밀양 최고의 관광지 영남루에 가보면 알 수 있다. 입구 맞은편에 박시춘의 생가가 버젓이 자리하고 있다. 친일파와 관련된 언급도 있다고 밀양시는 해명했지만 어느 누구도 자세히 보지 않는다. 기록 자체가 작게 표기돼 있다.

영남루는 1963년 1월 21일 대한민국 보물 제147호로 지정되었다. 그만큼 귀한 장소인데, 실제로 신라 시대부터 고려 시대를 거쳐 1460년 조선 세조 6년에 부사 강숙경이 누각의 규모를 키워 중건하였고 신숙주가 누기를 지었다. 1542년 중종 37년에 부사 박세후가 다시 중건하였다. 1842년 헌종 8년에 실화로 소실한 것을 2년 뒤인 1844년에 부사 이인재가 재건한 것이 현재의 건물이다. 조선 시대 후기에 속하는 건물로서는 건축미와 규모 면에서 대표적인 것으로 손꼽히고 있다.

박시춘의 **동상과 집터** 빼어난 경치를 자랑하는 영남루가 보이는 저 자리에 친일 작곡가였던 박시춘의 동상과 생가가 버젓이 세워져 있다. 이것도 모자라서 가요박물관을 지어 박시춘을 기념하려고 한다.

약산을 비롯해 수백 애국지사들의 고향인 밀양에, 1급 친일파로 평가받는 박시춘의 집터가 복원됐고, 심지어 기념관까지 만들어진다는 뜻이다. 남은 자들이 어떤 역할을 해야 하는지 다시 한번 온전히 보여주고 있다.

- 19.03.29. 〈오마이뉴스〉 기사 / 김종훈

3부

—

지린

1919년 11월 10일, 의열단이 란생하다

🚆 열아홉 약산, 중국으로 떠나다 (톈진 - 난징 - 셴양에서의 기록)

1916년 10월, 서울 중앙학교에 다닌 지 1년도 안 된 시점에 약산은 중국 톈진에 있는 덕화학당에 입학했다. 생각해보면 약산은 일생동안 끝까지 학교를 다닌 경우가 거의 없었는데, 그의 입장에서는 당연한 결과였다. '조국 독립'이라는 목표를 실현하기 위해서는 필요한 것만 익히면 됐고, 목표를 달성하는 순간 학교라는 이름은 겉치레에 지나지 않았다. 졸업장에 연연하지 않은 것이다. 그럼 열여덟 약산은 왜 중국 톈진에 위치한 덕화학당으로 학적을 옮겼을까?

약산은 이미 동화중학 시절부터 자신만의 시각으로 자주독립의 방식을 완전히 정립했다. 어린 나이였지만 '완전한 자주독립'을 위해서는 '내 손으로 일으킨 강력한 무력으로만 투쟁이 가능하다'고 생각했다. 이를 위해선 군대가 필요하고, 군대를 조직하기 위해선 자신부터 체계적인 군사학을 배워야 한다고 생각했다.

1916년 초 서울 중앙학교 유학 시절에 약산은 친구 김두전과 이명건을 만난 뒤 세계에서 가장 강력한 국력을 가진 건 덕국德國, 바로 독일이라는 사실을 알게 됐다. 독일인이 경영하는 톈진 덕화학당은 자주독립이라는 약산의 소원을 정확하게 실현해 줄 학교였다.

물론 약산이 중국 톈진으로 유학을 떠나기까지의 과정은 결코 녹록지 않았다. 1916년, 때는 일제강점기였다. 그러나 약산에게는 뜻이 있었고, 이를 실천할 역량 또한 충분했다. 무엇보다 약산은 이미 밀양에서부터 일장기 똥통 투척사건 등으로 명성이 자자한 상태였다. 유학 방법을 궁리하던 약산에게 훗날 의열단 멤버가 되는 한봉인이 찾아와 대뜸 유학 자금을 건넸다. 한봉인은 약산에게 '묻지도 따지지도 말라'면서 거금을 건넸는데, 알고 보니 이 자금은 한봉인이 자신의 친척 집에서 몰래 들고 온 돈이었다. 약산의 유학 자금으로 쓰려고 슬쩍한 것이었다.

톈진 덕화학당에서의 학습 기간은 1년을 채우지 못했다. 이번에는 약산의 의지와 무관했는데, 1917년 약산은 여름방학을 맞아 고향으로 돌아왔다. 당시는 1차 세계대전 중이었다. 독일제국은 오스트리아 - 헝가리 제국과 동맹을 맺고 영국, 프랑스, 러시아 등 삼국협상을 맺은 연합국과 전쟁을 벌였다. 약산이 고향으로 돌아간 사이 중국은 연합국에 가담해 독일에 선전포고했다. 독일인이 경영하던 덕화학당은 중국 당국에 의해 폐쇄됐다. 학업이 막힌 약산은 고향 땅에서 다시 한 번 나라 안팎의 정세를 살피며 새로운 길을 모색하게 된다.

1918년 9월, 약산은 다시 한번 긴 여정을 떠나게 된다. 결론이지만 이때 고향을 떠난 약산은 만 27년 뒤인 1945년 12월에서야 다시 고국으로 돌아온다. 스무 살 혈기왕성했던 약산이 오십이 다 된 중년으로 돌아온 것이다. 약산은 당시 상상이나 했을까? 자신이 의열단을 만들고 일제가 가장 두려워하는 인물이 될 것을. 약산을 포함해 그 어느 누구도 상상하지 못했을 것이다.

비록 학교는 사라졌지만 고향으로 돌아온 약산은 실망하지 않았다. 우리 나이로 스물이 된 약산은 조국 독립을 위해 다시 한번 새로운 방법을 모색했고, 이번에는 난징에 있는 금릉대학(현 난징대학)을 선택했다. 금릉대를 선택했다는 사실이 놀랍다. 난징대는 지금도 중국 명문대학 중 하나로 손꼽히는 학교다. 당시에도 다르지 않았다. 약산은 영문과에 들어가 영어를 익혔다.

재밌는 점은 왜 약산이 영문과에 입학했을까 하는 지점이다. 이유는 약산이 덕화학당을 선택했던 것과 크게 다르지 않다. 약산은 1차 세계대전 후 미국과 영국이 전 세계 패권을 차지할 것으로 판단했다. 약산은 격변하는 국제질서에 누구보다 능동적으로 대처하고 싶었다. 그래서 영어를 익히기로 결심하고 행동한 것이다. 이번에는 혼자가 아니었다. 서울 중앙학

교 당시 친분을 맺은 약수 김두전과 여성 이명건과 함께 유학길에 올랐다. 이들은 일찍이 해외로 나가서 함께 대사를 도모하고자 언약했던 것이다. 도원결의를 맺은 삼국지 유비, 관우, 장비처럼 세 사람은 마음먹었고 실천했다. 약산과 약수, 여성이 한 사람처럼 움직인 것이다.

여기에 약산보다 먼저 금릉대학에서 영어를 익힌 한 남자가 있었으니 몽양 여운형이다. 여운형은 1914년 가을 금릉대학 영문과에 입학한다. 이곳에서 3년 동안 머물며 영문학을 익혔다. 이후 상하이에 정착해 1918년에는 다음 해 3.1혁명의 불씨를 제공하게 될 신한청년당 창당 작업을 주도한다. 당수 역할까지 맡는데, 그즈음 약산은 몽양의 후배가 돼 금릉대학에서 공부를 하게 된 것이다. 평생 동안 이어질 약산과 몽양의 인연이 이렇게 시작된 것이다.

약산은 정말로 열심히 공부했다. 중국 최고의 대학에서 조국 독립을 위해 이제는 더 실질적인 역할을 하고 싶었다. 하지만 격변하는 국제 정세가 그를 가만히 책상 앞에만 앉아있게 하지 않았다. 당장 약산이 금릉대학에 입학한 지 두 달 만에 제1차 세계대전이 종료됐다. 900만 명이 사망한 유례없는 전란이었는데 동시에 러시아와 독일을 중심으로 전 세계에 혁명의 기운이 넘실댔다.

앞서 1월 8일 미국 대통령 우드로 윌슨이 자유무역과 공개조약, 자결권 등을 강조하는 14개조 평화 원칙을 발표한 것도 주효했다. 특히 윌슨 대통령은 영토에 있어 '(패전국에 속한 민족들에 대해서는) 자주적으로 발전시킬 수 있도록 아무런 제약 없이 기회가 인정되어야 한다'라고 강조했다. 이를 우리 애국지사들은 민족자결주의 원칙으로 판단한 것이다. 1919년 1월에 열린 파리강화회의에 다들 목을 맨 이유이기도 하다.

실제로 몽양 여운형은 신한청년당을 조직 후 우사 김규식을 파견해 각국의 대표를 만나 피압박 민족의 설움을 호소하고 열강의 동의를 얻어 국토와 주권을 회복하고자 했다. 외교를 통해 독립을 이룰 수 있다는 꿈을 꾼 것인데, 모두 실패했다. 애국지사들의 바람은 컸으나 이미 자기들끼리만 이해관계가 맞물리고 맞물린 열강은 조선의 요청을 신경도 쓰지 않았다. 무엇보다 일본은 승전국의 일원이었다.

약산의 예상대로였다. '어찌 독립을 제 손이 아닌 다른 나라의 도움으로 이룰 수 있겠냐'는 약산의 생각은 정확하게 들어맞았다. 파리강화회의에서 식민지 조선은 아무런 결과도 끌어내지 못했다. 약산은 열강의 움직임에 관심만 기울일 뿐 약수와 여성과 함께 자신들이 꿈꿨던 운동의 방향을 구체화하기 위해 자신만의 방식으로 움직였다. 이들 3인은 금릉대학을 떠나 서간도로 가서 군대를 조직하고, 상하이에서 〈적기〉라는 이름의 잡지를 만들기로 결심했다. 또한 약산도 파리강화회의에 사람을 보내기로 결심했다. 바로 일본 대표를 암살할 자객이었다. 그가 바로 약산이 무전여행 중에 만났던 김철성이었다.

약산은 자신보다 두 살 많은 김철성에게 '김 동지, 큰일을 하셔야하오'라는 말과 함께 권총을 구해 건넸다. 약산으로서는 의열 투쟁의 첫발을 내딛은 셈이다.

돌아보면 무전여행 때 만들어진 인연이 의열 투쟁까지 이어진 것인데, 그만큼 십대부터 약산의 그릇이 얼마나 컸는지 알 수 있는 부분이다. 무엇보다 당시 김철성은 일본에서 중학을 마치고 중국으로 건너와 상하이에 있던 오송동제대학(현재 상하이통지대학)에서 수학 중이었다. 조선 땅에서 일제에 부역하며 호의호식 할 수 있었지만 모든 영화를 뒤로하고 자신보다 어린 약산의 뜻에 공감해 행동을 결심한다. 모든 일을 기획하고 실행에 옮긴 것이 약산의 나이 불과 스물하나일 때의 일이다. 1918년 약산이 금릉대학에 입학한 그해다.

어렵게 파리까지 간 김철성의 거사는 불행히도 실패한다. 밀정의 장난질 때문인데, 믿었던 조선 동포가 김철성 행랑 속에 있던 권총을 숨겼다. 파리까지 간 김철성은 눈물을 훔치며 돌아올 수밖에 없었다. 김철성으로서는 약산을 어떻게 다시 볼 수 있을지 난감할 뿐이었고, 약산으로서는 새로운 선택을 하게 되는 또 다른 이유가 됐다. 약산이 금릉대학에서의 삶을 포기하고 만주로의 새 삶을 준비한 이유이기도 하다.

다시 학교를 그만둔 약산, 중국에서 3.1혁명을 만나다

1918년 금릉대학 영문과에서 수학했던 약산은 이듬해 1919년 2월 봉천(지금의 셴양)으로 이동한다. 뜻을 같이했던 이명건과 함께 길을 나섰다. 이 거리가 상당한데, 직선으로만 따졌을 때 1,600km가 넘는 거리다. 서울에서 부산을 2번 이상 왕복하는 거리다.

약산이 금릉대학에서 생활을 접고 셴양으로 방향을 잡은 이유가 있다. 약수 김두전으로부터 '셴양으로 와달라'는 연락을 받았기 때문이다. '조국 독립을 위해 군대가 필요하다'라는 결론에 도달한 약산과 약수 김두전, 여성 이명건은 군대를 양성하기 위해 '땅부터 준비하자'라는 다소 도발적인 생각을 했고, 이를 위해 김두전이 먼저 지린성에 가 땅을 알아본 것이다.

그런데 난징에서 셴양으로 가던 도중에 약산과 여성은 충격적인 소식을 접하게 된다. 조선의 동포들이 자발적으로 일어나 3.1만세운동을 일으켰다는 이야기였다. 약산과 여성은 흥분했고, 어떻게든 이 소식을 자세히 알고 싶었다. 어쩌면 생각보다 빠르게 조국 독립을 이룰 수 있을 것이라 믿었다.

기대가 컸던 탓일까? 어렵게 〈기미독립선언서〉를 구해 읽은 약산은 실망하고 만다. 그 어디에도 무기를 들고 강도 일본을 축출하자는 내용이 없었다. 약산은 빈손으로 자유를 부르짖었을 때 과연 왜적으로부터 독립을 쟁취할 수 있을지 의심했다. 결과는 예상을 빗나가지 않았다. 조선의 민중이 분연히 일어나 태극기를 흔들며 만세 삼창을 외쳤건만 일제는 꿈쩍하지 않았다. 오히려 더욱 교묘하고 악랄하게 민중을 탄압하고 억압했다. 약산은 3.1 만세운동을 보며 독립 만세만 외치다 쓰러져가는 민중에게 큰 아픔을 느꼈다. '이대로는 안 된다'며 이를 악물었다. 단순히 소리쳐 외치는 게 아니라 짱돌이라도 던져 복수해야 한다고 생각했다.

약산이 보기에 민중이 일제에 비폭력으로 맞서기에는 무리가 있었다. 일제는 여전히 강력했고 평화를 외치는 민중을 향해 기관총과 대포를 동원해 억압했다. 수원과 부천 등에서는 대량 학살도 발생했다.

그러나 약산을 가장 분노케 한 것은 3.1 만세운동을 이끈 민족 대표가 비폭력운동을 원칙으로 자발적으로 감옥에 수감됐다는 사실이었다. 도무지 이 부분을 이해할 수 없었다. 약산 입장에서 민족 대표는 3.1혁명을 이끌면서 이후에도 분연히 독립운동을 이끌어 가야만 했다. 그런데 스스로 수갑을 차고 일제의 감옥에 갇힌 것은 말도 안 되는 일이었다.

3.1혁명의 열기는 서울을 벗어나 한반도 전역으로 퍼져나갔다. 약산의 고향 밀양에서는 윤세주와 동화학교 교장 전홍표가 함께 만세운동을 주도했다. 이 같은 열기는 중국까지도 이어졌는데, 지린에서 농토를 구하던 약수 김두전의 행동에도 영향을 끼쳤다. 약수는 3.1혁명이 일어나자 국내로 돌아가 자신 역시 역할을 하고 싶었다. 결국 셴양에서 다시 만난 김두전은 약산에게 솔직히 고백한다.

"약산, 우리 국내로 돌아가 독립운동을 함께 하자."

여성 이명건 역시 김두전의 의견에 흔들렸다. 여성 역시 약수를 따라 고국으로 돌아갈 것을 결심한다. 그러나 약산은 두 사람의 의견에 동의하지 않았다. 국내에서는 자신이 꿈꾸는 이상을 실천할 수 없다고 판단했다. 약산은 '훗날, 우리 다시 만나자'는 말을 남기고 셴양에서 지린으로 방향을 틀었다.

대륙에서 군대를 만들어 조국 독립을 이루자는 세 사람의 꿈은 이렇게 약산 혼자만의 꿈이 되었다. 그러나 여성 이명건과 약수 김두전 역시 그날의 약속대로 자신만의 길을 걸으며 일생을 독립운동에 헌신했다. 이들은 훗날 나이가 들어 재회하는데, 약산과 약수는 해방된 조국 땅에서, 여성을 포함한 세 사람의 만남은 삼십여 년 뒤 북녘에서 이뤄졌다. 안타까운 점은 모두 고향이 남쪽인 세 사람이 해방된 조국에서 제 자리를 잃고 북에서 만날 수밖에 없었다. 아이러니하다.

홀로 남은 약산, 신흥무관학교 생도가 되다

혼자 남은 약산은 지린으로 방향을 잡는다. 당시 지린에서는 약산의 고모부 황상규가 조소앙, 김좌진, 손일민 등 여러 지사들과 함께 '대한독립의군부'를 결성한 상황이었다. 고모부 황상규는 의군부에서 재무를 담당했다. 그러나 약산은 그들과의 만남 이후에도 함께 걸을 지 여부를 놓고 고민했다. 이를 박태원 선생이 《약산과 의열단》에 자세히 기록했는데, 약산은 이들에게 다소 도발적으로 '대량으로 총을 구할 수 있느냐?'고 물었다. 그러나 이내 돌아온 답은 '쉽지 않은 일이나 마적들과 교섭하면 구할 수도 있다'는 말이었다. 약산은 실망했고, 제 손으로 하나하나 준비하고 실행해야 할 필요성을 다시 한번 느꼈다.

하지만 스무 살 약산에게 현실의 벽은 높았다. 아무리 조국 독립에 대한 뜨거운 기운이 있다 해도 총 한 자루 없는 일개 청년에 불과했다. 그는 자신이 가야 할 길부터 하나하나 따져보기 시작했다. 당장 군대를 만들어 독립을 이루는 것이 가능할지부터 따졌다. 천하에 정의로운 일을 맹렬히 실행하는 '의열단' 창단을 진지하게 논의하기 시작한 시점이다. 1919년 초여름 무렵이다.

이를 위해선 약산 자신부터 체계적인 훈련을 받아야 할 필요성을 느꼈다. 무엇보다 함께 뜻을 행할 동지들이 필요했다. 이 과정에서 고모부 황상규의 조언은 약방의 감초처럼 약산에게 적지 않은 도움이 됐다. 약산은 다음 행선지로 중국 서간도에 위치한 신흥무관학교를 택했다.

약산은 서간도 유하현에 위치한 고산자 신흥무관학교에 입학했다. 1919년 3.1혁명 이후 조국 독립에 대한 열기는 중국으로까지 뻗어나가자 신흥무관학교를 찾는 국내외 한인 청년들이 많아졌다. 찾아오는 이유야 제각

각 다를지라도 약산 역시 이들과 같은 무리였다. 돌아보면 신흥무관학교는 우당 이회영 등 애국지사들이 독립군 간부를 양성하기 위해 이장녕 등 대한제국육군무관학교 출신들의 무관과 함께 서간도 삼원보에서 신흥강습소를 설립하면서 시작됐다. 1911년 6월 옥수수 창고를 빌려 시작된 신흥강습소는 신민회新民會의 '신'자와 다시 일어나는 구국투쟁이라는 의미의 '흥興'자를 합한 것으로 '나라를 새로 일어나게 한다'는 의미도 내포하고 있다.

신흥강습소는 국내 식민교육을 완전히 배제하였다. 특히 역사 과목의 강의록은 교사들이 직접 편찬하였다. 약산이 크게 동화한 부분인데, 그 내용은 사회 발전의 규율, 제국주의 국가의 한국침략사 등이 주를 이루었다. 또 독립운동의 형세에 대한 이해를 돕기 위해 현대사 과목이 중요시되었다. 중세사와 고대사도 열심히 학습됐다. 학교의 학풍과 분위기는 비교적 엄격한 편이었지만, 숙식은 모두 학교 기숙사에서 해결하였으며, 학생들의 교육열 또한 높았다.

약산 역시 평소처럼 열정을 다해 배움을 이어갔다. 특히 폭탄 제조법과 총기류 취급에 전력을 기울였는데, 이는 훗날의 행보를 고려한 준비였다.

약산은 신흥무관학교에 온 가장 큰 이유를 실천했다. 1919년 11월에 창설되는 의열단이 신흥무관학교 출신이 많은 이유다. 약산은 신흥무관학교에서 적극적으로 동지들을 규합했다. 약산은 신흥무관학교에서 약 3~4개월 정도 머문 뒤 1919년 10월 다시 지린으로 돌아온다. 그리고 마침내 1919년 11월 10일, 중국 지린시에서 세계를 격동시킬 의열단이 창립된다.

모든 준비는 끝났다.

01

'일제가 가장 두려워했던 의열단이건만'
의열단 창립지

📍 여기는

1919년 11월 10일 지린시 광화로 57호, 의열단이 탄생했다. 하지만 이번에도 다르지 않다. 창단 후 십수 년 동안 일제에 공포를 줬지만, 우리 독립운동사에서 가장 중요한 의열단체지만, 역시나 현장에는 아무것도 없다. 단장(의백)이 약산 김원봉이라서 그런 것일까? 아니면 그들의 위대한 걸음을 이렇게라도 격하시키고 싶었던 것일까? 약산이라는 큰 걸음이 사라진 반 토막 난 독립운동사가 다시 한 번 현실처럼 느껴져 애석하고 아쉬울 따름이다.

3.1혁명 비폭력투쟁에 실망한 약산은 센양에서 이여성, 김약수와 헤어진 뒤 홀로 남아 신흥무관학교에 입학했다. 그곳에서 집중적으로 폭탄 제조술을 익혔다. 새로운 동지들도 규합했다. 이때 약산의 나이는 불과 만 21세였다. 그의 곁에는 고모부이자 멘토로 평가받는 백민 황상규가 있었다.

황상규. 뒤에서 자세히 언급하겠지만 의열단 창립 과정에서 결코 빠뜨릴 수 없는 중요한 인물이다. 특히 의열단이 왜 지린에서 탄생할 수밖에 없었는지를 고려한다면 결론에는 항상 황상규라는 이름 석 자가 자리해

의열기념관 반씨 주택 모형과 설명 지금으로
부터 100년 전, 중국 지린시 한 농가에서 전설
적인 항일 비밀결사, 〈의열단〉이 탄생했다.

반씨 주택
Bahn's House, *Euiyeoldan's*
Founding Site at Zirin

의열단이 창립된 곳인 중국인 반씨의 집은 길림성
파호문 밖에 있었으며, '화성여관(華盛旅館)'이라는
옥호(屋號)를 갖고 있었던 것으로 추정되고 있다.

야 한다.

1919년 11월 9일 밤, 약산과 동지들은 지린시 반 씨 농가에 모였다. 다
음날 새벽 향후 십수 년 간 일제와 친일파의 간담을 서늘하게 할 의열단이
탄생한다. 이 부분을 독립기념관은 아래와 같이 설명했다.

"1919년 3·1운동 이후 해외로 독립운동기지를 옮긴 애국지사들
은 강력한 일제의 무력에 대항하여 독립을 쟁취하기 위해서는 보
다 조직적이고 강력한 독립운동 단체의 조직이 필요하다고 생각
했다. 1919년 11월 9일 저녁 중국 지린성吉林省 파호문把虎門 밖
의 중국인 농부 반씨潘氏의 집에 김원봉金元鳳을 비롯하여 13명
이 모여 의논한 결과 의열단을 결성하였다. 의열단에는 단장으로
추대된 김원봉과 이종암, 윤세주, 강세우 등 13명이 참가한 것으
로 알려진다."

그러면서 독립기념관은 '의열단이 결성됐던 옛 건물은 없어지고, 새로
운 건물이 들어섰다'라고만 덧붙였다. 의열단 창립지가 정확히 어딘지 특

정되지 않는다는 뜻인데, 의열단 창립지 터로 추정되는 위치에 세워진 '동북증권' 건물마저 상당히 오래된 터라 그곳에 서면 이상하게 더 아쉽고 서러운 감정이 밀고 올라왔다.

지난 6월 현장에 갔을 때, 국화꽃 한 송이를 미리 준비했다. 약산과 의열단 동지들에게 100년이나 됐지만 그래도 이렇게 인사드리러 한국에서 왔다는 말을 드리고 싶었다. 하얀 국화를 손에 잡고 의열단 창립지 앞에서 수없이 사진을 찍었다. 길을 지나던 시민이 찾아와 '왜 사진을 찍느냐'고 묻는다.

중국어 번역 프로그램을 켠 뒤, '이곳이 바로 한국의 독립 영웅들이 만든 의열단이 탄생한 장소这里就是韩国独立英雄们建立的义烈团诞生地'라고 보여줬다. 그러자 이야기가 쏟아진다. 하지만 정확하게 알아들을 수가 없다. 그런데 이상하게 스스로 초라해진다. 당당하게 '독립 영웅'이라 칭했건만, 약산과 의열단에 대한 기록은 어디에도 없다. 일제가 가장 두려워한 의열단인데, 창립한 지 100년이나 됐는데 지금 아무것도 없다. 지린시 광화로 57호 앞에 표지석 하나 세워야 하는 이유다. 개인적으로 그 비석 위에 의열단 단원들이 밤새워 토론해 만든 의열단 공약 10조도 꼭 포함했으면 하는 바람이다. 1919년 11월 조국 독립을 열망하던 그분들께 경의를 표한다.

〈의열단 공약 10조〉

1. 천하의 정의를 맹렬히 실행한다.

2. 조선의 독립과 세계의 평등을 위해 신명을 희생한다.

3. 충의의 기백과 희생의 정신이 확고히 자라야 의열단원이 된다.

4. 단의團義를 우선하고, 단원의 의義도 급히 실행한다.

5. 의백 일인을 선출해 단체를 대표케 한다.

6. 어느 때 어느 곳에서나 매월 일차식 사정을 보고한다.

7. 어느 때 어느 곳에서나 초회招會(부름)에 반드시 응답한다.

8. 피사被死(죽임을 당함, 함부로 죽음) 아니하며 단의에 전력을 다한다.

9. 하나가 아홉을 위하여 아홉이 하나를 위해 헌신한다.

10. 단의團義를 배반한 자는 척살한다.

✪ 놓치지 말아야 할 사실

"의열단 의백이 황상규?"

지린으로 향하는 열차에서 가장 많이 떠올렸던 것이 '약산은 왜 지린에서 의열단을 결성했을까'라는 의문이었다. 뒤에서 계속 살피지만 약산은 의열단 결성 후 베이징과 상하이 등으로 이동해 본격적인 의열 투쟁을 이어 간다. 지린에 의열단과 관련된 유적지 중 창립지 이외에 다른 특별한 흔적이 없는 이유이기도 한데, 실제로 약산은 1920년 중후반 1차 의거 이후 본부를 상하이(혹은 베이징)로 옮긴다.

우리는 앞서 약산이 고향 밀양을 출발해 톈진, 난징, 셴양을 거칠 때마다 굳이 지린을 지속적으로 들리는 것을 확인했다. 지도를 살피면 지린은 난징은 말할 것도 없고 톈진, 셴양에 비해 훨씬 북쪽에 위치해 있다. 특히 조선 땅으로 들어가는 경로를 고려하면 굳이 지린에 들릴 이유가 없었다. 하지만 약산은 늘 지린으로 향했다. 왜 그랬을까? 지린에는 약산의 고모부 황상규가 있었기 때문이다.

황상규 ©국가보훈처

이 때문에 혹자는 약산이 의열단을 창립할 당시, 의열단의 진짜 의백은 약산이 아닌 고모부 황상규라는 주장도 한다. 아니다. 의백은 단언컨대 김원봉이다. 다만 황상규의 역할을 부인할 수 없다. 황상규가 전반적으로 의열단 창립을 지원하고 방향을 설정해준 것은 곳곳에서 확인된다.

황상규, 약산보다 8년 빠른 1890년에 태어났다. 본관은 창원이지만, 어릴 때부터 약산과 같은 동네인 밀양시 내이동에 살았다. 약산이 다닌 동화학교에서 학생들을 가르쳤는데, 역사에 조예가 깊었다. 자연스레 학생들에게 독립과 애국정신을 강조했다. 알다시피 동화학교 출신으로 약산과 석정, 최수봉 선생 등이 있다. 모두 의열단의 중심인물로, 황상규가 동화학교에서 직접 가르치고 인도한 학생 수가 200여 명에 달한다.

황상규 역시 일찍부터 의열 투쟁에 눈을 떴다. 1913년 경북에서 조직된 대한광복단大韓光復團에 참여해 대구 악질부호 장승원을 사살하는 등 활발한 활동을 했다. 이후 일경에 주목받게 되자 1918년 만주의 지린으로 망명했다. 그곳에서 서일과 유동열, 김좌진 등과 함께 북로군정서北路軍政署를 조직해 군자금 모금에 주력하였다.

재밌는 점은 황상규의 별명이 관운장이라는 사실이다. 그만큼 강직하고 일관되게 독립운동에 매진했는데, 삼국지에서 수많은 영웅들이 신의의 관운장을 따른 것처럼 밀양 출신 독립운동가들도 유독 황상규를 따른 이들이 많았다. 무엇보다 황상규는 행동하는 전략가였고, 의열단이 만들어진 뒤 행해진 1920년 1차 암살파괴 계획 당시 가장 나이가 많은 단원으로 국내로 잠입해 거사를 진행한다. 하지만 밀정에 의해 이들의 거사는 펼쳐보지도 못하고 막을 내린다. 악질 경찰 김태석에 의해 모진 고문을 당하지만 황상규는 끝까지 버티고 버티면서 혐의를 인정하지 않았다. 그의 강직함이 다시 한번 확인되는 순간이다.

많이 알려진 사실이지만 백민 황상규는 의열단 단장 김원봉의 호 '약산'을 지어준 인물이다. 약산若山뿐 아니라 중앙학교 친우인 김두전과 이명건의 호 약수若水와 여성如星도 함께 만들어줬다.

약산이 동지들과 함께 의열단을 만들 때 황상규의 역할이 컸는데, 당시 황상규는 독립운동단체인 일합사와 풍기광복단, 대한광복회를 거쳐 지린에서 대한독립의군부 조선독립군정사(길림군정사) 재무부장을 맡고 있었다. 독립자금을 모금하는 위치였는데, 1919년 2월 만주 지린에서 조직된 대한독립의군부에서 최연소 간부를 맡을 정도로 역량이 뛰어났다. 이는 곧 단신으로 중국을 오가는 약산에게 지린에 거주한 황상규는 언제나 믿고 의지할 수 있는 집안 사람이었던 것이다. 황상규는 약산의 고모와 1909년을 전후해 19살 나이에 결혼했다.

이 때문일까? 일부에서는 1919년 11월 의열단 결성을 국내외 정세를 분석하며 만주지역에서 실제로 이름을 떨치고 있던 황상규의 기획이라고 주장한다. 앞서 약산이 신흥무관학교를 들어간 것도 황상규의 지시에 따라 동지들을 규합해오는 목적으로 보고 있다. 흐름만 놓고 보면 일리 있는 주장이다. 하지만 단정할 수 없다. 약산이 의열단 의백 출신이라는 사실은 독립운동 진영에 널리 퍼진 이야기다. 무엇보다 의열단 창립 과정에서 의열단 의백이 선출됐던 사실을 고려하면 현장에 있던 약산이 의백으로 뽑힌 것은 당연한 과정이다.

그러나 백민 황상규 역시 부인할 수 없는 우리 독립운동사의 큰 족적을 남겼다. 1차 의열단 의거 실패 후 감옥에서 6년여를 보냈다. 출소 후에도 밀양에서 지역 운동을 전개하며 지역 리더로서의 역할을 실천했다. 1927년 12월부터는 신간회의 밀양지회장으로 선출되고 왕성한 활동을 벌인다. 하지만 고문 등으로 이미 몸이 쇠약해진 상태, 한때 관운장이라 불릴 정도로 강인한 그였지만 과로 등이 겹치며 결핵성 복막염을 앓았다. 1929년 11월 광주학생사건이 터지자 황상규는 진상조사단이 돼 몸을 돌보지 않고 사건을 알렸다. 결국 더 이상 버티질 못했다. 1930년 초 황상규는 다시 고향에 돌아와야만 했다. 그것이 마지막이었다. 이듬해 9월 황상규는 눈을 감는다. 사인은 고문 후유증으로 인해 발생한 폐결핵과 복막염 악화였다. 의열단의 정신적 스승이자 행동하는 지성인이었던 백민 황상규는 그렇게 세상을 떠났다.

🥾 어떻게 갈까

길림성 길림시 광화로 57호吉林省 吉林市 光华路 57号 일대가 독립기념관이 밝힌 주소다. 지린시 중심부에 위치한 탓에 찾는 것은 어렵지 않다. 다만 버스 등을 이용해 찾아가는 건 쉬운 일이 아니다. 택시를 이용할 경우 '길림시 사법국吉林市 司法局Jílín shì sīfǎ jú'에 가자고 하자. 사법국 건물 건너편이 의열단 창립지 장소다. 번역앱인 파파고 등을 이용해 미리 길림시 사법국을 입력해 놓자. 지린역에서 택시를 타고 넉넉하게 10분이면 도착할 수 있다. 필자의 경우 처음부터 의열단 창립지 근처에 숙소를 잡았다. 짐을 푼 뒤 곧장 도보로 흔적을 찾아다녔다.

참고로 이곳 길림시 사법국은 우리 애국지사들이 옥고를 치렀던 감옥인 '길림 감옥'이 있던 자리다. 길림 감옥 터에 길림시 사법국이 세워졌다. 1927년 1월 안창호 선생도 지린에서 연설을 하다 붙잡혀 이곳에 갇혔다. 다행히 안창호 선생은 20여 일 동안 수감된 뒤 풀려났지만, 30년대 수많은 사회주의계열 독립운동가들이 지린을 중심으로 활동을 전개하다 이곳에 잡혀가 고초를 겪었다. 우리에겐 의열단 창립지뿐 아니라 길림 감옥 터 역시 아쉽고 미안한 장소다. 길림시 사법국은 의열단 창립지 터에 세워진 동북증권 건물과 정확하게 마주하고 있다.

의열단 창립지 찾아가는 법 주소가 정확하다. 지린역에서 택시로 10분 정도 걸리는 거리이고 찾기도 쉽다. 필자의 경우는 근처에 숙소를 잡아서 이동했다. 창립지를 중심으로 안창호 선생이 구금됐던 길림 감옥, 뒤에서 살펴볼 만보산 사건 발생지, 손정도 목사 교회 터 모두 가깝다.

의열단 창단멤버,
10명인가, 13명인가?

밀양독립운동기념관 홈페이지를 보면 상단에 '밀양의 독립운동사 – 의열단 결성' 카테고리가 있다. 이를 클릭하면 의열단 창립당시 조직원이 굵은 글씨로 10명이라고 명시돼 있다.

밀양독립운동기념관은 '3.1운동 이후 만주지역 독립운동가들의 상황타개 의지와 실효성 있는 운동방향에 대한 모색 및 구상이 직접 동인으로 작용했다'면서 '현실적 난관을 자각한 상태에서 무장투쟁의 기운을 고양시켜 갈 수 있는 긴급한 행동방책으로 새로이 구사된 것이 국내 방면의 작탄투쟁이며, 그 행동대 창설이 1919년 6월경부터 길림에서 추진되었고, 마침내 11월에 결실을 보게 된 것이 의열단 창립'이라고 강조했다.

지금까지 수십 년 동안 알려진 의열단 13인설과 정면으로 대치되는 내용이다. 박태원 선생이 약산과의 인터뷰를 통해 쓴《약산과 의열단》에는 의열단 창단멤버가 13인이라고 기록된 내용과도 완전히 다르다. 한봉인과 배동선, 그 외에 1인이 밀양독립운동기념관 제시 창립 멤버에서 사라진 건데, 결론부터 이야기하면 밀양독립운동기념관이 내놓은 10인설이 더 유력한 추정이라고 판단된다. 우선 약산이 박태원 선생과 인터뷰했을 당시인 1947년 무렵은 이미 의열단 창립으로부터 30년 가까이 된 시점이다. 약산의 구술에 의존한 만큼 기록 자체에 일정 부분 오류가 발생했을 가능성이 있다.

김영범 대구대학교 교수는 자신의 논문[3]에서 '약산과 의열단에 명기된

---

3)   김영범, 《의열단 창립단원 문제와 제1차 국내거사기획의 실패 전말》, 《한국독립운동사연구소 제58집》, 2017.

12인의 이름 열거 순서가 어떤 의미를 담고 있었는지 함부로 추단할 수는 없다'면서도 '따져보면 약산 본인과 개인적 정리가 각별했거나, 그 스스로 마음의 빚이 있다고 생각되거나, 초기의 단 활동에 공헌이 컸던 것으로 기억되어 먼저 떠올려지고 발설된 이름부터였던 것 같다'라고 밝혔다.

실제로 한봉인은 1919년 11월 의열단 창립 당시 중국 지린에 자리하지 않았다. 무엇보다 의열단 창단멤버가 주도한 1차 의열단 의거 때 이름이 전혀 나오지 않는다. 그러나 한봉인이 약산과의 친분을 따져볼 수 있는 일화가 있는데, 약산이 처음 중국 유학길에 오르는 1916년, 친구인 한봉인은 자신이 일하는 잡화점에서 거금을 몰래 들고와 약산에게 건넸다. 당시 약산은 자금이 부족해 전전긍긍하고 있었는데, 친구 한봉인이 먼저 알아채고 행동한 것이다. 이후 한봉인과 약산은 3.1운동 이후 재회한다. 약산은 다시 한 번 한봉인에게 '운동자금을 모집해달라'고 요청한다. 김 교수는 '한봉인이 약산의 부탁을 들어주려다보니 (신흥무관학교를) 자퇴하고 길을 나섰다'라고 추정했다. 말 한마디에 학교를 그만둘 만큼 한봉인은 약산의 역량을 신뢰했고, 약산 역시 한봉인에게 가장 중요한 자금 모집책 역할을 맡길 만큼 그를 믿었다.

두 번째 인물 배동선은 1919년 3월 금릉대 2학년 학생이었다. 당시 약산은 약수, 여성과 함께 금릉대를 다녔는데, 배동선 역시 이들과 학우였을 가능성이 높다고 봤다. 이에 대해 김영범 교수는 '배동선은 1919년 4월 상하이에서 독립신문 기자로 활동하고 있었다'면서 '2월에 난징을 떠나 3월에 지린에 당도한 약산과 동행하지 않았음이 분명하다'라고 설명했다. 그러면서 '1920년 4월경 상하이에서 촬영된 것으로 추정되는 한 장의 사진에 등장하는 양복을 입은 인물이 배동선으로 추정되는 인물이 있다'라고 덧붙였다.

이 사진을 보면, 약산을 중심으로 곽재기, 강세우, 김기득, 이성우 등 의

열단원 5인이 정이소라는 이름의 인물을 중심에 놓고 포즈를 취하고 있다. 당시의 정확한 상황은 알 수 없지만, 지린에서 상하이로 이동한 약산과 의열단 동지들은 익살스런 표정으로 중심에 선 정이소의 도움을 상당 부분 받은 것으로 추정된다. 김 교수는 시기적으로나 활동 상황 등을 고려했을 때, 사진 속 정이소가 배동선이라고 추정했다. 그런데 이 사진 우측 하단에 또 다른 인물이 증명사진 사이즈로 붙어있는데, 의열단 초반 의거의 중심이 된 김익상 의사다. 김익상이 어떤 위치에 있었는지를 보여주는 장면이기도 하다.

《약산과 의열단》에는 그 외 1인에 대해 언급하진 않았다. 하지만 연구자들은 마지막 1인을 권준이라고 유력하게 봤다. 권준 역시 1919년 만주로 가서 신흥무관학교를 졸업했고, 다른 동지와 함께 초창기 의열단 거사를 준비한 인물이다.

밀양독립운동기념관에서 제시한 10인을 보면 부단장 곽재기를 제외한 나머지 9인 모두 신흥무관학교 출신이다. 실제로 약산은 신흥무관학교에서 군사 기술을 습득하는 동시에 동지들을 규합했다. 13인에 포함되는 한봉인과 권준 역시 신흥무관학교 출신이다. 그러면서도 밀양 출신들이 의열단 창단 멤버로 대거 포함됐다. 이는 곰곰이 따져보면 약산이 의백으로 선출될 수밖에 없는 이유와도 연결되는데, 창립 당일 공약 10조 중 다섯 번째 항목 '의백 일인을 선출해 단체를 대표케 한다'는 내용에 의거해 의백을 선출해야 하는 상황이 만들어졌다.

약산은 이미 밀양보통학교에 다닐 때부터 일장기 똥통 투척 사건을 주도해 지역에서 유명인이 됐고, 이후에는 군대 양성을 통한 독립을 주창한 인물이다. 신흥무관학교에서는 의식적으로 동지들을 규합해 의열단 창설을 이끌었다. 단원들에게 있어 약산을 제외하고 누가 눈에 들어왔을까? 의열단 의백 김약산, 자연스러운 결론이다.

김영범 교수는 의열단 공약 10조 중 아홉 번째 항목 '하나가 아홉을 위하여 아홉이 하나를 위해 헌신한다'는 내용을 언급했다. 그러면서 '이 숫자가 곧 실제 인원을 뜻한다고 보고 있다'라고 강조했다. 필자가 수차례 직접 만난 의열기념관 이준설 학예연구사 역시 같은 의견이다. 그는 '이미 의열기념관도 공식자료를 10명으로 정리한 상황'이라면서 필자에게 '현장에서 이를 직접 확인해 달라'고 당부했다.

의열단 창립 이래 수십 년 동안 의열단 창립멤버는 13명으로 전해져왔다. 현재도 창립멤버가 13인이냐, 10인이냐를 놓고 이야기가 지속되고 있다. 개인적으로는 이 상황 자체가 매우 긍정적인데, 의열단 창립 100년을 마주하는 동안 제대로 된 논의 한번 없었다. 그런데 의열단 창립 100주년을 맞이한 2019년, 이제는 창립멤버의 숫자를 놓고도 활발한 논의가 진행되고 있다. 이렇게 우리 스스로 약산과 의열단을 향해 한 걸음 더 나아가고 있으니 고무적인 일이다.

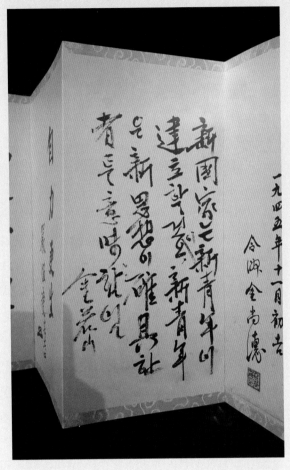

약산의 휘호 '신국가는 신청년이 건립할 것이오, 신청년은 신사상 이 확구한 자를 의미함이라.'라고 씌여 있다. 약산 스스로 청년 시 절부터 의열 정신이 투철했기에 할 수 있는 말이 아닐까. ⓒ김경준

지린에서 약산이 남긴 공식적인 흔적은 의열단 창립지뿐이다. 1920년 초에 진행된 1차 암살파 괴 계획까지 지린시 의열단 본부에서 준비하고 진행했다는 기록은 있으나 정확히 어디에서 어떻 게 진행됐는지는 알 수 없다. 그래서 약산이 지린을 떠난 이후에도 직간접적으로 약산과 의열단 이 남긴 지린에서의 흔적들을 찾아 나섰다. 길게 보면 이 책을 통해 지린을 방문할 수많은 청년 들이 우리가 잘 몰랐던 약산과 독립운동가들의 흔적들을 찾아주길 바라는 마음을 담았다. 이어 언급할 조선일보 김이삼 기자의 암살지와 지사들이 활동했던 북산공원을 넣은 이유이기도 하다.

만보산 사건과 조선일보 기자
김이삼의 죽음
만보산 사건 발생지

📍 여기는

지린에 가면 도시를 관통하는 큰 강을 쉽게 찾아 볼 수 있다. 송화강이
다. 송화강 물줄기 인근에서 만보산 사건이 발생했다. 1931년 여름이었다.

시작은 단순했다. 중국인 하오용더郝永德에게 땅을 빌린 조선인들은 농
사를 짓기 위해 물을 끌어오는 수로 공사를 진행했다. 문제는 수로 개척과
제방 축조 과정에서 중국인 토지에 피해가 발생하면서였다. 중국인과 이
주 조선인 사이에서 충돌이 발생했다. 피해를 당한 중국인들은 당국에 탄
원과 진정을 내 강제로 수로 공사를 중단시켰다. 조선인들은 크게 반발했
다. 그런데 이 사건의 행간에 조선인에게 땅을 빌려준 중국인 하오용더가
있다. 그는 일제의 대리인이었다. 앞서 일제는 중국인 하오용더를 매수하
고 자금을 투입해 만주 창춘시에 장농도전공사長農稻田公司를 설립했다.
하오용더는 공사의 지배인이 됐다. 문제는 조선인이 벼농사를 하려면 중
국의 허가가 필요했는데, 하오용더는 허가도 받지 않고 조선인과 소작 계
약을 맺은 것이다. 땅을 빌린 조선인들은 당연히 수로를 팠고, 그 과정에
서 중국인의 침수 피해와 하운 장애가 발생했다. 중국인 400여 명이 삽을

들고 공사현장에 나타났다. 이에 일제는 '이주 조선인을 보호한다'는 명목으로 중국 농민의 반발을 강제로 억눌렀다. 반발한 중국 농민들은 조선인이 만든 관개수로를 매몰했고, 결국 조선과 중국 주민 사이에 충돌이 발생했다.

문제는 충돌까지의 과정이 일제의 치밀한 모략에 의해 진행됐다는 사실이다. 일제는 처음부터 한중간의 갈등을 일으켜, 만주를 침략할 구실을 만들고자 했다. 결국 일제는 이 사건을 계기로 만주사변까지 이어지는 결과물을 만들어냈다. 이 과정에서 조선일보가 큰(?) 역할을 한다. 사건 초기 한중간 충돌이 발생했지만 큰 부상자는 없었다. 농토라는 민감한 문제로 감정이 격해졌을 뿐, 자발적으로 해결하려는 움직임도 바로 일었다. 사태가 진정 기미를 보이자 일제는 '한국인 다수가 살상됐다'는 거짓 정보를 조선일보 등 국내 신문들에 제공한다. 사실관계를 따지지 않은 조선일보는 1931년 7월 2일 호외로 일제가 건넨 허위정보를 근거로 '만보산에서 중국 농민과 조선 농민이 충돌해 많은 조선인이 피살됐다'고 보도한다.

"중국 관민 800여 명과 200명의 동포와 충돌, 조선인 다수 살상,
중국 주재 (일본) 경관 교전 급보로 창춘 주둔 일본군 출동 준비"

조선일보 장춘지국 김이삼 기자가 보도했는데, 이로 인해 조선은 한마디로 난리가 난다. 가뜩이나 조선 땅에 화교들이 몰려와 경제를 침탈하고 있다고 생각한 조선 민중은 이 보도를 접하자 흥분했다. 인천을 시작으로 서울, 평양, 부산, 대전, 천안, 원산 등 전국 각지에서 수천 명이 참가하는 중국인 배척 운동이 일어났다. 평양과 부산, 천안에서는 대낮에 중국인 상점과 가옥을 파괴하고 구타와 학살이 자행되는 폭력 사태가 이어졌다. 이로 인해 120여 명의 중국인이 사망했고, 부상자도 수백 명에 이르렀다. 일

제는 회심의 미소를 지었다.

만보산 사건으로 명명된 이러한 사태는 동아일보의 보도 이후 차차 진정이 된다. 동아일보는 서범석 특파원을 현지에 보내 사실관계를 따졌다. 그리고 사태의 진상이 과장돼 전해졌음을 알게 됐다. 상하이 특파원이었던 신언준 선생은 중국 측 관계자들을 만나 '만보산 사건에 대하여 남경 정부 외교부는 일본 정부에 항의를 제출한다. 중국 신문의 여론은 일본인이 조선 사람들을 이용하여 만주에 세력을 부식한다고 배일열이 더욱 높아졌다'라고 기사화했다. 이러한 현장 기자들의 확인으로 동아일보는 1931년 7월 7일 1면에 '이천만 동포에 고합니다, 민족적 이해를 타산해 허무한 선전에 속지 말라'는 사설을 싣는다.

> "동포 여러분은 만보산에 있는 이백 명 동포의 생명이 위경에 든 것처럼 생각하고, 또 어떤 악의를 가진 자의 생각인지는 모르거니와, 그 이백 명 동포가 학살을 당한 것처럼 아는 이도 있는 모양이나, 이것은 전혀 무근지설입니다. 무뢰배의 유언비어입니다."

결국 오보임이 알려지고 진정을 호소하는 보도가 쏟아지자 7월 10일 이후부터 만보산 사건에 대한 국내 여론도 진정된다. 오보를 일으켜 한중간의 갈등과 일제의 모략에 놀아난 조선일보 기자 김이삼은 7월 15일 만보산 사건이 발생한 인근 숙소에서 처단당한다. 피살 직전 김이삼은 7월 14일 자 조선일보에 '일본 정보에 근거해서 기사를 썼지만 오보였다'는 사죄문을 게재했지만 소용이 없었다. 김이삼의 잘못은 이미 한국과 중국에 서로 씻을 수 없는 상처를 남긴 뒤였다.

그러나 그의 죽음을 놓고 의열단 출신 애국지사들이 그를 처단했다는 이야기와 뒤늦게 진실을 알리려 한 김이삼을 일본 밀정 이종형 등이 주도해 살해했다는 이야기도 전해지고 있다. 어느 것 하나 100% 확신할 수 없다. 다만 오보를 냈다는 이유로 죽음까지 이른 김이삼을 보면, 일견 안타까운 부분도 있다. 그러나 오보 하나로 인해 씻을 수 없는 악화가 구축됐다는 점에서 그의 잘못은 명백하다.

⊛ 놓치지 말아야 할 사실

2019년 1월 《임정로드 4000km》를 출간했다. 대한민국 100년을 맞아 상하이부터 충칭까지 임시정부가 걸은 길을 함께 걸어보자는 의미로 투어 가이드북을 낸 것인데, 반응이 나쁘지 않았다. 다수의 시민이 동참했고 함께 걸었다. 필자가 속한 오마이뉴스도 〈임정로드 탐방단〉을 꾸려 그 길을 함께 걸었다. 2019년 6월 처음으로 탐방단을 꾸려 '임정로드 4000km'를 함께 걸었다. 그 길에서 신영전 교수를 만났다.

기골이 장대한 분인데, 표정까지 다소 무뚝뚝해 처음에는 말붙이기가 쉽지 않았다. 그런데 여정을 이어갈수록 이상하게 눈가가 젖고 숙연해지는 모습을 자주 보게 됐다. 알고 보니 신 교수의 할아버지가 활동하고 지냈던 공간이요, 나중에는 신 교수의 아버지가 태어나 뛰어놀았던 그 공간을 우리가 함께 걸은 것이다. 신 교수의 할아버지는 바로 만보산 사건의 진실을 알린 신언준 선생이었다.

독립운동가 신언준 선생, 1904년 11월에 태어나 1938년 1월에 영면했다. 불과 서른다섯 나이였는데, 독립운동 과정에서 얻은 병이 악화돼 사망했다. 1920년대 초 상하이로 유학한 뒤, 훗날 반민특위 위원장을 맡는 김상덕 등과 함께 상해청년동맹회를 만들어 활동했다. 안창호 선생의 흥사단에서 간부로 활동하며 보좌했다. 여운형 선생이 설립한 인성학교에서 교사로도 활동했다. 이후 상하이와 난징에 머물면서 동아일보 특파원을 맡았으며 만보산 사건의 진실을 알리게 되었다. 그리고 80여 년 뒤, 신언준 선생이 떠난 그 자리를 그의 손주가 시민들과 함께 걸었다.

신 교수는 2019년 6월 26일, 〈아직 끝나지 않은 임정로드〉라는 제목의 기고문을 한겨레에 실었다.

> "이 '임정로드' 프로젝트는 임시정부 수립 100주년을 기념하여 상하이에서 난징, 광저우, 류저우를 거쳐 충칭에 이르는 임시정부의 흔적 4000km를 따라가 보는 것입니다. 돌아보면 이 길은 고난의 길이었습니다. 임시정부가 상하이에서만 12차례, 총 30차례 가까이 옮겨야 했던 이유는 일제에 쫓겼기 때문이기도 했지만, 방 한 칸 살 돈도 없었기 때문입니다."

개인적으로 신영전 교수가 임정로드 탐방 중에 했던 여러 말이 생각난다. 그중에서도 루쉰과 관련된 이야기가 많이 생각나는데, 알고 보니 할아버지 신언준 선생은 조선인 최초로 루쉰 선생의 인터뷰를 했었다고 한다. 신 교수는 탐방 말미에, 중국 서남부 류저우에서 전체 탐방단에게 이런 말을 한다.

> "처음부터 길이었던 길은 없다. 희망이란 본래 있다고도 하고 없다고도 할 수 없다. 마치 땅 위의 길과 같다. 본래 땅 위에 길은 없었다. 걸어가는 사람이 많으면 길이 되는 것이다."
>
> – 루쉰

🚶 어떻게 갈까

독립기념관은 만보산 사건 발생지를 지린시 해방대로 '지린시 가무단' 뒷집吉林市 解放大路' 吉林市 歌舞団'后面 建筑이라고 명시했다. 정확한 주소는 만보산 사건 발생지와 동아여관 터 만보산 사건이 일어났던 해방중로 17호는 이제는 가무단 극장과 학교가 되어 예전의 모습은 전혀 상상할 수 없는 상태다. 그러나 이 자리에 서서 가만히 주위를 둘러보면 불과 100년도 채 지나지 않았던 그때, 동포들이 여기서 땅을 일구고 살았다는 사실을 떠올릴 수 있다.

지린시 선영구 해방중로 17호吉林市 船营区 解放中路 17号다. 의열단 창립지와 안창호 선생이 구금됐던 구 길림 감옥 터에서 걸어서 15분 정도 거리다. 이곳에서 조선일보 김이삼의 암살지는 걸어서 10분 거리다. 그러나 김이삼 암살지를 찾기는 쉽지 않다. 김이삼은 당시 동아여관에서 투숙하다 암살당한 것으로 전해지는데, 지금은 공구상가 거리로 변해있다. 길림성 길림시 회덕가 90호吉林省 吉林市 怀德街 90号라는 주소가 명확하지만, 직접 가서 보면 난립한 간판 때문에 상당히 헷갈린다. 다만 회덕가 거리 중심에 초록색 간판에 노란 글씨로 중국 우정저축은행China Postal Savings Bank/中国邮政储蓄银行이 있다. 그 일대가 김이삼이 암살당한 동아여관이 있던 장소로 추정된다.

김일성이 지린에 남긴 흔적들
육문중학과 북산공원

🧭 여기는

지린에는 김일성과 관련된 유적지가 꽤 있다. 거리를 걷다 보면 김일성의 사진을 직접 볼 수 있을 정도이다. 대표적인 장소가 지린시 육문중학과 북산공원이다.

육문중학은 김일성이 1927년에 다닌 학교다. 김일성의 아버지 김형직과 삼촌 김형권이 당시 정의부正義府⁴⁾ 소속이었기 때문에 정의부에서는 그가 육문중학을 다닐 때 장학금도 대어주었다고 한다. 그런데 김일성이 지린에서 계속 공부할 수 있었던 직접적인 이유는 따로 있다. 바로 임시정부 출신 손정도 목사 덕분이다.

김일성의 회고에 의하면 부친과 사별한 김일성은 지린에서 아버지의 친구 손정도 목사에게 큰 도움을 받았다. 그가 목회하는 교회에 다니며 지원

---

4)   정의부는 1924년 11월 독립운동가 양기탁과 김동삼, 지청천 등이 길림성 등 남만주 지역
      일대를 거점으로 창설한 항일 무장독립운동 단체다. 당시 대한민국 임시정부는 이승만
      의 무능이 만들어 놓은 혼란으로 내부 분란이 극렬해진 상황이었다. 만주지역 독립운동
      단체들만이라도 통합해보자는 노력이 일어났고, 개조파에 속했던 양기탁과 김동삼 등이
      중심이 돼 정의부가 조직되었다.

金日成，朝鮮民主主义人民共和国缔造
领导人及朝鮮劳动党，朝鮮人民军、主体
思想创建者
1927—1930年就读于吉林毓文中学。

金日成主席
혁명활동기념실

받아 육문중학에 편입했고, 손 목사의 자녀들과도 형제자매처럼 지냈다고 한다. 1929년 김일성이 '유길학우회留吉學友會' 등을 조직해 학생운동을 전개할 수 있었던 이유인데, 그해 5월 조선공산청년회朝鮮共産靑年會에 가입해 활동하다 일경에 적발돼 학교에서 퇴학당할 때까지 김일성은 손 목사 집안과 가족처럼 지낸다.

공식적으로는 육문중(당시 유원중)이 김일성의 최종학력이다. 이 때문일까? 송화강 자락에 위치한 육문중에 가면 입구부터 김일성의 사진이 걸려 있다. 1917년에 세워진 탓에 거쳐 간 인물들이 다수지만 제일 상단에 김일성이 위치해 있다. 육문중에서 김일성을 어떻게 생각하고 있는지 온전히 알 수 있는 부분이다. 아쉬운 점은 일반인에게도 내부를 공개하면 좋으련만, 출입이 철저히 통제되고 있다. 차단막으로 막힌 터라, 허락을 받은 뒤에야 출입이 가능하다.

옛 육문중 교정 한가운데 망토를 두른 김일성 동상이 세워져 있다고 하는데, 차단막 너머에서는 확인이 불가능하다. 2010년 고 김정일 북한 국방위원장이 전용 열차 편으로 방중했을 때, 가장 먼저 방문한 곳이 지린 육문중학이다. 김일성 생전에 어린 시절을 회고할 때마다 '마음 속으로 거닐었다'고 표현한 곳이 육문중학이기에, 김정일로서는 아버지 흔적이 깃든 육문중을 찾을 수밖에 없었다. 이 때문에 육문중학은 김일성과의 인연을 강조하며, 김일성이 공부하던 교실과 '도서 주임'으로 활동했던 도서관 등을 중심으로 김일성 기념관을 꾸며 놨다고 한다.

지린에는 육문중학 말고도 김일성과 관련된 유적지가 하나 더 있다. 육문중에서 걸어서 10분 거리에 위치한 북산공원이다. 그런데 독립기념관은 북산공원을 김일성 대신 '독립운동가들의 비밀모임 장소'로 소개했다. 그 이유가 궁금했는데, 직접 가서 보면 왜 그런 말을 했는지 이해가 간다.

일단 규모가 대단하다. 입구부터 수많은 인파를 자랑한다. 특히 해가 질

무렵이면 지린시 주민들이 나와 운동을 하거나 모임을 즐긴다. 자연스레 독립기념관의 메시지가 떠오르는데, 일제의 감시망을 피해 회합 장소가 필요했던 지사들에게 오히려 번잡하고 사람이 많은 북산공원이 모임을 갖기 더 이로웠을 것이다. 하지만 북산공원을 단순한 공원으로만 봐서는 안 된다. 말만 공원이지 산과 다르지 않다. 특히 공원 뒤편에 자리한 '길림혁명열사 기념관'까지 관람할 것을 고려하면 최소한 반나절은 계획해야 한다. 1926년에 개원한 북산공원은 동산東山과 서산西山으로 이뤄져 있다. 면적은 128만m^2에 달한다.

북산공원 안쪽에 약왕묘(입장료 3위안)가 있는데, 입구 왼편에 김일성이 활동했던 지하벙커가 있다. 지금은 일반인 공개가 안 되는데, 현장에 갔을 때 스님의 도움을 받아 입구까지는 확인을 했다. 붉은 글씨로 '김일성주석혁명활동지하실'이라 명명된 장소다. 그러나 굳게 닫힌 터라 내부 관람은 어려운 상태다.

창 너머로 보이는 소개 글에는 '지하실 정황 소개'라는 제목과 함께 '1927년부터 1930년까지 조선 인민의 위대한 수령 중국 인민의 친밀한 벗인 김일성 주석께서 길림 육문중학교에서 공부하는 기간에 청년 학생들을 조직해 일본제국주의와 중국반동정부를 반대하는 투쟁을 적극적으로 조직하였으며 이 지하실에서 여러 번 비밀회의를 조직했다'라고 적혀있다. 육문중학에서 북산공원까지의 거리를 고려하면 김일성이 충분히 이곳에서 활동했을 것으로 추정할 수 있는 대목이다.

다만 북산공원 역시 김일성 외에 우리 지사들과 관련된 기록은 없다. "1920~30년대 지린에서 활동하던 민족운동가들이 모여 독립운동 관련 회의를 개최했던 곳으로 북산공원 일대"라는 명징한 기록이 남아 있는 상황에서 지사들의 흔적이 아무것도 남아있지 않음이 다시 한번 아쉽고 서운할 뿐이다. 또한 북산공원은 의열단 창립지, 안창호 선생이 구금됐던 길림

감옥 터와도 걸어서 15분 정도 거리다. 지린에서는 약산과 의열단뿐 아니라 안창호, 손정도, 양기탁, 김동삼, 김좌진 등 무수한 독립운동가들이 활동했다. 그들이 지린 중심에 위치한 북산공원에서 자연스레 모임을 갖고 독립운동의 방향을 고민했을 것은 당연한 일이다.

✈ 놓치지 말아야 할 사실

역사가 워낙 오래된 탓에 육문중학은 김일성 외에도 다수의 한인 학생이 수학했다고 전해진다. 특히 '김일성을 먹여주고 재워주고 지원해준 것'으로 유명한 손정도 목사의 차남 손원태 역시 육문중에서 수학했다.
북산공원의 경우, 김일성의 유적지 약왕묘 뿐만 아니라 우리가 놓쳐서는 안 되는 장소가 한군데 더 있다. 바로 혁명열사기념관이다.

북산공원 북쪽 뒤편에 자리한 장소인데, $54,000\,m^2$ 면적에 혁명열사기념탑과 혁명열사기념관, 혁명열사묘 등이 조성되어 있다. 혁명열사기념관을

혁명열사기념탑 1927년 중국 공산당에 가입한 위증민은 동북 지역에서 항일투쟁을 이끌었다. 강행군 속에 병을 얻었지만 굴하지 않고 활동하던 그는 불과 32세의 나이로 병사했다. 중국에서는 항일 열사로 추앙받는 인물이며 김일성도 항일 유격대에서 활동한 그의 수하였다.

찾는 과정이 쉽지 않았는데, 필자가 방문했을 당시에는 시설 공사 때문에 입구가 막혀있었다. 결국 뒤쪽으로 돌아가야만 혁명열사기념탑과 기념관 출입이 가능했다. 어렵게 찾아간 혁명열사기념관은, 중국 지린시 당국이 항일 애국지사들을 어떻게 생각하고 대우하는지 그대로 보여주는 현장이다. 특히 김일성의 상관이자 만주 지역 항일 애국지사인 위증민에 대한 기록이 압도적이다.

개인적으로는 혁명열사기념관을 방문할 것을 강력히 추천한다. 위증민에 대한 기록이 우선하지만, 그곳에 가면 이념을 이유로 우리가 천대하거나 무시했던, 이 때문에 우리에겐 잘 알려지지 않았던 사회주의 계열의 조선 청년들이 어떻게 1930~40년대 항일 무장투쟁 활동을 이어갔는지 간접적으로나마 확인할 수 있다. 지금도 적지 않지만 당시 조선인은 지린을 중심으로 만주에서만 100만 명 넘게 살았다. 특히 서두에서 강조한 간도특설대가 1938년 만주에서 만들어진 이유도 바로 이 지역에서 활동하던 조선인 독립군 때문이다. 조국 독립을 위해 최선의 방안이 무엇인지만을 모색했던 당시 조선 청년들에게 이념이란 말 그대로 독립을 위한 다양한 선택지 중 하나에 불과했다. 그러나 이러한 치열한 투쟁이 1940년을 기해 툭 끊긴다. 더 이상 활동할 여력이 없었기 때문인데, 간도특설대가 직접적인 원인이 됐다.

'천황에 대항하는 조선 빨갱이는 조선인 황군이 잡아야 한다'며 조선인 병사로만 채워서 탄생한 간도특설대는 '항일 무장세력을 지원한다'는 이유로 조선 출신 주민들에 대한 무차별적인 토벌을 자행했다. 강간과 방화, 집단학살 그리고 목을 거는 효수를 당연하게 생각했다.

1부에서 언급했지만 우리에게 전쟁 영웅으로 추앙받는 백선엽이 이곳 간도특설대 출신이고, 해병대의 아버지라 불리는 신현준 역시 간도특설대 주요 인사였다. 국립서울현충원 가장 양지바른 곳에 묻힌 김백일(김찬규) 역시 간도특설대에서 혁혁한 공을 세웠다. 특히 김백일과 신현준은 정부가 공인한 친일파다. 지린시 북산공원 뒤쪽에 위치한 혁명열사기념관은 잠시나마 이러한 활동을 유추할 수 있는 공간이다. 우리가 무시하고 관심을 기울이지 않았기에 왜곡됐던, 반 토막 난 우리 독립운동사를 다시 한번 온전히 마주할 수 있는 공간이기도 하다.

🏃 어떻게 갈까

육문중학의 현재 주소는 길림성 길림시 순성가 108호吉林省 吉林市 順城街 108号다. 찾기는 매우 쉽다. 택시를 타고 육문중학毓文中學 글자를 보여주면 대부분 알아듣는다. 필자는 최대한 도보로 다니기 위해서 의열단 창립지와 북산공원, 육문중학, 만보산 사건 발생지 중간에 위치한 숙소 이비스 지린 북산공원 호텔Ibis Jilin Beishan Park Hotel에 머물렀다. 시설이 탁월하진 않지만 합리적 가격에 조식까지 제공하는 무난한 숙소다.

북산공원 역시 찾아가기 매우 쉽다. 육문중학에서 북쪽으로 걸어서 15분 정도만 올라가면 공원 정문이 나온다. 택시를 이용할 경우 북산공원北山公园/běishān gōngyuán을 말하면 된다. 다만 북산공원 내 김일성 지하 벙커가 자리한 약왕묘와 혁명열사기념관을 찾아가기 위해서는 정문에서부터

20분 이상 걸어 들어가야 한다. 시간을 감안하고 계획을 만들어보자. 유의할 점은 다시 나가는 길이다. 약왕묘와 혁명열사기념관 등을 다 둘러본 뒤에 근처에 있는 다른 출구로 나가면 길을 헤매기도 쉽고 오히려 공원을 빙둘러서 나가게 되어 시간이 더 걸린다. 들어왔던 정문으로 그대로 나가는 편이 시간도 아끼고 길을 찾기도 쉽다.

친일파 백선엽이 전쟁영웅?
100세 생존 독립운동가의 일갈

"독립군 토벌했던 간도특설대가 대한민국 국군의 뿌리더냐!"

조소앙선생기념사업회가 2019년 7월 3일 오후 서울 서초구 재향군인회 본부 앞에 내건 현수막 내용이다. 조소앙선생기념사업회 뿐만 아니다. 이날 재향군인회 본부 앞에는 신채호, 여운형, 김규식, 김상옥, 차리석, 이상설, 안중근, 윤봉길 등 우리가 흔히 들었던 순국선열과 애국지사의 후손 및 관련 단체들이 직접 만든 현수막이 내걸렸다. 하나같이 재향군인회를 규탄하는 목소리였다.

독립운동기념사업회 연합체인 항일독립선열선양단체연합(이하 항단연)은 재향군인회(이하 향군)가 간도특설대 출신 백선엽 예비역 대장을 두고 우리 군의 영웅이자 국군의 뿌리라고 주장한 데 대해 '대한민국재향군인회는 해체하라'며 단체 해산을 촉구했다.

이번 항단연의 집단행동은 지난달 20일 향군이 서울 여의도 광복회관 앞에서 진행한 김원웅 광복회장 규탄 집회에 대한 '반격' 개념의 집회였다.

항단연은 향군이 간도특설대 장교로 독립군을 토벌한 역사적 사실을 인정치 않는 백선엽을 전쟁영웅이라 칭하고 국군의 뿌리라고 주장했다면서 나아가 향군은 독립유공자 후손이자 친일청산에 일생을 헌신한 김원웅 광복회장을 맹비난했다고 주장했다.

앞서 항단연 초대 회장이기도 한 김원웅 광복회장은 2019년 6월 16일 황교안 대표가 백선엽 장군을 예방한 것과 관련해 '자유한국당 황교안 대표의 백선엽 예방을 꾸짖는다'라는 제목의 광복회 공식 성명을 발표했다.

김 회장은 성명에서 '순국선열의 독립정신을 되새기는 보훈의 달에 황 대표의 백선엽 예방은 국가 정체성을 부인하는 행위'라면서 '항일독립정신을 외면하는 것은 반역이며, 황 대표는 이런 몰역사적인 행위에 대해 국민 앞에 사과할 것을 강력히 요구한다'라고 주장했다.

100세 생존 애국지사의 불호령

이날 항단연의 향군 규탄 집회에는 특별한 손님이 함께했다. 생존 독립운동가인 임우철 애국지사였다. 임우철 지사는 향군을 향해 '친일파 백선엽은 국민에게 사죄하라!'고 일갈했다.

1920년 충남에서 출생한 임우철 애국지사는 1940년대 일본에서 활동했던 독립유공자로, 일제가 1930년대 후반부터 조선인의 참전 강요를 위한 내선일체內鮮一體 정책을 밀어붙이자 이에 대한 반감으로 도쿄에서 고학하며 김명기, 김순철 등 지사들과 함께 독립운동을 계획하고 실천했다. 임

임우철 지사

지사는 이 일로 일제에 체포돼 치안유지법 위반으로 2년 6개월의 형을 선고받고 해방이 될 때까지 옥고를 치렀다. 이날 임 지사가 '간도특설대가 국군의 뿌리냐, 정치권 기웃거리는 재향군인회는 해체하라'고 발언하자 집회에 참석한 항단연 회원들은 큰 박수로 환호했다.

올해 100세를 맞은 임 지사는 거동조차 쉽지 않은 상태임에도 재향군인회와 간도특설대 출신 백선엽 예비역 대장을 규탄하기 위해 노구의 몸을 이끌고 집회에 참석해 항단연의 행동에 힘을 보탰다.

임 지사에 이어 연단에 선 항단연 회원들도 향군에 대한 쓴소리를 이어갔다. 의병장 남상목 선생의 손자 남기형 선생은 '독립유공자 후손들은 가난에 허덕이다 배움의 기회조차 얻지 못했다'면서 '친일파와 후손들이 국회의원이 될 때, 독립유공자 후손은 수위가 됐다. 이런 홀대도 억울한데, 재향군인회는 광복회관 앞에 와서 친일파를 위해 규탄 집회를 하고 주먹질을 했다. 정신 나간 것 아니냐'라고 일갈했다.

그는 이어 '제 할아버지(남상목 선생)는 친일파 송병준의 아들한테 밀고를 당해 서대문 감옥에서 서른셋 나이로 목숨을 잃었다'면서 '국립묘지에 잠든 친일파가 수십 명이다. 국방부는 이들을 먼저 파묘해야 한다'고 덧붙였다.

최운산 장군의 손녀 최성주 선생도 '제가 이 자리에 선 것은 도대체 백선엽이라는 사람이 누구인지 그 사람이 왜 우리 국군의 영웅으로 추앙받는지 따져 묻기 위해서'라고 말하며 '평안남도에서 태어난 백선엽은 일제가 만든 봉천군관학교를 나온 뒤 항일 유격부대를 소멸키 위해 만들어진 간도특설대에서 활동한 인물'이라고 지적했다.

그는 이어 '백선엽은 자서전에서도 자신의 경력을 밝히고 고백했지만 자신의 행동에 대해 부끄러움을 모르고 사죄하지 않았다'면서 '이제라도 우리는 역사의 심판대 아래 백선엽을 세워야 한다. 그에게 죄를 물어야 한

다'라고 강조했다.

백선엽 예비역 대장은 일제강점기 만주군 소위로 임관했으며, 해방 때까지 만주에서 간도특설대 장교로 복무했다. 광복 이후 국군 창설 과정에 합류해 한국전쟁 당시 1사단장, 1군단장, 휴전회담 한국 대표 등을 역임해 이른바 '전쟁영웅'으로 추앙받고 있다.

반면 봉오동 전투의 숨은 영웅인 최운산 장군은 독립군에게 무기와 군자금을 제공하며 일생 동안 독립운동을 한 인물로, 한때 '만주 최고 부호'로 불렸지만 전 재산을 봉오동 산중에 쏟아붓고 투쟁 기지를 건설했다. 만약 최운산 장군이 없었다면 1920년 봉오동 전투 역시 만들어지지 않았을 것이라고 말하는 이유다. 그러나 최운산 장군은 재산의 대부분을 군자금으로 소진한 뒤 어렵게 지내다가 1945년 7월 5일, 광복을 불과 40여 일 앞두고 고문 후유증으로 아들의 집에서 사망했다.

한편 향군은 2019년 6월 20일 광복회관 앞 집회에 이어 24일에도 '광복회장은 순국선열과 호국영령을 두 번 죽이지 말라'면서 향군 이름으로 주요 일간지에 성명 광고를 냈다. 이들은 '창군 원로를 친일 앞잡이로 매도하는 것은 국군에 대한 모독'이라고 덧붙였다.

- 19.07.03. 〈오마이뉴스〉 기사 / 김종훈

04

남북에서 모두 존경받는 손정도가
지린에 남긴 흔적들
손정도 목사의 교회 터

🏞 여기는

육문중학에서 의열단 창립지, 만보산 사건 발생지, 김이삼 기자 암살지로 가는 길목에 대한민국 임시정부 의정원 의장과 교통총장을 지낸 손정도 목사가 지린시에서 운영했던 교회 터가 있다. 김일성도 이 교회를 다녔고, 지린에 살던 수백의 애국지사도 이곳을 기반 삼아 생활했다. 지린의 지역 공동체 같은 역할을 했던 장소다. 위치 또한 탁월해 출입이 쉬웠다.

독립기념관은 손정도 목사의 지린시 예배당을 '길림성 밖에 붉은 벽돌 집에 예배당을 짓고 예배를 본 곳'이라면서 '이 교회는 신도들의 신앙생활 은 물론 길림 지역 독립운동의 중심지로 그 기능을 다 하였다'고 평가했다. 손정도 목사의 교회 터는 지금도 지린 시 중심을 관통하는 해방중로(302번 국도)에 위치해 있다. 현재는 옛 흔적을 전혀 찾아볼 수 없다. 비가 새는 오래된 상가 건물만 남아있을 뿐이다.

손정도 목사의 경우 김일성의 후견인으로도 알려져 있지만, 실제로는 대한민국 임시정부가 세워지는 데 큰 역할을 한 인물이다. 1882년 평안남도 강서 출생으로 숭실전문학교에 입학해 그곳에서 김일성의 아버지 김형직과 같은 반이 되면서 서로 인연을 맺었다. 이후 손정도 목사는 1909년 협성신학당(현 감리교신학대학)에서 신학을 공부하며 평양 남산현교회와 진남포교회 등에서 전도사로 목회 사역을 시작했다. 사역하면서 독립운동에 투신하는데 손 목사는 기독교 진리를 삶으로 실천하고 전파하는 것을 '민족해방'의 길로 생각했다.

그 길은 고난의 연속이었다. 1911년 6월 손 목사는 목사 안수를 받고 하얼빈에서 교회를 설립하고 중국인과 한국인 교포를 대상으로 선교 활동을 시작하지만 1912년 가쓰라 일본 수상 암살모의에 연루돼 모진 고문을 당한다. 하지만 포기하지 않고 끊임없이 목회 활동과 독립운동을 병행한다. 1919년 4월 상하이에서 세워진 대한민국 임시정부에서 손 목사가 큰 역할을 하며 임시의정원 의장에 선출되는 이유다. 손 목사는 1921년 8월 임시정부 내각의 교통총장에 선출되었다. 1920년 신년 기념사진에서, 그가 앉은 위치를 보면 임정 내에서 어떤 위치에 있었음을 짐작할 수 있는데, 그의 곁에는 임시정부의 중심이었던 신규식, 이동녕, 이동휘, 이시영, 안창

임시정부 신년 기념사진

호, 김철 등이 함께 했다. 경무국장이었던 김구는 좌측 맨 끝 자리에 앉아 포즈를 취하고 있다.

손 목사는 1922년 말 혹은 1923년 초에 지린으로 왔다. 임시정부에서의 불협화음이 그를 다시 목회자의 길로 걷게 했다. 하지만 그는 지린에 와서도 여전히 민족운동과 교회 활동을 주도했다. 1927년 4월 안창호 선생과 함께 '길림 농민호 조사'를 결성하여 비밀리에 독립운동을 전개해 만주 지역 농민들의 경제생활 향상을 위해 노력했다. 조선인 출신 다수가 농민이었던 탓에, 선생은 동북 지방 한인들의 취업과 물질생활의 향상을 도모하고 만주 지역 동포 자제들의 교육과 동포들의 보건위생을 향상코자 했다. 농민들의 경제생활 향상을 위해 대대적인 수전개발도 계획했다. 그러

손정도 선생의 묘 현충원 임정요인 묘역에 대한민국 임시정부 의정원 의장 손정도의 묘라고 비석이 서 있다. 남과 북 모두에게 인정받은 드문 독립운동가이다.

나 이미 만주에서의 침탈이 절정에 달한 일제의 노골적인 반대로 번번이 실패했다. 선생은 1931년 2월 병사하였다. 현재 손정도 목사는 국립서울현충원 내 임시정부 요인 묘역(18번)에 모셔졌다.

🌟 놓치지 말아야 할 사실

손정도 목사는 김일성이 육문중학에 다닐 때, 김일성의 아버지이자 자신의 친구인 김형직이 사망하자 김일성을 아들같이 여기고 전폭적인 지원을 해준다. 언젠가 약산의 생질 김태영 박사와 '지린에 김일성의 흔적이 많다'는 이야기를 나눌 기회가 있었는데, 김 박사는 '손정도 목사가 김일성을 먹여주고 길러줬기 때문에 가능한 일'이라고 평가했다.

이 때문에 북한은 지금도 손정도 목사를 김일성의 은인이자 독립운동가로 존경하고 있다. 김일성이 지린에 왔을 때부터 손정도 목사가 그를 친아들처럼 돌보았기 때문인데, 생전에 김일성도 '손정도 목사님은 비록 나와 사상은 달랐지만 참으로 민족을 위해 헌신한 애국자'라고 평가했다.

2003년 10월 13일, 평양에서 남북한 학자들이 공동으로 참여하는 '손정도 목사 기념 평양 학술대회'가 열렸다. 이는 곧 손정도 목사가 남북이 모두 인정하는 매우 드문 독립운동가라는 뜻이다. 그러나 손정도 목사 사후, 그의 자녀들과 김일성의 관계는 형언하기 어렵다. 손정도 목사의 장남인 손원일 제독은 우리나라 해군 창설의 주역이자 초대 해군참모총장을 지낸 인물이다. 한국전쟁 당시 인천상륙작전과 서울수복작전에 참여했다. 차남 손원태 박사는 미국으로 간 뒤 의사가 됐는데, 그는 지린 육문중학에서 김일성과 함께 수학한 사이다. 당시 김일성과 형, 동생 할 정도로 가까운 사이여서 1991년 김일성의 공식 초청을 받아 평양을 방문하여 만남을 가졌다.

손정도 목사 교회 터 사진에서 좌측에 한자로 우마행시장 이라고 쓰인 곳이 바로 손정도 목사의 교회가 있던 자리다

🚶 어떻게 갈까

독립기념관에서 제시한 주소에 따르면 손정도 목사의 교회 터는 길림성 길림시 청도가 188호吉林省 吉林市 靑島街 188号다. 구글 지도에 주소를 입력하면 정확한 위치를 특정할 수 있다. 해방로 중심에 위치해 있고 지린 시에 위치한 여러 독립운동 유적지 중에서 한 가운데 있다고 보면 된다.

| 필자가 직접 추천하는 지린시 '약산로드' |

의열단 창립지 – 구 길림감옥 안창호 선생 구금지 – 만보산 사건 발생지 – 조선일보 김이삼 기자 암살지 – 손정도 목사 교회 터 – 육문중학 터(송화강변) – 북산공원 – 약왕묘 김일성 지하벙커 – 혁명열사기념탑 – 혁명열사기념관

1919년 11월 10일 중국 지린시에서 창립된 의열단은 곧바로 의거를 준비하다. 훗날 '제1차 암살파괴계획'으로 불리는 의열단의 첫 번째 의거다. 약산이 세운 목표는 분명하고 단순했다. 우리 민족 최대의 적 조선총독부와 동양척식주식회사, 매일신보 등을 파괴하는 의열 투쟁이었다.

그러나 거사 시도 한 달 전인 1920년 6월 중순, 서울 인사동의 한 중국집에서 친일경찰 김태석에 의해 의열단 창립멤버인 곽재기, 이성우, 윤세주가 체포된다. 단원들의 정신적 지주인 백민 황상규 역시 현장에서 체포됐다. 핵심 단원이었던 윤치형, 신철휴, 배중세 등도 각각 부산과 마산에서 체포됐다. 결과적으로 20여 명의 의열단원이 체포되는 쓰라린 실패를 겪게 된다. 밀정 때문이었다. 이 사건은 약산이 향후 지나칠 정도로 밀정을 경계하고 처단하는 직접적인 이유가 된다.

돌아보면 그럴 수밖에 없었다. 믿고 의지해야 할 동지들이 모두 잡혀갔다. 당장 창립 멤버이자 부단장이었던 곽재기가 복역 끝에 세상에 나온 것이 1차 의거 후 8년이나 지난 1928년에서였다. 약산의 동생이자 동지인 석정 윤세주 역시 1차 의거로 7년이나 감옥에 있었다. 약산이 '가장 우수한 동지'라 평했던 창립 멤버 이성우는 파옥 사건 등이 가산돼 무려 10년이나 감옥에 있어야만 했다. 이로 인해 약산은 막중한 결정을 홀로 내려야만 하는 상황에 처하게 됐다. 신변에 있어서도 더 조심할 수밖에 없었는데, 1차 의거 이후 약산이 지린에서 국제도시 상하이로 본거지를 옮긴 이유이기도 하다. 1920년 상하이는 대한민국 임시정부가 태동하고 태산 같은 애국지사들이 모두 몰려왔던 시기다. 약산 역시 국제도시 상하이에서라면 좀 더 원활한 의열투쟁을 전개할 수 있을 거라 판단했다.

1920년 여름 의열단 1차 의거가 실패했다는 소식을 들은 약산은 상하이 모처에서 싱가포르에 머물던 의열단 박재혁에게 전보를 친다. 전보를 받은 박재혁은 바로 상하이로 건너왔다. 약산은 그에게 '박 동지가 1차 의거 실패의 원흉 부산경찰서장을 죽여야겠소'라고 전한다. 그러면서 약산은

박재혁 의사 박재혁 의사는 의열단 1차 의거의 실패 원흉인 당시 부산경찰서장 하시모토 슈헤이를 제거하는 의거를 성공시켰다. 위쪽 사진의 왼편이 박재혁 의사로 일제에 의해 사형을 언도받았으나 왜놈의 손에 죽을 수 없다며 스스로 단식해 순국했다.

'죽이되 그냥 죽여서는 안 되오. 누구 손에 무슨 까닭으로 죽는지 단단히 수죄數罪를 한 후에 죽여야 한다'라고 덧붙인다.

부산 출신 박재혁은 1920년 9월 초 상하이를 떠나 일본 나가사키를 거쳐 부산에 도착한다. 1920년 9월 14일 고서상으로 위장한 박재혁은 부산경찰서 서장 하시모토 슈헤이橋本秀平와 마주한다. 그리곤 고서 상자 속에서 미리 준비한 폭탄을 꺼내들고 하시모토에게 '나는 상하이에서 온 의열단원이다. 네가 우리 동지들을 잡아 우리 계획을 깨트린 까닭에 우리는 너를 죽인다'라고 외치며 폭탄을 투척한다. 폭탄에 맞은 서장은 수일 뒤 사망했다.

박재혁 역시 현장에서 폭탄을 맞아 부상을 당하고 체포됐다. 1921년 3월, 경성고등법원에서 사형을 선고받고 대구형무소에 수감되어 혹독한 고문과 상처로 고통을 겪는다. 그러나 사형 선고 전, '왜놈의 손에서 욕보지 말고 차라리 내 손으로 죽겠다'라고 결심한 뒤 곡기를 끊고 단식하다 옥사하였다. 의열단다운 결기였다.

돌아보면 박재혁은 부산으로 향하는 배를 타기 직전 일본에서 상하이로 마지막 전보를 보낸다. 몇 번을 읽어도 가슴을 울리는데, 마지막까지 의열단원 박재혁다운 모습이었다.

> "可期許多收益(가기허다수익) 不可期再見君顔(불가기재견
> 군안)" "수익은 기약할 수 있을 것 같은데, 그대 얼굴은 다시 보
> 기 어려울 것 같소."

수익收益, 고서상으로 위장한 박재혁은 부산경찰서장을 처단할 것은 자신했다. 하지만 약산을 포함해 의열단원들을 다시 보기는 어려울 것 같다고 예상했다. 애석하게도 박재혁 의사의 예상은 그대로 들어맞았다. 박 의사는 현재 국립서울현충원 애국지사묘(76번)에 잠들어 있다.

4부
——
베이징

우리는 기억한다.
그들이 걸었던 그곳을

01

아직은 알려지지 않은 곳
베이징 의열단 본부(통신소) 외교부가

📍 여기는

1920년 9월 부산에서 박재혁 의사의 의거가 성공적으로 실행된 뒤, 약산은 의열단 본부를 국제도시 상하이뿐 아니라 베이징에도 세운다. 일부에서는 박 의사의 의거 때까지 의열단 본부가 지린이었다고 주장하지만 싱가포르에 머물던 박재혁 의사에게 보낸 약산의 전보가 상하이에서 발송된 점, 두 사람의 만남 역시 상하이에서 성사된 점 등을 고려하면 의열단의 1차 의거 이후 본부를 상하이로 옮겼음을 알 수 있다.

그 전에 이미 1919년 4월 11일, 상하이에서는 대한민국 임시정부가 탄생했고, 같은 해 9월 세 개로 흩어져 있던 임시정부가 상하이를 중심으로 통합되었다. 당대의 애국지사들은 상하이로 모여들었다. 약산 역시 그러한 정세의 흐름을 타고 상하이로 근거를 옮겼을 것이다.

그러나 의열단의 상하이 시기는 오래 가지 않았다. 3.1 혁명의 열망 속에 탄생한 임시정부는 위임 청원[5]과 함께 등장한 이승만의 존재만으로도 처음부터 갈등과 반목을 안고 탄생했다. 약산은 혼란스러운 상하이 임시정부의 정세에 굳이 의열단까지 동참할 필요가 없다고 판단했다. 실제로 미국에서 이름을 크게 얻은 이승만이 임시정부 초대 국무총리로 앉게 되자 신채호, 이회영, 박용만 등 베이징을 중심으로 독립운동의 기틀을 마련해온 애국지사들은 크게 반발했다. 특히 단재 신채호는 이승만이 대한민국 임시정부의 수장 격인 국무총리로 추대된다는 말을 듣고 '이승만은 위임통치를 제창하던 자이므로 국무총리로 신임키 불능하다'며 다음과 같이 역사에 남을 명언을 남겼다.

> "이승만은 이완용보다 더 큰 역적이다. 이완용은 있는 나라를 팔
> 아먹었지만, 이승만은 아직 나라를 찾기도 전에 팔아먹은 놈이다."

9월 임시정부는 하나로 통합되었지만 약산은 상하이에서 베이징으로 본부를 옮긴다. 물론 상하이 본부를 없앤 것은 아니다. 베이징에도 상하이에 준하는 본부(통신소)를 개설한다는 뜻이었다. 이미 베이징을 중심으로 임시정부에 반대하는 반-이승만 및 반-임시정부, 무장투쟁 노선의 움직임이 형성되고 있었다. 약산 역시 1921년 4월 이승만의 위임통치 청원을 규탄하는 성토문에 자신의 이름을 올렸다. 이것은 1920년 9월 박재혁 의사의 의거 이후 약산과 의열단이 베이징에 자리했다는 것을 의미한다.
약산은 베이징에서 날개를 활짝 편다. 일제가 가장 두려워하는 현상금 최고액 약산 김원봉이 탄생하는 순간이다. 연이은 성공이 계속되었다. 의열단의 활동이 너무나 성공적이다 보니, 국내에서는 도둑이 의열단을 사칭하는 상황까지 발생했다.

---

5)　당시 독립운동 진영의 외교론 인사들이 이승만, 정한경(헨리 정), 민찬호를 대표로 하여 일본의 한반도에서의 학정을 즉각적으로 철폐하고 조선의 완전 독립을 보장한다는 전제로 국제연맹이 위임하여 한국인들의 내치와 통상의 자유를 보장하여 실력 배양을 통해 점진적으로 통일하자는 방안을 미국 우드로 윌슨 대통령에게 보냈던 사건

특히 1920년 12월 최수봉의 밀양경찰서 폭탄 사건 이후 1921년 9월에는 신출귀몰의 대명사 김익상 의사의 조선총독부 폭탄 의거가 일어났다. 1922년 3월 상하이에서 김익상의 황포탄 의거가 있기도 했지만, 영화 〈밀정〉의 실제 스토리가 되는 2차 대암살 파괴계획 역시 모두 베이징과 톈진을 중심으로 진행됐다.

문제는 약산과 의열단이 활동했던 정확한 위치를 특정할 수 없었다는 사실이다. 1920년대 당시 약산이 절대로 한 장소에서 이틀 이상 머물지 않았다는 이야기는 널리 알려진 사실이다. 하지만 상하이와 베이징 모두 의열단이 중심을 잡고 활동했던 본부는 분명히 존재했다. 과연 의열단은 어디서 모였을까?

현장을 뒤지고, 이리저리 수소문한 끝에 마침내 베이징에서 십수 년 동안 머물며 독립운동사를 연구한 한 향토학자의 자문을 얻어서 베이징 의열단 본부(통신소)의 대략적인 위치를 확인할 수 있었다. 바로 현재 베이징 협화의원 건너편에 있는 '외교부가 外交部街'라는 거리다. 약 400m 정도 되는 길, 이곳 어디선가 약산과 의열단이 의거를 준비하고 실행했다.

그런데 외교부가에 가면 외견상 의열단 본부로 강하게 추정되는 장소를 쉽게 발견한다. 초입인 외교부가 59호에 지어진 양옥 형태의 오래된 집들이 모인 장소인데, 보는 순간 '이곳이 의열단 본부(통신소) 아닐까'라는 상념이 강렬하게 밀려온다. 아쉽지만, 아닐 가능성이 매우 높다. 외교부가 59호는 협화병원 의사 및 교수, 직원들의 관사였다. 베이징시 당국도 건물 입구에 〈협화병원 주택군〉이라는 현판을 붙여놓았다.

그렇다면 의열단 베이징 본부는 어디였을까? 1922년 말 작성된 일제 기록[6]에는 베이징 의열단 통신소가 '北京外交部大街'로 명기됐다. 의열단

---

6) 조선총독부 경무국, 대정11년 조선치안상황(국외) / 朝鮮總督府 警務局, 大正11年 朝鮮治安狀況(國外)

협화의원과 외교부가 이 일대는 베이징으로 둥지를 옮긴 의열단이 제2차 대암살 파괴계획을 준비했던 곳이다. 어디에선가 약산과 의열단원들이 걸어 나올 것만 같다.

은 당시 폭탄부와 단총부의 실행부서를 (상하이에) 두고, 교통부를 추가로 뒀다. 이 교통부가 위치했던 장소가 바로 의열단 베이징 외교부가다. 애석하게도 정확한 주소가 특정되지 않는다.

이곳은 독립기념관에서 운영하는 국외독립운동사적지에도 전혀 언급되지 않은 장소인데, 필자 역시 베이징에서 독립운동을 연구하는 박상일 선생의 도움을 받지 못했다면 확인하지 못했을 현장이다.

개인적으로 협화병원 관사가 의열단 베이징 본부가 아닐까라고 강하게

의심했다. 박상일 선생을 한국에서 만나고 나서 마음을 접었지만, 현장에서는 정말로 믿어 의심치 않았다. 그럴 수밖에 없는 것이 외교부가 59호가 붙은 철문을 지나는 순간, 기존과는 다른 세상이 펼쳐진다. 외교부가 59호에 밀집된 어느 집에서라도 양복을 입은 약산과 의열단원들이 나와서 인사를 건넬 것 같은 분위기였다. 착각이다.

그럼에도 불구하고 외교부가에 가면 59호를 방문해 볼 것을 추천한다. 입구에서부터 외부인 출입을 철저히 통제하는 탓에 다소 조심스럽지만, 1920년대 약산과 의열단이 거닐었을 법한 당시 모습이 그대로 보존돼 있다. 그저 거리를 거니는 것만으로도 좋다.

⭐ 놓치지 말아야 할 사실

베이징 외교부가 의열단 본부(통신소) 추정지인 것은 사실이나 1923년 8월 30일 자로 작성된 상하이 일본 총영사의 보고문을 확인하면 약산은 상하이에 거주했다.

"김약산은 사무소를 상하이 영창리 190호에 두었으나, 이곳은 야간에 극비로 또 드물게 왕래할 뿐이며, 평상시 거소가 일정하지 않아 단원들에게조차 현주소를 말하지 않으며, 일본 관헌으로부터 수배되는 것을 매우 두려워해 체포를 면하기 위해 약 5개소를 전전하며 잠자는 장소를 달리한다."

이 말은 곧 약산이 베이징과 상하이, 톈진, 광저우 등 주요 도시를 거점에 두고 비정기적으로 이동했다는 뜻이다. 이 지점에서 우리가 놓치지 말아야 할 사실이 하나 더 있다. 의열단은 1919년 11월 10일 지린시에서 창립한 이후 급속도로 팽창했다는 점이다. 비록 1차 암살파괴 계획이 실패했지만, 이어진 부산경찰서 폭탄 사건과 밀양경찰서 폭탄 사건, 조선총독부 폭탄 사건, 종로경찰서 폭탄 사건 등으로 의열단은 조선 민중에게 큰 기대와 관심, 응원을 동시에 받았다. 한편으론 일제가 가장 두려워한 단체가 됐다는 뜻이다.

하지만 일제가 가장 두려워한 의열단이라 하더라도 언제나 성공만 거두지는 못했다. 일일이 따져본다면 실패가 더 많았다. 당장 1차 의거부터 밀정의 밀고에 의해 거사가 실패했다. 영화 〈밀정〉의 모티브가 된 2차 폭탄 의거 역시 실패다. 3차 폭동계획 역시 마찬가지다. 대부분 거사 직전, 밀정에 의해 발각당해서 실패했다.

그래도 포기하지 않았다. 1차 거사 실패로 의열단 창단 멤버 이성우, 윤세주, 김기득, 곽재기, 신철휴, 산파역할을 한 황상규가 연이어 체포됐지만 약산은 도전하고 또 도전한다. 그는 다시 폭탄과 총을 준비하고 동지들을 규합한다. 왜 그랬을까? 의열단이기 때문이다.

의열단 멤버가 몇 명이었는지 정확히 알 수는 없다. 조선총독부가 파악한 인원만 살펴봐도 1923년 11월 70여 명, 1924년 1월 200여 명이었다. 아마도 밀정이 보고한 정보를 토대로 작성했을 가능성이 높은데, 조사 때마다 의열단 인원수가 단 한 번도 일치한 적은 없었다. 약산을 필두로 모든 단원이 그만큼 신출귀몰했다는 뜻이다.

🚶 어떻게 갈까

의열단 베이징 본부(통신소) 주소는 북경시 동성구 동단 외교부가北京市东城区东单外交部街다. 앞서 언급한 협화병원 관사가 거리 초입인 59호59号에 있다. 찾는 것은 어렵지 않다. 베이징 지하철 5호선 동단东单역을 나와 김산이 수학했던 협화병원 방향 A출구로 올라가면 된다. 200m쯤 걸어 올라가면 협화병원 건너편 골목에 외교부가 거리가 보인다. 그 거리 어디에선가 의열단 베이징 본부가 있었다.

외교부가 찾아가는 법 지도 하단에 보이는 동단역에서 나와 올라가다보면 왼편에 협화병원이 있고 맞은편이 외교부가다. 비록 정확한 위치를 특정할 수는 없지만 이 거리 어딘가에 의열단 베이징 통신소가 있었고, 약산을 비롯한 의열단원들이 수없이 오고갔다.

상남자 김익상이 그립다,
조선총독부 폭탄 의거 주인공

"쓸데없는 소리 말게. 일주일이면 넉넉히 성공해 돌아올 것이니
술상이나 차려놓고 기다리게."

1921년 9월 베이징 모처(외교부가로 추정함), 의열단 동지들이 아쉬운 표
정으로 '장사가 한번 가면 다시 돌아오지 못한다'는 뜻의 '장사일거혜! 불
부환壯士一去兮!不復還'을 외치자 김익상이 웃으며 대꾸한 말이다. 김익상
은 그런 사람이었다. 목숨을 건 거사 앞에 긴장할 법도 하지만, 그런 상황
조차 웃음으로 넘겼다. 그리곤 손을 휘휘 내저으며 '쓸데없는 소리 하지
말라'고 외쳤다.

정확히 1주일 뒤, 그는 자신의 말처럼 무사히 베이징으로 돌아왔다. 그
러나 그가 잠시 다녀온 조선 땅은 발칵 뒤집혔다. 도대체 그사이에 무슨
일이 있었던 걸까?

식민지 조선에서 일제의 심장이라 불린 조선총독부에 폭탄이 터졌다.
지금으로 치면 청와대에 폭탄이 터진 것인데, 일제와 일제에 수탈당하던
조선 민중 모두 경악을 금치 못할 일이었다. 이 의거의 주인공이 바로 김
익상이다. 한마디로 드라마틱했는데, 21년 옥고를 치른 뒤 실종된 그의 마
지막을 생각하면 더욱 아쉽고 미안할 따름이다.

김익상, 경기도 고양 출신이다. 약산보다 세 살 많은 1895년생이다. 독
립운동가의 산실인 평양 숭실학교를 졸업하고 교사로도 잠시 일했다. 서
울에 올라와선 연초공사(당시의 담배공사)에서 기계 감독관으로 근무했다.
1920년 만주 셴양(구 봉천)으로 전근된 것을 기회로 비행사가 되기 위해 비

행학교가 있는 중국 광저우로 갔다. 하지만 얼마 지나지 않아 중국 내전으로 인해 학교가 폐교되었다. 결국 뜻을 이루지 못한 김익상은 상하이 전차 회사에서 잠깐 일한 뒤 독립운동에 몸을 담아야겠다고 결심한다. 그 뒤에 만난 사람이 조선의 마지막 선비로 불린 심산 김창숙 선생이다.

심산 선생은 당시 임시정부 의정원 경상도 의원을 지내면서 임정의 파벌을 조정하려고 애썼다. 동시에 망명 청년의 교육에 관심을 갖고, 50여 명의 학생에게 숙식까지 제공하면서 후원자 역할을 했다. 재미있는 사실은 김익상의 의열단 가입이 바로 심산의 추천으로 이뤄졌다는 점이다. 의정원 의원으로서 임시정부에 몸담고 있었음에도 심산은 적극적으로 단재 신채호와 함께 나서서 유엔 위임 통치를 청원한 이승만을 철저하게 성토했다. 심산은 한 걸음 더 나아가 1921년 4월 19일에는 이승만을 비판하는 성토문도 발표했다. 심산의 성토문에는 약산과 이극로, 신채호 등 54명이 서

김익상 의거 당시의 조선총독부 우리가 흔히 아는 총독부 건물은 1926년에 신축한 것이며, 김익상 의사의 의거 당시는 남산의 왜성대라 부르던 일본공사관 건물이었다.

명으로 참여했다. 바로 이 시기에 김익상이 심산을 만난 것으로 추정된다. 심산은 독립운동의 뜻을 품고 있던 김익상에게 의열단 가입을 추천했다.

김익상은 약산과 의열단을 찾아 여러 곳을 헤매다가 마침내 베이징에서 약산을 만나게 된다. 이후의 일은 일사천리로 진행됐다. 약산은 김익상에게 의열단의 가장 중요한 목표 중 하나인 조선총독부를 폭파하고 총독 사이토 마코토를 암살할 것을 명했고, 비록 총독 암살에는 실패했지만 조선총독부에 폭탄을 투척하는 의거를 성공시켰다. 그의 탁월한 일어 구사 실력과 유연한 상황 대처, 철저한 사전 준비 덕분에 가능했던 일이다.

의거는 1921년 9월 12일이었다. 김익상은 전기수리공으로 위장한 채 명동 남산자락에 위치한 왜성대 건물로 향했다. 김익상 의사의 의거와 관련해 많이들 착각하는 내용 중 하나는 조선총독부의 위치이다. 당시 일제의 총독부 건물은 우리가 흔히 아는 경복궁이 아니라, 명동 왜성대에 있었다. (일제는 김익상 의사의 폭탄 의거가 일어난 뒤에 지금 우리가 아는 조선총독부를 경복궁을 훼손하며 새로 짓는 만행을 저질렀다.)

김익상 의사는 유창한 일본어로 '전기 고치러 왔다'는 말과 함께 아무런 의심도 받지 않고 정문을 통과한다. 그리곤 유유히 총독부 안으로 들어가 2층의 비서과에 폭탄을 던졌다. 하지만 불발, 이번에는 다시 회계과에 폭탄을 투척했고 이내 천지를 진동하는 폭음이 총독부 안에서 울려 퍼졌다. 이때 다시 한번 김익상은 놀라운 기지를 발휘한다. 그는 황급히 올라오는 헌병을 보며 놀란 표정으로 '위험해요, 위험해, 올라가지 마세요'라고 외치며 폭음에 놀라 몸을 피하는 인파 속으로 자신의 몸을 숨겼다. 김익상은 의거 후 목수로 신분을 위장한 뒤, 평양과 신의주를 거쳐 다시 베이징으로 돌아온다. 정확히 1주일 만에 이룬 쾌거다. 이듬해 3월 그가 상하이에서 황포탄 의거를 일으킬 때까지 조선총독부 폭탄 의거는 아무도 사건의 내막을 알아내지 못했다. 그만큼 김익상과 의열단이 신출귀몰했다는 뜻이다.

추가로 베이징에서 독립운동사를 연구하는 박상일 선생은 필자에게 '김익상 선생이 조선총독부 의거를 일으킬 당시 이용했던 기차역이 베이징 정양문 우측에 위치했던 베이징동역'이라면서 현재는 베이징기차박물관이 된 곳이라고 했다. 그 말이 맞다면 1921년 9월 9일 김익상이 약산과 의열단 동지들의 배웅을 받으며 출발한 장소가 여전히 지금도 남아 있다는 뜻이다. 베이징기차박물관은 의열단 베이징 본부가 위치했던 외교부가로부터 걸어서 30분 거리에 있다.

02

베이징에서 만난 의열단원 김산의 흔적
협화병원과 자금성 김산 거주지

📍 여기는

베이징 협화의학원, 님 웨일스의 책《아리랑의 노래》주인공이자 의열단원 및 중국 공산당 당원으로 활동한 김산이 1921년 베이징에서 다니던 학교다. 협화의학원은 현재 중국 최고 대학인 칭화대학이 공동으로 관리하는 명문 학교이기도 하다. 김산은 이곳에서 의학을 공부하며 의사의 꿈을 키웠다. 그러나 또 다른 의사 출신 혁명가 쑨원처럼 한 사람의 생명을 살리는 길보다 다수의 삶을 안온케 하는 혁명의 길을 선택했다. 냉철하고 뜨거웠던 김산이 1938년 일본 간첩이라는 누명을 쓰고 허망하게 떠난 것을 생각하면 그의 최후가 한없이 안타깝고 아쉬울 뿐이다.

김산은 의열단 의백 김원봉과 의열단원 김성숙과 특히 사이가 가까웠다. 베이징에서 자주 모임을 가질 만큼 서로 믿고 의지하는 사이였다. 이 만남은 훗날 '황포군관학교'라는 공통분모까지 이어진다. 그만큼 각별한 사이였다. 그럴 수밖에 없는 것이, 일단 김산과 약산 모두 책벌레였다. 특히 두 사람 다 러시아 문학만큼은 타의 추종을 불허했다. 두 사람은 만나면 할 이야기가 많았다. 물론 그만큼 머리도 비상했다. 중앙학교 - 덕화학

김산과 님 웨일스 두 사람은 옌안에서 역사에 길이 남을 세기의 인터뷰를 했다. 《아리랑의 노래》다.

당-금릉대-신흥무관학교를 거친 약산의 비상한 머리야 익히 알려진 바고, 김산 역시 신흥무관학교-난카이대-협화의대-황포군관학교-중산대 등을 거친 수재였다.

김산은 약산보다 7년 늦은 1905년에 평북 용천에서 태어났다. 본명은 장지락 또는 장지학이다. 그러나 우리에게는 김산으로 알려졌고 여전히 김산으로 불리고 있다. 어린 시절부터 남다른 모습으로 두각을 나타냈던 터라 지역에서 적극적으로 일본 유학을 추천했다. 실제로 김산은 동경으로 가서 생활하며 동경제국대학 입학을 준비했다. 하지만 고학 과정에서 일본인에게 심한 차별을 당했다. 김산이 일본 생활을 거친 여러 지사처럼 자연스레 독립운동을 결심하게 된 이유다. 돈이 없던 김산은 다음 행선지로 만주 삼원보에 있는 신흥무관학교를 선택했다. 신흥무관학교는 우당 이회영 일가가 막대한 사재를 털어서 무료로 학생들을 교육하고 군사훈련을 시키던 곳이었다. 신흥무관학교를 거친 김산은 1920년 상하이로 가서 임시정부 기관지인 〈독립신문〉 교정원으로 일하며 안창호의 〈흥사단〉에 가입한다. 이 인연으로 1921년 도산 안창호 선생의 주선으로 중국 톈진의 난카이대학(남개대학)에 입학한다. 김산의 머리가 비상함이 다시 한번 증명되는데 실제로 난카이대학은 저우언라이, 원자바오 등 두 명의 총리를 배출한 중국의 명문 대학이다. 김산은 당당히 장학생으로 입학했다. 하지만 함께 입학한 조선인 학우들이 중국 학생들과 큰 갈등을 빚었는데 그 바람에 김산 역시 장학생 자격을 상실하고 학교를 떠나야만 했다. 그다음 김산의 선택은 의학이었다. 위에서 소개했듯 그는 베이징 협화의학원에 입학해서 의학 공부를 시작했다. 그러면서 자연스럽게 당시 베이징에 거세게 몰아치던 사회주의 사상을 접한다. 이 시기에 약산과의 교분도 쌓게 된다. 당시 약산에 대한 김산의 느낌을 님 웨일스의 《아리랑의 노래》에서 확인할 수 있다.

> "김약산은 고전적인 유형의 테러리스트로, 냉정하고 두려움을 모르는 개인주의적인 사람이었다. 그는 내가 상하이에서 만났던 사람들과는 아주 달랐다. 김약산은 언제나 조용했고, 육체 운동에 참가하지 않았다. 거의 말도 없었고 웃는 법도 없었다. 도서관에서 독서로 시간을 보냈다. 투르게네프의 소설 《아버지와 아들》을 좋아했고, 톨스토이 글을 모조리 읽었다. 그는 아가씨를 좋아하지 않았다. 하지만 아가씨들은 모두 그를 멀리서 동경했다. 그는 대단한 미남이었고, 로맨틱한 용모를 갖고 있었다."

김산은 1923년 의열단원 김성숙 등과 함께 공산청년동맹에 가입했다. 이 시기에 잡지 〈혁명〉도 간행했다. 1924년에는 고려공산당 북경지부 설립에도 참여했다. 1925년 중국 대혁명에 동참하기 위해 혁명의 본거지 광저우로 이동한 뒤 황포군관학교에서 교편을 잡기도 했다. 광저우에 머무는 동안에는 의열단 중앙 집행위원 선전부원으로도 활동했다. 이후 국공합작이 깨지고 국민당과 공산당이 싸울 때는 공산당의 일원으로 '광동코뮌'에 참가했다. 광저우 기의열사능원에 가면 그와 함께 싸우다 전사한 150여 명의 조선 청년을 기리는 비석이 세워져 있다.

광동코뮌에서 살아남은 김산은 1929년 봄 다시 베이징으로 넘어와 중국공산당 북경시위원회 조직부장이 되었다. 왕성한 활동을 전개하는데, 1930년 북경에 돌아와 활동하던 중 중국 경찰에 체포되어 일본 영사관에 넘겨진 뒤 국내로 이송된다. 김산이 체포당했던 그 거리가 지금도 자금성 인근에 남아있다. 심문을 받던 김산은 증거 불충분으로 몇 달 만에 석방돼 힘겹게 돌아왔지만, 중국공산당은 쉽게 돌아온 김산을 의심한다. 결국 당

중조인민혈의정 비석

적이 회복되지 못한다. 이런 가운데 1933년 베이징에서 다시 한번 체포되고 국내로 압송되었다가 1934년에야 겨우 석방된다.

당의 의심이 이어지는 상황, 그러나 김산은 이후에도 왕성한 활동을 이어갔다. 특히 사망하기 직전까지 김산은 중국 옌안으로 가서 항일군정대학에서 일본 경제와 물리학 등을 가르치며 자신의 위치에서 독립을 쟁취하기 위한 활동을 이어갔다. 그러나 두 번에 걸친 투옥과 석방이 문제가 됐다. 그를 경계하는 공산당 내부자의 어이없는 고발로 김산은 '일제 간첩'이라는 누명을 벗지 못했다. 트로츠키주의자라는 혐의까지 씌워졌다. 김산은 33살 나이에 허망하게 처형당했다.

그나마 우리가 그를 기억하는 건 중국 혁명 성지인 옌안 항일군정대학에서 교편을 잡던 중, 미국 언론인 님 웨일스를 만나 《아리랑의 노래》를 남겼기 때문이다. 1941년에 책이 출간된 뒤 김산은 신화가 됐다. 1979년

협화의학원 베이징 최고의 명문 의대인 이곳은 《아리랑》의 주인공 김산이 수학하던 역사적인 장소다. 전통을 자랑하는 명문대학답게 지금도 흔적이 남아있다.

문화대혁명이 끝난 뒤 공산당 내부에서 김산에 대한 재평가가 이뤄졌고, 1983년 1월 김산은 당적을 비롯해 모든 명예가 회복했다. 아들이 하나 있는데, 이름이 고영광이다. 아버지가 혁명가 김산이라는 사실을 30대에야 알게 됐다. 누명을 쓰고 죽은 남편의 이야기가 알려지면 해를 입을까 두려워 그의 어머니가 관련 사실을 숨긴 것이다. 아버지의 성도 평생 따르지 못했는데, 어머니가 아버지의 성 대신 '고려의 후예라는 뜻'으로 고씨 성을 붙여줬다. 이미 팔순이 넘은 고 씨는 중국에서 평생을 살았다. 당연한 이야기지만 그의 모습은 몇 장 남지 않은 서른 살의 아버지와 매우 닮았다.

독립기념관이 제공한 정보에 따르면, 김산과 관련된 베이징 유적지는 두 곳이다. 김산이 1921년에 수학했던 협화의학원 구지와 1930년 1차 체포될 당시의 집터다.

협화의학원은 최고 명문 대학답게 당시의 모습이 온전히 보전돼 있다. 신식건물이 마천루처럼 올라가고 있지만 옛 건물 역시 지금도 병원으로 사용 중이다. 김산이 의학을 배웠던 협화학원 옛 건물은 베이징 최고 상업거리인 왕푸징 거리 입구에 그대로 남아있다. 김산과 약산이 만나 의기투합했던 1920년대 초, 당시 의열단 베이징 본부(통신소)로 추정되는 외교부가 역시 김산이 다녔던 협화의학원 건너편에 위치해 있다.

지난 여름 그 거리를 직접 걸으며 약산과 김산이 이곳에서 함께 톨스토이를 논하고 혁명을 이야기하며 독립을 꿈꿨을 것을 상상해봤다. 그 자체로도 금세 뜨거워졌다. 그래서 더 아쉽다. 협화의학원과 베이징 외교부, 두 곳 모두 빠르게 변화하고 있지만 그 어디에도 김산과 약산에 대한 기록은 없다. 1930년 김산이 1차로 체포됐던 거주지 역시 마찬가지다. 자금성 북쪽 경산공원 담벼락 맞은편 후통(골목)에 김산이 살았지만 그 어디에도 흔적은 남아있지 않다. 당시에는 이 거리에 북경대 교수들이 집단으로 거주했다.

✪ 놓치지 말아야 할 사실

김산이 1930년 1차로 체포된 장소는 자금성 뒤쪽에 위치한 경산공원景山
公園 우측 건너편 골목길이다. 신채호 선생이 여러 책을 집필한 옛 북경대
학 도서관과도 걸어서 15분 거리다. 김산이 살았던 동네에 북경대 학생과

자금성(고궁박물관) 자금성은 베이징에 가면 반드시
들러야 하는 유적지 중 하나지만, 이 근처에 김산의
흔적이 깃들어 있다는 사실을 아는 이들은 많지 않다.

교수들이 많이 살았다는 이야기가 괜히 나온 말이 아니다.

　개인적으로 베이징에서 나흘 이상을 머물렀음에도, 확인하고 직접 살펴야 할 약산에 대한 기록이 많아 자금성을 내부에서 관람하지 못했다. 천안문광장만 이른 아침부터 줄을 선 덕분에 잠시 들러봤을 뿐이다. 그마저도 광장 출입에 1시간 이상이 소요돼 자금성 관람은 아예 포기했다. 의열단원 김산의 행적을 추적하는 과정에서 자금성 북문과 경산공원 정도만 살핀 터라 아쉬움이 더 컸다. 일정이 바쁘더라도 자금성을 통해 황제의 나라에서 인민의 나라로 바뀌어가는 역사의 흐름을 직접 느껴봤으면 하는 바람이다. 솔직히 얼마나 크고 대단하기에 '자금성 자금성' 하는지 궁금하다.

　자금성을 중심으로 대부분의 우리 독립운동과 관련된 유적지들이 분포해 있다. 생각해보면 당연한 말인데, 우리 역시 조선 시대 한양이 한강 위쪽 사대문 안쪽만을 뜻했다. 20세기 초반, 당시 베이징이라 구역된 곳은 자금성을 중심으로 한 지금의 베이징 1구역 구간이다. 지하철이 잘 갖춰진 베이징은 정확한 주소만 있으면 어느 유적지라도 찾기에 어려움이 없다.

🚶 어떻게 갈까

김산이 다닌 협화의학원은 현재 엄청난 규모를 자랑한다. 찾기에 어렵지는 않다. 다만 독립기념관이 제시한 주소대로 北京市 东城区 东单北大街 대로 이동하면 공사 중인 칭화대 병원만 나올 뿐이다. 현장에서 직접 확인한 협화의학원의 정확한 주소는 북경시 동성구 동단 동단삼조 9호北京市东城区东单东单三条9号다. 왕푸징역이나 동단역에서 내린 뒤 북쪽으로 올라가자. 협화학원 구지는 두 역 사이에 있다.

　오히려 김산이 체포된 거리가 찾아가기 다소 애매하다. 지하철과 바로 연결돼 있지 않은 탓에, 필자 추천대로 자금성을 정문에서부터 출입해 두루 살핀 뒤 북문으로 나오자. 나오면 정면에 경산공원 정문이 보인다. 경산공원을 좌측에 두고 담벼락을 따라 올라가자. 우상단 끝자락에 골목길이 나온다. 그곳이 바로 김산이 1930년 거주하다 체포된 거리다. 독립기념관은 북경시 동성구 경산동가 삼안정후통北京市 东城区 景山东街 三眼井胡同이라는 골목 주소까지만 제시했다. 베이징 지역 연구자들은 이 골목 89호가 김산의 거주지라고 강조했다. 89호는 삼안정후통 초입에 있다. 혹시나 해서 동네 어른들에게 김산의 사진을 보여주며, 이런 사람을 아냐고 물었지만 역시나였다. 그를 기억하는 사람은 아무도 없다.

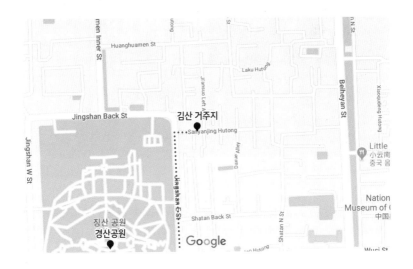

※ 김성숙은 누구인가?

김산과 약산 사이에 자꾸 등장하는 인물이 한 명 있다. 바로 운암 김성숙 선생이다. 약산과 같은 1898년에 태어난 운암 선생은 승려로 출발해 의열단원이 됐고, 나중에는 정치인으로 삶을 마감한 인물이다. 1923년 불교 유학생으로 중국 베이징으로 건너가 민국대학에 입학했다. 그곳에서 운암은 정치학과 경제학을 공부하며 고려유학생회를 조직, 회장으로 활동했다. 그런데 이

大韓民國第三十四屆議政院議員同一紀念撮影

때부터 운암 선생은 분열을 반대하고 단결을 촉구하는 데 집중했다. 훗날 약산이 백범과 힘을 합치는데 가교 역할을 한 인물도 바로 운암 선생이다.

운암은 베이징에서 의열단에 가입했고, 의열단 내에서 선전부장을 역임하며 '혁명동맹'의 주필을 맡았다. 1927년 8월 중국공산당의 광주봉기(광둥코뮌)에도 참여하였다. 자연스레 약산과도 김산과도 모두 친분을 유지했던 이유다. 이후 운암 선생은 조선의용대가 만들어지자 정치부 주임에 선임됐고, 지도위원도 역임했다. 1942년 대한민국 임시정부를 중심으로 독립운동단체를 통합할 때 운암은 민족전선연맹을 해체하고 임시정부 국무위원으로 취임하였다. 해방 후에는 이승만의 장기집권에 반대하는 활동을 중심에 뒀다. 운암이 베이징에서 다닌 민국대학은 현재 초등학교로 바뀐 상태다. 내부 출입이 제한된다. 다행히 당시 민국대학 입구 등은 옛 모습대로 보존돼 있다. 민국대학은 단재가 살았던 석등암 거주지와 걸어서 10분 거리다. 물론 이 역시도 주소가 맞지 않아 찾기 쉽지는 않다.

03

약산, 단재를 찾다
초두후통 거주지

🗺 여기는

베이징에는 단재 신채호 선생과 관련된 유적지가 매우 많다. 장소만 따져도 거의 스무 곳에 육박한다. 물론 상하이를 포함한 다른 지역까지 확대하면 관련 유적지는 훨씬 많아진다. 바꿔 말하면 대한민국 독립운동사에서 단재가 차지하는 위치가 그만큼 대단하다는 의미다.

그러나 단재와 관련해 약산에게 가장 중요한 한 가지는 단연코 〈조선혁명선언〉이다. 〈조선혁명선언〉 완성 이후 약산 이하 모든 단원들이 가슴에 품고 다닌 6,800여 자의 글자로 만들어진 작은 책이다. 혹자는 3.1독립선언서 이후 가장 중요한 문서라고 평가하기도 한다.

1919년 11월 의열단 탄생 이후, 당시는 아직 의열 투쟁의 정당성을 알릴 이념과 전략, 전술까지는 체계적으로 마련하지 못한 상황이었다. 오직 공약 10조만 있었을 뿐. 이 때문에 의열 투쟁을 놓고 같은 독립운동 진영 내에서조차 '테러리스트'라는 비난이 이어졌다. 심지어 임시정부 인사들의 비난이 특히 더 했다. 불과 스물세 살의 약산 입장에서는 의열 투쟁의 정당성을 알릴 '명분과 계기'가 필요했다. 그리고 의열단의 사상적 기반을 제

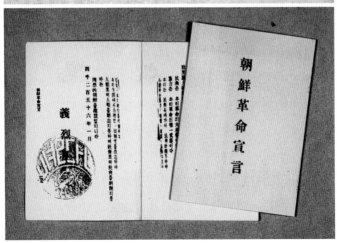

대로 정립해줄 인물이 필요했다. 약산이 아무리 '일제 침략의 원흉과 기관만을 파괴한다'고 강조해도 역부족이었다.

약산은 동지들과 함께 이 문제를 숙고했다. 그리고 1922년 겨울, 마침내 의열단의 마지막 퍼즐을 완성해줄 인물을 발견한다. 바로 단재 신채호였다. 우근 류자명이 단재를 추천했다.

단재 신채호는 당시 독립운동계에서 이미 크게 이름을 떨치는 인물이었다. 게다가 철저한 민족주의자로서 아나키즘과 역사학자, 언론인으로서의 명성 또한 자자했다. 약산과 의열단의 입장에서는 자신들의 행동을 체계적으로 정리해 줄 최적의 인물이었다. 1922년 12월, 약산은 의열단원 류자명과 함께 베이징에 머물던 단재를 찾아가 요청한다. 의열단 정신을 완성해줄 글을 써달라고. 재밌는 점은 단재의 조선혁명선언을 베이징이 아닌 상하이에서 완성했다는 사실이다. 1923년 1월의 일인데, 단재는 왜 상하이까지 내려가서 글을 완성했을까?

두 가지 이유가 있다. 우선 당시 의열단 본부는 베이징 외교부가에 본부 겸 통신소를, 정확한 장소가 특정되진 않지만 상하이에는 폭탄 제조소를 두고 있었다. 단재로서는 의열단의 주요 시설을 확인하고 단원들을 만나본 뒤 조선혁명선언을 완성하고자 했다. 그래야 의열단의 정수를 담을 수 있다고 판단했다. 실제로 단재는 의열단 주요 시설을 시찰한 뒤 글을 썼다.

두 번째는 당시 임시정부의 상황을 고려해야 한다. 단재는 1910년 4월 망명길에 오른 뒤 1919년 임시의정원에 참여하면서부터 대한민국 임시정부 수립에 적극적으로 참여했다. 그러나 이승만이 주요 위치를 차지해 전권을 휘두르자, 누구보다 앞장서서 반-임시정부 활동에 앞장선다. 임정 내부에서는 외교독립론을 주장한 이승만계와 무장독립론을 주장한 박용만계, 실력양성론을 내세운 안창호계로 대립되어 있었다. 그 안에서도 지역에 따라 기호파와 서북파 등으로 나뉘었다. 결국 임시정부를 백지부터 다시 논의해

보자는 국민대표회의 개최가 1922년 9월에 결정됐다. 국내를 비롯해 상하이, 만주, 베이징 등 135개 독립운동단체, 158명의 대표가 모여 논의를 시작하기로 한 시기가 1923년 1월이다. 단재로서는 다시 상하이에 가야만 하는 상황이 겹친 것이다.

초두후통은 단재가 상하이로 떠나기 직전에 머물던 장소다. 이곳에서 단재는 1921년부터 22년까지 2년여 동안 생활했다. 1921년 1월에 장남 신수범이 태어났다. 단재 혼자 힘으로 거의 만든 중국어잡지 〈천고〉도 이때 발행됐다. 반-임시정부 주보인 〈대동〉 역시 이때 발행됐다. 그러나 생활이 어려웠다. 단재는 1922년 여름부터 가족을 귀국시키고 고대사 연구 및 집필에 몰두했다. 그 시기에 창작된 것으로 보이는 한시가 '가을밤에 회포를 적다'는 뜻의 〈추야술회秋夜述懷〉다. 단재의 심경이 그대로 느껴진다.

> 외로운 등불 가물가물 남의 시름 같이 하며
> 일편단심 다 태울 제 내 맘대로 못할러라.
> 창 들고 달려나가 나라 운명 못 돌리고
> 무질어진 붓을 들고 청구 역사 끄적이네.
> 이역 방랑 10년이라 수염에 서리 치고
> 병석에 누운 깊은 밤에 달만 누각에 비쳐드네.
> 고국의 농어회 맛 좋다 이르지 마라.
> 오늘은 땅이 없거늘 어디다 배를 맬꼬.

심적으로 어려운 시기에 약산과 우근 류자명이 단재를 찾은 것이다. 그렇다면 조선혁명선언에는 어떤 내용이 담겼을까?

'강도 일본'으로 시작하는 6,800자의 장문에는 초지일관 우리 힘과 손으로, 즉 무장투쟁을 통해 조국 독립을 이뤄내야 함을 강조했다. 이론적으로 공격받던 의열단이 왜 소책자로 만들어 품고 다녔는지 이해가 된다. 한 단락만 소개코자 한다.

> "강도 일본의 구축驅逐을 주장하는 가운데 또 다음과 같은 논자들이 있으니, 제1은 외교론이다. (중략) 탄원서나 열국공관列國公館에 던지며, 청원서나 일본정부에 보내어 국세國勢의 외롭고 약함을 애소哀訴하여 국가 존망과 민족사활의 대 문제를 외국인 심지어 적국인의 처분으로 결정하기만 기다리었도다. (중략) 아! 과거 수십 년 역사야말로 용기 있는 자로 보면 침을 뱉고 욕할 역사가 될 뿐이며, 어진 자로 보면 상심할 역사가 될 뿐이다. (중략) 조선민중이 한 편이 되고 일본강도가 한 편이 되어, 네가 망하지 아니하면 내가 망하게 된 〈외나무다리 위〉에 선줄을 알진데, 우리 2천만 민중은 일치로 폭력 파괴의 길로 나아갈지니라. 민중은 우리 혁명의 대본영大本營이다. 폭력은 우리 혁명의 유일 무기이다. 우리는 민중 속에 가서 민중과 손을 잡고 끊임없는 폭력-암살·파괴·폭동으로써, 강도 일본의 통치를 타도하고, 우리 생활에 불합리한 일체 제도를 개조하여, 인류로써 인류를 압박치 못하며, 사회로써 사회를 수탈하지 못하는 이상적 조선을 건설할지니라."

⊛ 놓치지 말아야 할 사실

단재 선생의 국적은 어디일까? 뜬금 없지만, 아무 의심 없이 대한민국이라고 답할 것이다. 지금 시점에서 보면 맞는 말이다. 하지만 단재가 우리 국적을 취득한 건 불과 10년 전의 일이다. 그전까지는 일생을 무국적자로 지냈다. 호적이 없었던 것이다. 이 때문에 단재의 유족들은 법적으로 독립운동가의 후손으로 인정되지도 못했다.

단재는 1912년 일제가 효율적인 식민 통치를 위해 호적제를 도입하자 '일제의 호적에 이름을 올릴 수 없다'면서 호적 등재를 거부했다. 그리고 안타깝게도 1936년 2월 뤼순 감옥에서 옥사한다. 당시 단재는 '내가 죽거든 시체가 왜놈들의 발길에 채이지 않도록 화장해서 재를 바다에 띄워라'는 유언을 남겼다.

이후 광복이 되고 대한민국이 건국됐지만, 생존한 사람만 호적에 등재할 수 있다는 호적법에 따라 신채호 선생은 2009년까지도 '무호적자'로 남아 있었다. 한마디로 국적이 없었던 것인데, 지금 생각하면 기가 막힌 일이다.

단재 선생의 며느리 이덕남 여사가 애를 많이 썼다. 이덕남 여사의 남편 신수범 선생은 단재 선생이 호적이 없는 탓에 호적상 사생아로 등재되어 일생을 살았다. 이 사실을 이덕남 여사가 백방으로 알렸고, 2009년에야 서울가정법원은 국가보훈처의 가족관계등록창설 허가 신청을 받아들여 신채호 선생 등 60여 명의 독립유공자에 대한 가족관계등록부 창설을 허가했다. 선생의 묘는 그가 어린 시절을 보냈던 충북 청주 낭성면 고드미 마을에 마련됐다.

🚶 어떻게 갈까

베이징에서 단재와 관련해 방문해야 할 곳이 많다. 거주지만 따져도 석등암, 보타암, 관음암 등 여러 곳이다. 특히 북경대 도서관에서 집필활동을 몰두했던 것을 고려하면 육사의 순국지와 김산의 거주지 사이에 위치한 북경대 도서관 구지도 방문해야 한다. 이 북경대 도서관 구지에서 북쪽으로 황성근유지공원皇城根遗址公园으로 10분 정도 올라가면, 대로 너머에 작은 골목길이 나온다. 그곳이 바로 초두후통챠오떠우후퉁/炒豆胡同이다. 이곳에서 10분 정도 더 북쪽으로 올라가면 이회영 선생과 밀정 김달하가 같은 동

단재의 흔적 단재는 주로 북경대학 옛 도서관에서 집필활동을 했다. 단재와 약산이 만난 초두후통도 그리 멀지 않다.

네에 살았던 후고루원후통이 나온다. 지하철로 바로 갈 경우 쉬차하이什刹海역에서 내려 남쪽을 황성근유지공원皇城根遗址公园으로 방향을 잡고 이동하자. 마찬가지로 대로를 따라 걷다보면 공원 건너편 작은 골목이 초두후통이다.

※ '후통'이란 무엇인가

호동胡同, 중국어 발음은 후통이다. 베이징의 구 시가지를 중심으로 뻗은 좁은 골목길을 일컫는 말이다. 중국의 전통 문화를 이해하는 데 있어서 후통은 중국의 전통가옥인 쓰허위엔四合院과 더불어 가장 중요한 요소 중 하나다. 전통적 가옥인 쓰허위엔이 후통에 몰려있다고 보면 된다. 나중에 언급할 특유의 칸막이 없는 화장실도 전통가옥인 쓰허위엔에는 화장실이 없기 때문에 생겨난 것이다.

베이징에 남은
단재의 흔적들

석등암 신채호 거주지

석등암 거주지는 단재가 국민대표회의를 통해 임정의 개혁을 믿고 떠난 뒤 큰 실망만 안고 돌아와 잠시 숨을 고르며 머물던 장소다. 찾기가 쉽지 않다. 단재의 베이징 거주지가 워낙 많기도 했지만 독립기념관에서 제공하는 주소도 정확하게 들어맞지 않는다. 겨우 근처까지 찾아간 뒤에야, 사진을 마을 주민들에게 보여주고 물어서 겨우겨우 찾아낼 수 있다. 거리상 운암 김성숙이 다닌 민국대학과 걸어서 5분 거리다. 하지만 후통 안을 돌고 돌아야만 겨우 찾을 수 있다. 그러나 막상 석등암 앞에 서는 순간 묘한 울림이 인다. 물론 원래 건물은 이미 헐려 제 모습을 찾을 수 없지만 당시 부속 건물로 추정되는 것들이 꽤 남아 있다. 특히 골목 안쪽에 위치한 석등암 문을 마주하는 순간, 이곳에서 단재가 어떤 마음으로 생활했을지 상상할 수 있다. 베이징 순환 지하철 장춘가長椿街역 인근이다. B1번 출구에서 골목 안쪽으로 들어가면 바로 나온다. 개인적으로 약산의 레닌주의정치학교를 찾아가는 길에 이곳에 들러 단재와 약산의 만남을 그려보는 시간을 가졌다. 석등암 거리 자체가 베이징의 여러 후통처럼 현대와 과거가 공존하는 터라 꼭 확인했으면 하는 바람이다.

보타암 신채호 거주지

신채호가 보타암에 거주했던 시기는 1918년경이다. 단재는 이곳에서 한국사 연구와 집필에 전념하면서 베이징에서 발행되던 〈북경일보〉 등에 논설을 발표했다. 단재가 비로소 크게 이름을 얻는데, 말 그대로 글 하나로

세상을 놀라게 했다. 단재는 당시에도 "한중이 함께 항일공동전선을 구축해 무장투쟁으로 독립을 쟁취해야 한다"라고 주장했다. 보타암의 위치가 특별한 이유는 북경역 바로 뒤에 위치해 있다. 보타암은 도교사원인 태평궁에서 운하를 사이에 두고 북쪽에 있는 것으로 기록되어 있다. 하지만 옛 모습을 찾을 수 없다. 그저 태평궁 안에 있었던 〈호국태평궁비〉만 남아 옛 흔적을 추측해 보게 한다. 주소상 북경시 동화시북리 동정 8, 숭문문 동대가 동편문교 주변北京市 东花市北里 东正 8, 崇文门 东大街 东便门桥 周围이나 독립기념관에서 제시한 주소와 지도대로 가면 결코 찾을 수 없다. 북경역 뒤쪽에 자리한 명나라 건물을 기준으로 삼아 동편문교东便门桥까지 이동해야 한다. 다리가 시작되는 부근에 작은 공원이 있다. 그곳이 보타암이다.

금시방가 신채호 거주지

임시정부에 참여한 뒤 다시 베이징으로 돌아온 단재가 박자혜 선생과 1920년 4월 신혼집을 꾸린 장소다. 우당 이회영 선생의 부인 이은숙 여사가 주선했는데, 박자혜 여사는 협화병원에서 간호사로 일하고 있었다. 박 여사는 3.1혁명 때 서울에서 만세운동에 참가한 뒤, 간우회 사건으로 베이징으로 망명, 유학 중에 단재와 결혼하게 된 것이다. 어찌 보면 단재 입장에서는 가장 안온하고 행복했던 시기라고 볼 수 있다. 신채호는 심산 김창숙과 함께 순한문잡지 〈천고〉를 발행하는 한편 〈중화일보〉 등에 논설을 쓰며 언론인으로서의 모습도 충실했다. 레닌주의정치학교 구지 인근에 위치한 탓에 찾기는 어렵지 않다. 다만 현장에 갔을 때 이미 거대한 빌딩이 들어선 터라 옛 모습은 전혀 찾아볼 수 없었다. 주소상 북경시 서성구 부성문내대가 금시방가 北京市 西城区 阜城门内大街 锦什坊街다.

대한독립청년단 본부 구지

단재가 처음부터 임시정부를 반대했던 것은 아니다. 단재 입장에서 '없는 나라를 팔아먹은 이승만' 같은 인물이 수장으로 오는 단체라서 반대한 것이다. 단재는 짧은 임정에서의 생활을 마친 뒤, 베이징에 돌아온다. 그리곤 대한독립청년단을 조직했다. 베이징과 톈진 부근의 조선 청년을 모아 무장 군사 활동을 위한 준비를 한 것인데, '북경학생단' 또는 '대동청년당'이라고도 불렀다. 1920년 초 신채호는 대한독립청년단을 적극적으로 지도한 것으로 보인다. 조직은 단장 신채호, 부단장 한진산, 내무부장 겸 재무부장 조동진, 외무부장 문철, 군무부장 서왈보, 서기 방석범 등 70여 명으로 구성되었다. 필자가 현장에 갔을 때 거리는 옛 모습 그대로 남아있었다. 대한독립청년단 본부 구지 역시 굳게 닫혀있었지만 당시의 위용을 어렴풋이 엿보이게 했다. 그러나 거기까지였다. 그 이상의 기록도 기억도 남아있질 않았다. 이번에도 동네 어른들에게 물었지만 들어본 적 없는 사실이라고만 말했다. 독립기념관은 대한독립청년단 본부 맞은편에 1938년 김산을 처단한 강생이 해방 후 살던 집이라고 추정했다. 억울하게 죽어간 김산을 생각하면 침이라도 한 번 뱉고 왔어야 했는데 아쉬울 따름이다. 주소는 북경시 북성 구고루대가 소석교후통 7호 北京市 北城 旧鼓楼大街 小石桥胡同 7号다. 거의 정확하다.

군사통일주비회 개최지

1921년 4월 24일 이회영, 신채호, 박용만이 함께 모여 해외 독립운동세력을 통합하는 군사통일기관의 설치 문제를 협의하기 위해 군사통일주비회를 개최했던 장소다. 현재는 베이징 동물원 안에 위치해 있다. 북경에서 개최된 군사통일회의는 한국 독립운동사에서 일제와의 무력투쟁을 하나의 방략으로 결정한 중요한 회의였다. 군사통일주비회는 1920년 9월 북경에서 발기한 '군사통일촉성회'를 발전시켜 만주 지역 독립군부대의 통일을 목표로 삼았다. 그러나 임시정부에 대한 위치를 다시 논의하는 국민대표회 개최 문제가 불거지자 자연스레 군사통일주비회의 활동은 위축됐다. 동물원 서쪽에 창관루라는 건물에서 군사통일주비회가 개최되었다. 어떠한 표식도 없는 상황이다.

관음사 신채호 거주지

1924년 단재가 거주했던 장소다. 국민대표회의 실패 이후 다시 북경에 돌아온 단재는 생활이 매우 곤궁했다. 결국 1924년 3월 머리를 깎고 중이 된다. 관음사는 단재가 승려 생활을 한 장소다. 실제로 이 무렵 단재는 불교학에 심취해 깊이 연구했다. 숙식을 해결한 후 조선사 연구도 다시 몰두했다. 〈전후삼한고〉의 집필도 관음사 시절에 이뤄졌다. 문제는 독립기념관에서 제공한 주소가 전혀 맞지 않는다. 실제 가서 보면 전혀 다른 장소로 나온다. 개선해야 할 부분이다.

04

독립운동가 이육사의 마지막 기록
베이징 동창후통 28호

📍 여기는

'의열단원' 이육사가 순국한 곳이다. 철거를 앞둔 집들만 을씨년스럽게 남아있는 골목에 들어서는 순간부터 육사의 순국지까지 발걸음을 옮기는 내내 자연스레 고개가 숙여지는 곳이다.

육사는 1943년 당시 베이징에서 신문보급소를 경영하던 이상호의 집에 머물고 있었는데, 그해 말 국내로 잠시 들어가 어머니와 큰형의 소상(죽은 지 1년 만에 지내는 제사)을 치르려고 했다. 그러다 서울에서 발각돼 체포됐다. 육사는 다시 베이징으로 압송돼 북경에 있던 일본총영사관 감옥에 투옥되었다. 그곳이 바로 동창후통 28호다.

육사는 원래부터 폐병으로 몸이 약했는데, 투옥되면서 잘 먹지도 못하고 추운 감방에서 고생해 병이 더 심해졌다고 한다. 옥사의 직접적인 원인이 됐다. 그가 사망한 장소는 기록에 의하면 '북경시 내일구 동창후통 1호北京市 內一區 東昌胡同 1号'로 되었다. 이곳은 이육사보다 일곱 달 전에 조선의용대원으로 활약하다가 순국한 영천 출신 이원대가 1943년 6월 사망했던 장소이기도 하다. 왕푸징 거리 북쪽에 위치한 구 일본헌병대 북경

동창후통 1943년 이육사가 순국한 베이징 동창후통, 현재
철거를 눈앞에 두고 있다. 위의 사진에 나오는 문을 넘어서
안으로 들어가야 아래 사진처럼 육사의 순국지가 나온다.

본부 부속 형무소였으며, 자금성 인근에 있다. 당시 동창후통 1호는 현재의 동창후통 28호이다. 건물 내에는 몇 가구가 거주하고 있다.

문제는 상당히 거칠게 남아있다는 사실이다. 입구에서부터 철거가 예정돼 있으니 출입을 금한다라는 내용이 붉은 현수막에 적혀있다.(2019년 7월 기준, 주변 건물은 철거를 진행 중이다. 육사의 순국지 역시 언제 철거해도 이상하지 않을 상황이다) 이 때문일까? 필자가 현장을 찾았을 때 마을 주민들의 경계가 대단했다. 동창후통 28호라 적힌 문을 지나 안쪽으로 들어가야만 육사가 순국한 곳을 마주하게 된다.

마음 같아서는 소주라도 한 잔 올리고 싶었다. 그러나 들어가 사진 몇장을 찍는 순간 마을 주민이 나와서 나가라고 소리를 쳤다. 아쉬울 따름이다. 동창후통에 육사가 갇힌지 1년 6개월 만이고, 해방을 채 1년 6개월 앞둔 시점이었다. 육사의 나이 39살에 불과했다. 셋째 동생 이원창이 그의 유해를 수습하는데, 그전에 동지이자 친척이었던 이병희 여사가 육사의 시신을 수습해 화장한다. 이를 동생 원창에게 건넨 것이다. 육사는 서울 미아리 공동묘지에 안장됐고, 광복 후 1960년 안동시에 모셔졌다.

⭐ 놓치지 말아야 할 사실

육사는 시인이기 이전에 독립운동가다. 실제로 생전에 시집을 출간하지는 못했다. 순국 후 문학평론가인 둘째 동생 이원조가 형인 육사의 시를 모아 1946년 유고시집인 육사시집을 출간하였다. 그제야 세상은 독립운동가 육사를 시인 육사로 보게 된 것이다.

1904년 경북 안동에서 출생한 육사는 백학학원에서 교편을 잡았으며, 1924년 일본 유학을 결행하였다. 1927년 중산대학에서 수학하다가 귀국하였는데, '장진홍 의거'에 연루되어 옥고를 치렀다. 1932년부터 중국 동북지역과 북경을 오가면서 활동하다가 그해 난징 탕산에서 문을 연 조선혁명

서대문형무소 이육사 1934년 6월 20일 자로
작성된 이육사의 신원카드다. ⓒ국사편찬위원회

군사정치간부학교 제1기생으로 입교했다. 이듬해 4월에 졸업했는데, 이때
육사를 난징까지 이끈 것이 의열단 창립 멤버 윤세주다. 육사는 6월에 상하
이에서 루쉰을 만나고, 7월에 국내로 잠입한다. 그러나 1934년 3월 조선혁
명간부학교 출신임이 드러나 경기도 경찰부에 구속된다. 다행히 6월에 기
소유예 의견으로 석방됐고 이후에는 집필 활동에 몰두한다. 이후 1939년에
〈청포도〉를 쓰고, 1940년에 〈절정〉과 〈광인의 태양〉 등도 발표된다. 1941
년 눈에 넣어도 아프지 않을 딸 옥비가 태어난다. 1943년 육사는 일제가 한
글 사용을 규제하자 한시만 발표하다가 4월에 베이징으로 이동한다. 이때
국내 무기 반입 계획을 세우는데, 7월에 모친과 맏형 소상에 참여하려 귀
국했다가 가을에 일경에게 붙잡혀 다시 베이징으로 압송된다. 그리고 이듬
해 1월 16일 새벽, 베이징 동창후통 1호에서 순국한다.

그런데 육사가 1932년 조선혁명간부학교로 입학하는 과정이 기가 막힌다. 약산의 동지이자 후배인 윤세주가 큰 역할을 했다. 조선일보에서 기자 생활을 하던 육사는 1932년 4월 조선일보를 그만두고 중국으로 간다. 평티엔에서 석정 윤세주를 만나 뜻을 모으게 되는 것이다. 사실 두 사람은 이미 '기자'로서 서로를 잘 알던 사이였다. 그리고 마침내 9월 2차 대암살 파괴 계획의 주인공 (베이징 의열단 지부장) 김시현과 함께 석정, 육사의 처남 안병철 4인이 군사학교에 입학하게 된다.

그런데 육사가 석정을 생각한 마음이 대단하다. 육사의 수필 〈연인기〉에 석정에 관한 이야기가 나오는데 군사학교 졸업 후 국내 침투 작전이 시행되기 직전 S에게 가장 아끼던 도장을 건넸다. S는 석정 윤세주를 뜻한다.

> "그 뒤 나는 상하이를 떠나 조선으로 돌아오게 되었다. 언제 다시 만날지 몰라 그곳에서 몇몇 교우들과 함께 최후의 만찬을 같이하게 됐다. 그중 S에게는 나로부터 무엇이나 기념품을 주고 와야 할 처지였다. 금품을 준다 해도 받지도 않으려니와 진정을 고백하면 그때 나에겐 여유도 없었다. 꼭 목숨 이외에 사랑하는 물품이래야만 예의에 어그러지지 않을 경우라, 하는 수 없이 귀여운 비취인 한 면에다 '증S, 1933. 9. 10, 육사'라고 새겨서 내 평생에 잊지 못할 하루를 기념하고 돌아왔다."

목숨 이외에 사랑하는 물품, 육사는 석정을 그만큼 마음을 나눈 동지라 생각했다. 이후 육사는 죽음에 이르게 된 그 순간까지도 자신의 위치에서 할 수 있는 일을 다 했다. 마지막까지 직업적인 항일 투사의 역할을 다한 것이다. 그러나 사이마다 육사는 평론과 수필, 시를 남겼다. 하지만 그 숫자라고 해봐야 30여 편에 불과하다.

"나는 이 가을에도 아예 유언을 쓰려고는 하지 않소. 다만 나에게
는 행동의 연속만이 있을 따름이오. 행동은 말이 아니고, 나에게
는 시를 생각한다는 것도 행동이 되는 까닭이오."

- 〈계절의 오행〉 중, 이육사

🚶 어떻게 갈까

주소는 북경시 동성구 동창후통 28호北京市 東城區 东昌胡同 28号다. 독립기
념관에서 제공한 지도에는 육사의 순국지가 동창후통 대신 자금성 담벼락
으로 표기돼 있다. 다시 강조하지만 정확한 주소는 '北京市 东城区 东厂
胡同 28'다. 입구에서 앞쪽 건물을 지나 안쪽에 들어서면 우리가 사진 속
에서 봐왔던 육사의 순국지를 만날 수 있다. 다만 철거를 예정한 터라, 언
제 현장이 사라질지 알 수 없다.

동창후통 28호 의열단원 이육사는 삶의 마지막까지 항일
투사의 역할을 다한 독립운동가였다. 지금은 폐허처럼 변
해버린 동창후통 28호 지하에서 안타까운 생을 마감했다.

05

한 동네에 살던 지사와 밀정
이회영과 김달하

📍 여기는

후고로원후통, 1920년경 우당 이회영 선생이 살았던 곳이다. 베이징 애국
지사들의 큰집 같은 역할을 했다. 베이징에 온 애국지사 중 이곳을 거쳐
가지 않은 사람이 없을 정도였다. 그만큼 우당 이회영이 독립운동사에 미
친 존재감이 컸다. 우당은 베이징 독립운동계열의 지도자와 마찬가지였
다. 이 때문에 우당 이회영의 집에는 매일같이 적게는 십여 명, 많을 때는
30~40명씩 찾아왔다고 한다. 그들 중에는 동생 이시영을 비롯해 이동녕,
조완구, 심훈 같은 지사들이 기숙하기도 했다. 이회영은 그들에게 점심과
저녁을 대접하곤 하였다. 그러나 밀려오는 독립운동지사들을 접대하기에
집이 너무 협소했다. 결국 더 싸고 넓은 집을 찾아 이사하게 됐고, 베이징
서쪽 외곽인 이안정二眼井까지 이르게 됐다. 이사하기 전까지 살았던 곳이
후고루원후통이다. 이 골목에는 밀정 김달하도 살았는데, 현재 이회영이
살았던 집은 찾을 수 없고 집이 있던 골목만 확인할 수 있다.

　필자가 지난여름 현장에 갔을 때는 인력거를 타고 다니는 외국인들을
쉽게 볼 수 있을 정도로 관광지가 됐다. 걸음을 이을 때마다 곳곳에서 가

우당 이회영의 북경 시절 모습

짜 시계를 든 노점상에 입에서 '리얼 롤렉스'라는 말이 연신 들려온다. 이곳에서 우당과 애국지사들이 독립을 위해 목숨 바쳤던 것을 생각하면, 상전벽해한 변화에 아찔함마저 느껴진다. 흔한 흔적 하나 남지 않아 이번에도 그저 아쉬울 뿐이다.

흔히들 이회영은 형제들과 함께 모든 가산을 정리해 신흥무관학교를 세운 사실만 널리 알려져 있다. 그러나 독립운동사 초중반의 굵직굵직한 사건마다 우당 이회영의 이름은 빠지지 않고 등장한다.

1907년 네덜란드 헤이그에서 열린 만국평화회의에 밀사를 파견하자는 최초의 계획은 우당이 고종에게 건의해 이뤄진 것이다. 조선 최초의 신식결혼 역시 우당이 첫발을 내딛어 이뤄졌다. 1909년 나라의 망조가 엿보이자, 우당은 김구, 이동녕, 안태국, 양기탁, 윤치호, 이승훈, 이동휘, 이시영 등과 함께 신민회 간부 총회의를 소집해 만주에 독립운동기지를 건설할 것을 결의한다. 백미는 1910년, 결국 위태위태하던 조선이 망하자 우당은 형제들과 함께 모든 부귀영화를 포기하고 그해 겨울 60명에 달하는 대가족을 이끌고 만주로 망명한다. 이 망명을 주도한 것 역시 넷째였던 우당이었다. 이회영의 집안이 석주 이상룡, 허위의 집안과 함께 기득권을 버리고 온 가족이 독립운동에 나선 대표적인 가문으로 꼽히는 이유인데, 당시 우당 집안은 현재 가치로 600억에 육박하는 재산을 갖고 있었다. 이를 헐값에 정리하고 고난의 길을 시작한 것이다.

만주로 적을 옮긴 이회영 일가는 지린에 정착해 경학사, 신흥강습소를 설치한다. 독립운동을 위한 기반 닦기에 들어간 것인데, 일제의 서슬 퍼런 감시망을 피해 1911년 간도 용정촌에 최초의 재만 한인 자치기관인 '경학사'를 조직했다. 이후 1912년 독립군지도자양성을 목적으로 신흥강습소(신흥무관학교의 전신)를 설립했고, 1912년 경학사를 바탕으로 만주 통화현 합니하반哈泥河畔에 신흥무관학교를 세우게 된다. 그러나 2조 원에 육박하던 재산도 1918년에 이르러 모두 바닥난다. 그만큼 독립운동에 열과 성을 다한 것이다. 우당은 오세창, 한용운, 이상재 등과 만나 고종의 망명을 계획한다. 그러나 1919년 1월 고종이 갑작스레 사망하자 모든 계획이 어그러진다. 생활 역시 극도로 어려워져, 우당은 베이징과 상하이 등지를 돌며 독립운동을 이어갈 수밖에 없었다. 1919년 4월에 상하이에서 임정이 탄생한 후 임정에 기대를 했으나 결국 분란으로 제 역할을 못하자 우당은 상하이를 떠나 베이징으로 건너왔다. 이후 베이징을 중심으로 잡고 독립운동을 이어갔다.

베이징에 자리 잡은 후에도 독립운동의 어른으로 역할을 이어갔는데, 1921년 임정의 내분이 극에 달하자 단재 신채호와 함께 조정 역할을 맡기도 했다. 그러나 임정은 이미 창조파, 개조파, 임정 고수파로 나뉜 상황. 우당이 어찌할 수 없는 상황이었다. 결국 우당은 임시정부를 떠났다. 이후 1924년 조선무정부주의자연맹 설립에 관여했고, 1925년에는 비밀 결사 조직인 '다물단'을 만들었다. 다물단은 의열단과 같은 행동하는 의열단체로, 밀정 김달하를 처단하는 데 큰 역할을 했다. 1931년에는 한중일 아나키스트들의 합작으로 독립운동 단체인 항일구국연맹을 결성하여 의장

으로 취임했다. 그리고 그해 9월 상하이에서 말 그대로 일제에 큰 공포를 선사한 '흑색공포단'을 조직해 활동했다. 윤봉길, 이봉창 의사와 함께 효창원에 잠들어 있는 백정기 의사가 흑색공포단 출신이다.

이회영은 흑색공포단을 지휘했다. 흑색공포단 역시 지속적으로 가시적인 성과를 냈는데, 대표적인 것이 백정기, 원심창, 이강훈 등이 활약해 중국 국민당 내 친일 그룹의 리더인 왕정위汪精衛를 암살하려다 실패하고 대신 그의 부관을 사살한 뒤, 아모이에 있던 일본 영사관을 폭파한 일이다. 우당은 1932년 1월 흑색공포단원을 텐진에 파견, 텐진부두에 일본 군수물자를 적재한 일본 기선을 텐진 앞바다에서 폭파시켰다. 또 텐진 일본영사관에 폭탄을 투척하여 영사관 건물과 시설 일부를 파괴한 뒤, 한 명도 잡히지 않고 도주하기도 했다. 이 시기는 한인애국단 이봉창 의사가 일왕에게 폭탄을 던진 시기와 일치한다.

결국 우당은 1932년 중국 국민당과 교섭을 통해 지원 약속을 받아냈다. 상하이사변 후 흑색공포단이 중심이 돼 일본 군기관 및 수송기관 파괴, 일본 요인 및 친일파 숙청 등을 진행한다는 내용이었다. 1932년 4월 윤봉길 의사 의거 후 흑색공포단 역시 역동적인 활동을 이어갔다. 우당은 그해 11

월 만주의 연락 근거지 확보와 지하공작망 조직, 주만 일본군사령관 암살 등 활동 범위를 넓히기 위해 상하이에서 다롄을 거쳐 만주로의 이동을 결심한다. 그러나 만주는 이미 일제의 영향 아래 있는 지역, 우당은 다롄으로 이동하자마자 다롄항에서 밀정의 밀고로 일본 경찰에게 체포된다.

당시 우당이 만주로의 이동을 결심하자 가족들과 동지들은 우당에게 '가서는 안 된다'면서 적극적으로 만류한다. 그러나 우당은 '살 만큼 살았다'면서 '이 늙은 사람도 이렇게 끝까지 싸우고 있다는 사실을 알려야 하지 않겠느냐'고 길을 재촉했다. 어찌 보면 만주행이 사지가 될 것을 스스로 예측한 것인데, 우당은 11월 17일 혹독한 고문을 이기지 못하고 뤼순감옥에서 옥사했다. 향년 65세였다. 앞서 이곳에서 안중근 의사가, 후에는 단재 신채호 선생도 사망한다. 우당의 묘는 현재 국립서울현충원에 조성됐으나 애석하게도 허묘 상태다. 지금까지 유해를 찾지 못했다.

✪ 놓치지 말아야 할 사실

대부분의 밀정이 그러하듯 김달하 역시 처음에는 독립운동을 했다. 그러나 어느 순간 변절해 누구보다 열정적으로 일제에 부역하며 살아갔다. 그러다 지사들의 손에 의해 끔찍하게 처단당했다. 밀정다운 말로였는데, 김달하는 최소 10년 이상 일제 밀정으로 살아갔다. 동지를 적에게 팔아넘기는 독립운동의 암적 존재였으므로 의열단과 이회영의 다물단에서 척결하기 위해 상당한 공을 들였다. 더욱이 그는 암살되기 얼마 전 베이징 독립운동의 거두 박용만에게 접근해 마침내 일제와 타협시키는 공작을 꾸미며 돈을 받았다는 말이 돌게 하는 등 큰 물의를 빚었다. 특히 심산 김창숙은 이상재로부터 김달하를 소개받고, 이를 계기로 김달하와 접촉하게 되었다. 심산 선생이 회고록에 김달하에 대해 기록했는데, 처음에는 얼마나 좋게 봤는지 알 수 있다.

"김달하는 문학에서 담부한 재질을 가지고 있었으며, 이승훈과
안창호와도 친한 교제를 해오던 사이로 관서 지방에선 상당히
이름이 알려져 있었다. 북경에 머무는 동안 자주 김달하와 만
나 토론하곤 했는데 그럴수록 그의 박식함에 놀라지 않을 수 없
었다. 그리하여 그의 다능에 빠져들어가 점점 마음의 거리낌마
저 없어졌다."

당시 베이징에서 열린 만국 기독교청년대회에 참가한 김달하의 처제 김
활란이, 함께 베이징에 온 이상재를 김달하의 집에 묵게 했다. 이를 계기로
이상재가 김달하를 김창숙에게 소개했다. 소개를 받은 김창숙은 김달하의
박식함에 반해 그를 이회영에게 소개했다. 베이징의 독립 영웅들을 순식
간에 마주하게 된 것인데, 그러나 이는 반대로 그의 정체를 금세 탄로 나
게 하는 계기가 됐다. 심산과 가까워진 김달하는 '이 정도면 됐다'라는 생
각을 하며 심산 김창숙에게 총독부 경학원 부제학 자리를 권유한다. 회유
를 받은 심산은 대노하고 그와 절교한다. 김창숙에게 사주를 하자마자 그
가 일제 총독부의 고급 밀정임이 밝혀진 것이다.

결국 1925년 3월 말 오후 이인홍, 이기환이 김달하의 집을 기습하여 처
단한다. 이 사건은 다물단과 의열단의 합작품이었다. 약산이 박태원의《약
산과 의열단》에서 이를 자세히 언급하는데, 약산은 '1925년 3월, 의열단은
이들 밀정 가운데서 가장 악질분자인 김달하라는 자에게 마침내 사형선고
를 내렸다'라고 표현했다.

"1925년 3월 30일 오후 여섯 시 가량, 이인홍은 또 한 명 동지와
더불어 가증한 김달하의 처소로 찾아갔다. 당시 김은 안정문내
차련후통 서구내로북 문패 23호에 살고 있었다. 문을 두드리니

하인이 안으로서 나와, 누구시냐 묻는다. 두 동지는 긴말 않고, 곧 그에게 달려들어 뒷결박을 지우고, 입에다는 재갈을 물려, 한 구석에 틀어박아 놓은 채 안으로 들어갔다. 가족과 함께 방안에 있던 김달하가 "누구냐?" 외치며 자리에서 벌떡 몸을 일으킨다. 이인홍은 그의 손이 바지 포켓으로 들어가는 것을 보자 "꿈쩍 말아!" 한마디 하고 손에 단총을 꺼내들며 그의 앞으로 갔다. 그리고 그가 그자의 바지 포켓에 들어 있는 단총을 압수하는 사이에, 또 한 명 동지 이기환은 그 가족들을 차례로 묶었다. "네게 이를 말이 있다. 이리 나오너라!" 그들은 김달하를 이끌고 따로 떨어져 있는 뒤채로 갔다. 그리고 품에서 한 장 문서를 꺼내어 탁자 위에 펴놓았다. 의열단에서 내린 사형선고서다. 밀정의 얼굴이 파랗게 질렸다. "내 한번 읽으마. 네 자세히 들어라!" 이인홍은 선언하고 곧 선고서를 낭독하였다. 그곳에는 그의 이제까지의 온갖 죄상이 세세히 기록되어 있었다. 읽고 나자, 이인홍은 엄숙히 말하였다. "네 죄목에 조금이라도 이의가 있다면, 어디 발명해 보아라!" 밀정은 파랗게 질린 얼굴에 바짝 마른 입술만 경련시킬 따름, 종내 아무 말이 없었다. "이의가 없으면 수결手決을 두어라!" 이인홍은 다시 한마디 하였다. 밀정은 그가 명하는 대로 기계처럼 움직였다. 그의 가족들이 서로 묶은 것을 풀고, 몸의 자유를 찾은 것은 그로써 여러 시간이 지난 뒤다. "소리만 내면, 꿈쩍만 하면, 용서 없이 쏠 테다!" 한 괴한의 으름장이 무서워 그들은 그때까지 송장처럼 방구석에 틀어박혀 있었던 것이다. 그들이 집안을 샅샅이 뒤져, 마침내 뒤채에 찾아 이르렀을 때, 그들의 가장은 이미 차디찬 송장이었다. 그의 목에는 한오라기 새끼가 감겨 있었다. 괴한은 정녕 소리가 밖에 들릴 것을 염려하여 단총을 사용 안 하였던

것이다. 시체 옆에 떨어져 있는 사형선고서로 하여 중국 경찰은
그것이 의열단원의 소행임을 알았다."

　김달하의 처단과 관련하여 일제 측 자료 〈고등경찰요사〉에는 '다물단원
황익수, 이호영 등과 의열단원 류자명 등의 공모 행위라는 것은 당시의 여
러 상황에 의해 분명한 것 같다'고 하였다. 일제 역시 이 사건을 다물단원
과 의열단원의 합작품이라고 보았다.

　베이징 독립운동사 연구가 박상일 선생은 '밀정 김달하가 처단된 장소
가 홍라산 红螺山'이라면서 '의열단과 다물단의 합작으로 죽임을 당했다'
고 강조했다. 그러나 독립기념관은 이를 특정하지 않았다. 다만 밀정 김달
하는 끊임없이 지사들 지근거리에 머물며 끊임없이 회유하고 공작했다.
그가 왜 지사들의 성지 베이징에서 동족의 손에 끔찍하게 살해됐는지 확
인할 수 있는 부분이다. 친일파 김활란이 김달하의 처제다.

대한청년독립단 본부와 이회영과 김달하 거주지 북경시 북성구 고루
대가 소석교호동 7호(24호)를 찾아가면 대한청년독립단 본부 구지
다. 이회영과 김달하가 살았던 후고루원후통은 관광지로도 유명하다.

🚶 어떻게 갈까

신채호가 대한독립청년단을 세웠던 소석교후퉁과 멀지 않다. 필자의 경우 고루대가鼓楼大街역 G출구를 빠져나와 대한독립청년단 본부 구지를 확인한 뒤 우당과 밀정 김달하가 살았던 후고루원후퉁을 찾았다. 찾는 것은 어렵지 않다. 무엇보다 거리 자체가 관광지화돼 아이러니하게도 걷는 맛이 있다. 특히 후고루원후퉁 거리 끝에는 오밀조밀한 상점들이 밀집해 있어 이곳이 관광지임을 다시 한번 깨닫게 한다.

※ 칸막이 없는 화장실

소문은 익히 들었다. 베이징에 가면 칸막이가 없는 좌변기를 보게 될 것이라고. 설마 했다. 그런데 정말로 후고루원후퉁에 갔을 때 거리 사이마다 설치된 공중화장실에서 '칸막이 없는 화장실'을 계속 마주했다. 일단 베이징 자체가 상하이나 충칭, 우한 등 다

른 도시에 비해 거리에 공중화장실이 많다. 그런데 이는 바꿔 말하면 집안에 화장실이 없다는 뜻이기도 하다. 집들 사이에 공중화장실을 마련해 말 그대로 공용을 사용하고 있다. 문제는 후고루원후통 안쪽으로 들어가면 들어갈수록 아래쪽만 가림막이 있는 화장실, 화장실 앞문은 없고 옆쪽 칸막이만 있는 화장실, 나중에는 앞과 옆 모두 없는 화장실까지 이어졌다.

솔직히 이날 체했는지 속이 영 불편했다. 후고로원후통을 걷는 것이 쉽지 않았는데, 동네를 빠져나갈 때까지 화장실 갈 생각을 하지 못했다. 앞뒤 양옆이 비어있는 화장실을 보는 순간, 걸음만 빨리했을 뿐이다. 역시 정신이 육체를 지배한다는 사실을 다시 한번 깨달았다. 추가로 공중화장실에는 우리처럼 휴지가 비치돼 있지 않다. 휴대용 티슈 등은 항상 준비하는 것이 여정을 원활하게 이어가는 팁이다.

06

약산은 왜 '레닌'에 물들었을까
레닌주의정치학교

📍 여기는

1926년 황포군관학교에 입교한 약산은 졸업 후 중국혁명군 장교가 된다. 그리고 첫 번째 과업을 수행하는데, 바로 난창南昌봉기 참가다. 난창봉기는 1927년 8월 1일 중화민국 장시성 난창에서 일어난 공산주의자들의 봉기로 국공 내전 중 중국 국민당과 중국 공산당 사이에 벌어진 최초의 전투다. 당시 약산은 허룽이 지휘하는 중국 공산군에 가담했다. 장제스의 지원을 받아 황포군관학교에 입교한 약산의 행보를 생각하면, 장제스의 반대편에 섰다고 할 수 있는데, 1927년 4월 12일 제1차 국공 합작이 결렬되는 과정을 살피면 그의 행보는 당연할 수밖에 없었다.

1925년 쑨원이 사망하고, 실권을 장악한 장제스는 쑨원의 유지를 받들어 북벌을 시작한다. 약산 입장에서는 장제스를 도와 일제의 지원을 받는 친일 군벌을 타도함으로써 결과적으로 조선의 독립을 이루고자 한 것이다. 그런데 1927년에 난징에 국민 정부가 성립된 뒤, 1927년 4월에 '청당 운동'이 발생했다. 당을 깨끗이 한다는 뜻으로, 국민당 내 공산 세력을 축출한 것이다. 이미 국민당 정부의 소극적인 대일 항전 노선에 크게 실망한

난창봉기 당시 공산군 본부로 쓰였던 건물
지금 현재는 난창봉기기념관이다.

난창봉기 때 중국 공산군이 사용한 Mauser
M1924 라이플과 브라우닝 M1918 자동 소총

상황에서 공산당의 반제국, 반봉건에 크게 공감한 약산이 하루아침에 동료가 동료를 죽이는 모습을 마주하게 된 것이다.

1927년 8월 1일 새벽 2시를 기해 약산이 속한 허룽 부대는 난창을 공격하여 도시를 점령한다. 그러나 국민당군의 역습을 맞아 불과 5일 만에 도시를 내주고 도주할 수밖에 없었다. 이후에 약산은 자신만의 길을 찾는다. 난창봉기 참여 후 광저우봉기에 참여하지 않고 상하이로 방향을 튼다. 그곳에서 조선공산당 책임비서였던 안광천을 만나 '레닌주의'에 깊이 빠져든다. 약산이 처음이자 마지막으로 순수 사회주의 사상에 깊이 빠진 시기인데, 약산은 특히 반제국주의와 약소국의 독립 및 해방을 주창한 레닌의 주장에 공감했다. 약산은 안광천과의 만남을 이어가며 보다 원활한 활동을 위해 자신의 거처를 상하이에서 베이징으로 옮긴다. 이때가 1929년이다.

베이징에 도착한 약산이 가장 먼저 한 일은 안광천과 함께 잡지 〈레닌주의〉를 창간하는 일이었다. 타이틀을 '레닌주의'로 선정할 만큼 사회주의 사상과 이론에 집중하던 시기다. 동시에 약산은 1930년을 전후해 깊이 관계 맺은 안광천, 박건웅 등과 함께 베이징에서 '조선공산당재건동맹'을 결성한다. 그리고 이듬해인 1930년 4월 간부양성을 위해 레닌주의 정치학교까지 세웠다. 그곳이 현재 베이징 루쉰박물관 인근 동4조후통東四条胡同 거리다.

레닌주의정치학교는 6개월 교육과정으로 공산주의 이론 및 투쟁, 조선혁명사 등을 교육하였다. 제1기 입교생으로는 정동원, 유진해 등 10여 명이 4월부터 9월까지, 같은 해 10월부터 1931년 2월까지는 2기가 교육받았다. 1931년 9월부터 제3기생 교육을 계획하였으나, 만주사변 등으로 정세가 급변하면서 유지하지 못하고 폐교하였다. 2차에 걸쳐 배출된 이십여 명은 졸업 후 국내로 들어가 조선공산당 재건을 위해 힘을 쏟았다. 당시에 약산은 그럼 무엇을 가르쳤을까?

앞서 1928년 10월 상하이에서 진행된 '조선의열단 3차 전국대표회의선언'을 통해 약산이 무엇을 중시했는지 유추할 수 있다. 약산은 20개의 조항 속에 국민의 자유보장과 남녀평등의 지방자치 실시, 의회주의 민주국가 건설, 대지주의 토지 몰수, 농민 보급, 대규모 생산기관 및 독점 기업의 국가경영, 소득세의 누진율 적용, 노동운동 보장, 국비에 의한 의무교육 등을 강조했다. 2019년 기준에서 봐도 혁신적이며 사회보장적인 제도다. 약산은 이러한 내용을 레닌주의정치학교를 통해 강조했다.

그리고 약산은 이 시기 박차정 지사를 만나 신혼집을 꾸린다. 하루하루 목숨을 건 투쟁에서도 박차정이라는 걸출한 동지를 만나 사랑까지 꽃피우게 되는 것인데, 문제는 이번에도 레닌주의정치학교를 비롯해 두 사람의 신혼집 위치가 정확하지 않다.

약산로드를 준비하며 취재 동선을 상하이부터 충칭으로 임정로드 루트대로 밟은 뒤, 항공을 이용해 충칭에서 지린으로 넘어갔다. 이후 8시간 기차를 타고 베이징으로 이동했다.

베이징에 온 목적은 두 가지였는데, 첫째가 1920년대 초반 베이징 의열단 본부(통신소) 위치 확인이었고, 두 번째가 1930년 레닌주의정치학교 구지의 정확한 위치를 직접 확인하는 작업이었다. 그런데 독립기념관에서 제공한 정보는 이번에도 정확하지 않았다. 언젠가 공적인 자리에서 독립기념관 선생님들을 만난 적 있는데, 오히려 필자에게 두 가지 어려움을 호소했다. 독립운동사를 연구할 인력과 지원이 부족하다고. 그러다 보니 지속적인 업데이트가 제한된다고.

그 때문일까? 독립기념관이 제공한 '북경시 서성구 부흥문북대가 동4조후통 29호, 북경 루쉰박물관 동쪽 北京市 西城区 复兴门北大街 东四条胡同 29号, 北京鲁迅博物馆东边'이라고 밝힌 주소대로 이동하니 자꾸 엉뚱한 장소만 나온다. 지도에 표기된 위치도 주소와는 다른 장소다. 주소와 최대한 근접한 곳에 가서 마을 주민들에게 '이곳을 아냐'고 물어보니 하나같이 고개를 가로젓는다. 어렵게 동4조후통 29호를 찾았지만 마찬가지다. 엉뚱한 집만 나온다. 40도에 육박하는 땡볕 아래 한숨을 쉬고 있을 때 독립기념관이 제시한 '거민위원회'라는 추가 문구를 확인했다.

> "조선족 동포이자 현지 연구자인 최용수 선생은 중관촌 부근에 있을 것으로 추정하고 있다. 현재로는 어느 것이 정확한지 단언키 어렵다. 최용수 선생이 추정한 레닌주의정치학교 자리에는 우리의 동사무소와 같은 거민위원회가 들어서 있다."

거민위원회居民委員會가 눈에 들어온다. 이를 지도에 입력해 위치를 찾

레닌주의정치학교 레닌주의정치학교 자리로 추정한다. 지금은 거민위원회가 들어서 있다.

았다. 독립기념관 말대로 지도상 루쉰박물관과 정확하게 일치하는 동쪽에 거민위원회 건물이 자리해 있다. 건물 주변을 살피니 1970년에 건축됐다는 내용이 나온다. 역시나 이번에도 다르지 않다. 중국내 약산의 걸음들이 취급받고 있는 그대로였다. 아무런 흔적도 기록도 없이, 덩그러니 건물만 세워져 있다. 레닌주의정치학교가 만들어진 시점과 약산이 박차정 지사와 결혼한 시점을 고려하면 이곳이 신혼집일 가능성도 매우 높은 상황, 그들이 이 거리 어디선가 다녔을 것을 조심스레 추측해 볼 뿐이다.

🏵 놓치지 말아야 할 사실

약산이 레닌주의정치학교를 세운 지역은 중국의 대문호 루쉰이 살던 곳이다. 같은 동네라고 보면 되는데, 실제로 루쉰박물관에서 약산의 레닌주의

루쉰박물관 중국 문학과 사상의 대가인 루쉰이 살았던 저택은 이제 그를 기리는 박물관이 되었다. 한 번 둘러보자.

정치학교 구지(현재 거민위원회)까지 멀지 않다. 약산의 레닌주의정치학교를 추적하는 와중에, 본의 아니게 계속 확인하게 됐는데, 이곳에 가면 중국인들이 루쉰을 어떻게 생각하는지 그대로 알 수 있다. 한마디로 온 힘을 다해 보존하고 기억하고 있다. 윤봉길 의사가 1932년 4월 29일 의거를 일으킨 장소가 훙커우공원, 지금은 루쉰공원이라 불리는 그곳에서도 비슷한 감정을 느꼈었는데, 정말로 정성을 다해서 루쉰을 기억하고 기록하고 있다. 여유가 있다면 루쉰 박물관까지 들러 그의 발자취를 쫓았으면 하는 바람이다. 베이징에서 운명한 이육사는 루쉰을 상하이에서 직접 만났고, 약산 역시 1930년 루쉰이 살았던 동네에 자리잡으면서 루쉰의 흔적을 모르지 않았을 것이다.

🚶 어떻게 갈까

독립기념관 제공 주소 동4조후통 29호 대로 이동하면 루쉰박물관 동쪽이 아닌 뒤쪽이 나온다. 필자가 동1조부터 5조까지 모든 거리를 확인한 결과, 독

립기념관이 제공한 사진과 일치하는 장소는 나오지 않는다.

이 말은 곧 현지 연구자인 최용수 선생 주장대로 '거민위원회'가 상대적으로 레닌주의정치학교 터일 가능성이 높다는 뜻이다. 지도상 따져도 거민위원회의 위치는 루쉰박물관에서 정확히 동쪽으로 250m 떨어진 곳에 위치해 있다.

베이징 부성문阜成门역 B번 출구를 나와 뒤쪽으로 5분만 이동하면 루쉰박물관이 나온다. 루쉰박물관을 정문으로 바라보고 우측으로 난 골목길로 직진하면(갈림길이 나와도 우측 직진) 파출소와 함께 자리한 오래된 건물이 나온다. 그곳이 바로 거민위원회, 레닌주의정치학교 추정지 터다. 주소만 정확히 알면 찾아가는 것은 어렵지 않다.

주소 | 北京市 西城区 新街口街道 宮门口社区 居民委员会
북경시 서성구 신가구가도 궁문구사구 거민위원회

우리가 잊어서는 안 되는 한 사람
이태준

약산에게 헝가리인 마자알을 보낸 사람

영화 〈밀정〉에 주요하게 등장한 인물 중 한 명이 헝가리인 마자알이다. 폭탄 전문가로 나오는데, 실제로 베이징에 머물던 약산에게 폭탄 전문가 마자알을 소개해준 인물이 있으니, 우리가 잊어서는 안 되는 한 사람 이태준 박사다.

이태준, 몽골의 슈바이처라 불린 인물로 의사다. 1910년대 몽골 국민 중 70~80%가 성병에 걸려 고통받을 때 기적처럼 나타나 치료해 준 인물이다. 당시 몽골인들은 전통적인 의술에 의존해 거의 치료가 되지 않았다. 후유증으로 애꿎은 목숨만 잃어버리는 상황이었다. 그런데 이태준 박사가 나타나 몽골인들에게 서양 의술을 전수한 것이다. 이태준 박사가 몽골의 마지막 국왕 보그드 칸 8세의 주치의가 될 수 있었던 이유인데, 몽골 왕실의 신뢰를 한 몸에 입으며 1919년 7월 이 박사는 외국인에게 수여 하는 가장 높은 등급의 훈장을 받기도 했다. 그런데 이러한 이태준 박사의 진짜 직업이 있었으니, 그 역시 의열단원이자 독립운동가였다.

1883년 11월 경남 함안에서 태어난 이태준 박사는 1905년 을사늑약이 체결되고 서울로 상경한다. 상경 직후 제중원(세브란스의학교 병원) 앞에 있는 '김형제상회'에 취직한다. 이곳에서 대한제국 군대가 해산되는 과정에서 죽어 나가는 우리 국민들을 보고 의사가 되기로 결심한다. 결국 1911년 6월 이태준 역시 세브란스의학교를 졸업하고 의사가 된다. 재밌는 점은 1910년 도산 안창호 선생을 세브란스병원에서 직접 만나는데, 이때 도산을 통해 본격적으로 독립운동의 뜻을 두게 된다.

　이태준은 105인 사건을 계기로 중국으로 망명, 중국 기독교인들과 친분을 쌓는다. 이를 계기로 일본의 감시에서 떨어진 몽골에서 독립군을 양성하기 위한 군관학교를 세울 목적으로 몽골로 걸음을 옮긴다. 몽골 고륜에 '항일독립운동의 뜻을 같이하는 동지들의 병원'이라는 의미로 '동의의국同義醫局'을 개업했는데, 동의의국은 중국에서 몽골을 거쳐 러시아로 이동하던 항일 독립운동가들의 주요 거점이 됐다. 실제로 하루에도 40~50명 되는 지사들이 머물곤 했다.

　그러던 중 이태준은 한인사회당 당원 박진만과 한형권이 모스크바 레닌으로부터 독립운동 자금 40만 루블 상당의 금괴를 운송한다는 사실을 파악하고 이 중 12만 루블을 자신이 직접 베이징을 거쳐 상하이로 운송하기로 결심한다. 이때가 1920년 가을이었는데, 이태준은 우선 8만 루블을 들고 상하이로 무사히 운송을 마친 뒤 베이징을 거쳐 몽골 고륜으로 이동할 계획이었다. 그곳에서 이제 막 이십 대 티를 벗은 의열단 의백 김원봉을 만나게 된다.

당시 약산은 1차 의거 실패 후 박재혁 의사의 의거를 거치며 제대로 된 폭탄의 필요성을 절감하고 있었다. 자연스레 폭탄을 제조할 수 있는 뛰어난 기술자를 수소문하던 중이었다. 이태준은 몽골에 있는 헝가리인 마자알이 뛰어난 폭탄 제조기술자임을 알고 약산에게 소개하고자 했다. 이태준은 약산을 만나자마자 의열단에 가입한다. 그리고 다시 베이징에 올 때는 헝가리인 마자알을 데리고 오겠다고 약속한다. 당시 마자알은 중국과 몽골 국경도시인 장가구에서 몽골 고륜을 거쳐 러시아로 이동하던 지사들의 이동을 돕는 일을 하고 있었다.

고륜에 돌아온 이태준은 즉시 베이징으로 돌아갈 준비를 한다. 레닌으로부터 받은 남은 4만 루블의 독립자금을 전달하기 위함이었는데, 문제는 러시아 반혁명파 군대가 이태준이 머물던 곤륜까지 침탈해 들어왔다. 이태준은 힘겹게 탈출했으나 베이징으로 향하던 중 러시아 군대에 체포당하고 만다. 그리고 러시아 백군에는 일본군 장교가 참모로 동행중이었다. 그는 이태준의 행적을 누구보다 잘 알던 인물이었다. 이태준은 처형당하고 만다. 몽골의 슈바이처이자 지사들의 후원자인 의열단원 이태준이 이렇게 세상을 떠난 것이다. 그의 나이 38살의 일이다.

그러나 이태준은 마자알을 남겼다. 국경을 오가던 마자알은 이태준의 죽음에도, 약산 김원봉을 만나러 베이징으로 향했다. 우여곡절 끝에 마자알은 결국 약산과 만난다. 이 장면을 박태원은 《약산과 의열단》에 묘사했는데 다음과 같다.

"이태준 박사가 죽었다는 소식이 전해진 뒤 얼마 안 지나 약산은 동지들로부터 이상한 소문을 전해 들었다. 며칠 전부터 한 외국 청년이 북경 성내의 술집을 드나들며 조선동포만 보면 '당신

이 김원봉이라는 이를 아오?'라고 묻고, '알거든 부디 만나게 해
주오'라고 간절히 청하고 있다는 것. 약산은 '혹시나' 하며 그를
만나보았다. 역시 추측하였던 그대로 마자알이었다. 그는 이태준
에게 이야기를 듣고 약산을 만나러 그와 함께 고륜을 떠났던 거
다. 중로에 일어난 비극에 홀로 무사함을 얻었지만 자기는 예정
한 대로 북경으로 가야만 했다."

이태준이 뿌린 씨앗이 국적을 초월해 이어진 것인데, 마자알은 영화 〈밀
정〉에서처럼 실제로 의열단 2차 의거 때 큰 역할을 한다. 다행인 점은 몽
골 수도 울란바토르에 '이태준선생기념공원'이 조성됐다는 사실이다. 우
리 역사에 제대로 등장한 적도 없는 의열단원 이태준을 몽골이 먼저 기리
고 있다는 점에서, 그저 부끄럽고 죄송할 뿐이다.

5부
—
상
하
이

의열단이 와이탄에 남긴
희망과 좌절

경성을 발칵 뒤집은 김상옥 의거,
어떻게 탄생했나?

1922년 12월 상하이, 약산은 자신보다 8살 많은 김형에게 권총 3정과 실탄, 격문을 건넨다. 다른 말은 보태지 않았다. 격문과 총을 건네받은 그도 말없이 헤어졌다. 그리고 40여 일 뒤, 경성은 발칵 뒤집힌다. 약산과 헤어진 김형, 바로 의열단원 김상옥의 의거 때문이다.

1890년(89년 설도 있다)에 태어나 아버지를 일찍 여의고 어렵게 성장했다고 전해진다. 그러나 10대 중반부터 기독교에 입문하고 서울 동대문감리교회를 다닌 뒤 뜻을 펼치기 시작했다. 야학에 다니면서 공부를 이어갔고, 대한광복단에 참가하는 등 독립운동에도 가담한다. 큰돈도 만지는데, 김상옥은 한때 종업원만 50명에 가까울 정도로 규모가 큰 철물점을 운영한다. 김상옥은 이를 모두 독립운동에 쏟았다.

1919년 3.1혁명 이후 본격적으로 항일 운동에 뛰어들었다. 광복단 시절 맺은 인연으로 동지들과 함께 요인 암살을 위한 조직을 만들어 구체적인 암살 계획까지 세웠지만 중도에 탄로나 위기에 처했다. 결국 상하이로 망명해 대한민국 임시정부 요인들을 만난다. 김상옥은 동시에 약산을 만나 의열단에도 가입한다.

이후에는 결행의 연속이었다. 1922년 10월 김상옥은 서울에 잠입한다. 주목적은 사이토 총독 암살, 그런데 이듬해 1월 12일 아무도 예상하지 못했던 거사가 발생한다. 바로 종로경찰서 폭탄 의거, 주인공은 의열단원 김상옥이었다.

김상옥은 투척 사건 이후 일본 경찰의 추적을 피해 피신하던 중, 본래 목적인 사이토 총독을 암살하기 위해서도 행동한다. 일본 제국의회 참석

으로 동경으로 떠나는 사이토 총독을 서울역에서 저격할 계획을 세운 것인데, 문제는 종로경찰서 폭탄 의거로 이미 사이토 총독에 대한 삼엄한 경계가 펼쳐졌다. 서울역 주변에는 종로경찰서 의거 주인공 김상옥을 잡기 위한 일제의 촘촘한 감시망까지 펼쳐진 상황, 김상옥은 오히려 일경에 포위당하고 만다.

이때부터 역사에 길이 남을 대단한 추격전이 시작된다. 매형 고봉근의 집으로 피신한 김상옥은 일경에 포위당한다. 하지만 이내 반격해 일경에 중상을 입혔다. 그 역시도 총상을 입고 어렵게 도주하는데, 1923년 1월 22일 김상옥은 서울 종로구 효제동에서 1천여 명의 일경에게 포위당한다. 민가의 지붕을 뛰어다니며 3시간 동안 총격전을 벌였지만 총알이 다 떨어졌다. 김상옥은 마지막 남은 한발로 스스로 목숨을 끊었다. 김상옥의 시신에는 11발의 총탄이 박혀있었다.

그런데 종로경찰서 폭탄 의거를 놓고 의견이 다소 갈린 상황이다. 1923

년 의열단원 김상옥의 국내 잠입 주목적은 사이토 총독 암살이었다. 거사를 앞두고 종로경찰서 폭탄 의거가 먼저 발생했다. 자칫 일제의 감시망만 더 촘촘하게 만들 가능성만 높아진 상황, 실제로 일본으로 돌아가는 사이토 총독에 대한 경비가 더 삼엄해졌다. 김상옥 의사가 교전 중 자결했기 때문에 일제는 그를 심문할 수 없었다. 당시 총독부는 효제동 총격 사건 후 '김상옥이 폭탄 투척 사건의 범인인지는 확실하지 않다'는 공식 발표를 했다.

김상옥 사후 1년 뒤인 1924년, 김상옥과 가까웠던 임시정부 국무위원 조소앙 선생은 그의 전기를 집필했다. 당시 중학생이던 서양화가 구본웅이 김상옥 의사의 총격전을 직접 목격해 시화집《허둔기》에 스케치와 추모시를 함께 실었는데, 이는 일제강점기 독립투사 최후의 순국 장면을 담은 유일한 작품으로 평가받고 있다.

1988년 서울특별시 종로구에 김상옥 의거 터 표석이 설치되었다. 1998년에는 대학로 마로니에 공원에 동상이 설치됐다. 최근에는 대학로로 향하는 길 버스정류장 이름이 김상옥 생가 터로 바뀌기도 했다.

01

의열단을 생각하며 야경을 보다
와이탄

🗺 여기는

상하이는 약산이 의열단 창설 이후에 가장 오랜 기간 머문 장소다. 그러나 흔적이 없다. 1923년 8월에 작성된 상하이 총영사의 보고문에 따르면 의열단 상하이 본부가 영창리 190호로 돼 있지만, 이마저도 정확한 장소가 특정되지 않는다. 임정로드와 약산로드를 쓰면서 마치 출입구처럼 드나들던 곳이 상하이다. 하지만 와이탄 김익상 의거지와 그가 잡혀간 상하이 총영사관 자리를 제외하면 약산과 의열단이 관련된 유적지가 거의 남아 있지 않다.

　단재 신채호 선생이 의열단원 류자명 선생과 함께 〈조선혁명선언〉을 썼다는 의열단 상하이 본부도, 헝가리인 마자알이 폭탄을 만들었다는 곳도 어딘지 확인되지 않는다. 일요일이면 의열단원들이 모여 권총 사격 연습을 했다는 상하이 교외 서가회라는 곳도 마찬가지다. 어디인지 정확히 알려지지 않았다. 약산 이하 단원들 모두가 신출귀몰했던 탓에 흔적을 남기지 않은 것도 이유가 되지만, 한편으론 약산과 의열단에 대한 우리의 연구가 그만큼 부족했기 때문이기도 하다.

2019년 6월 1일, 다시 와이탄에 섰다. 이번에는 혼자가 아닌 〈임정로드 탐방단〉이라는 이름을 걸고 여러 시민과 함께 그 자리에 섰다.

> "저희가 서 있는 이곳이, 1922년 3월 28일 의열단원 김익상이 의
> 열단원 오성륜, 이종암과 함께 일본육군대장 다나카 기이치를 처
> 단하기 위해 의거를 일으킨 장소입니다."

와이탄에 방문한 날은 토요일 오후 6시 경이이었다. 수만 인파가 아시아에서 가장 아름답다는 상하이 야경을 감상하기 위해 이미 와이탄을 가득 메운 상태였다. 자리를 잡고 아무리 설명해도 인파의 빠른 흐름만큼 의열단의 유일한 흔적도 사라져버린 것 같았다. 작은 표석이라도 하나 있다면 부여잡고 이야기를 해보런만 방법이 없었다. 결국 '외백대교 너머에 보이는 저 분홍색 아치형 건물이 김익상 의사가 의거 후 잡혀간 곳'이라는 말을 하며 와이탄에서의 짧은 행보를 마쳤다. 그러나 와이탄은 단순히 야경만 아름다운 곳이 아니다. 우리에겐 상하이에 남은 거의 유일한 의열단 유적지. 특히 김익상의 이름을 다시 한번 꺼내 들어야 하는데, 1921년 9월 조선총독부 폭탄 의거를 홀로 성공시킨 인물이다. 위로하는 동료들을 향

1920년대 상하이 일찍부터 국제도시로 이름 높았던 상하이 와이탄의 1928년 모습과 상하이 시내 중심가인 구강로 거리의 1920년대 모습이다. (위키미디어)

해 '쓸데없는 소리 하지 말라'며 '1주일 안에 돌아온다'는 말을 남기고 떠났다. 그는 약속을 지켰다.

1922년 의열단 상하이 본부에 약산 이하 단원들이 모였다. 일본의 전 육군 대신이며 육군 대장인 다나카 기이치田中義一가 필리핀을 거쳐 상하이에 도착한다는 첩보가 접수됐기 때문이다. 의열단원들은 흥분했다. 다시 한번 조국 독립을 위해 의미 있는 걸음을 이어갈 수 있다고 생각했다. 김익상을 포함해 오성륜, 이종암 등 모두가 자신이 의거를 실행하겠다고 외쳤다. 누구 하나 양보하지 않자 오성륜은 김익상을 향해 아래와 같이 말한다.

"자네는 큰일을 한 번 해보지 않았나? 이번에는 내가 좀 해보세."

약산은 고민 끝에 1차 저격은 오성륜이 담당하고, 만약의 실패를 대비한 2선을 김익상에게, 3선은 이종암에게 맡겼다.

거사 당일인 3월 28일 황푸탄 공공마두에 다나카를 태운 배가 육중한 몸을 갖다 대었다. 중국인, 조선인, 미국인, 영국인, 인도인, 일본인 등 수만 인파가 황푸탄을 가득 메웠다. 그러나 세 사람은 자리를 지키며 다나카 기이치를 기다렸다. 마침내 기이치가 내려온다. 오성륜은 안쪽 주머니에서 준비하고 있던 단총을 꺼내 들고 방아쇠를 당겼다. 의열단 최고 저격수였던 오성륜은 방아쇠를 당기는 순간 성공을 확신했다. 이내 '독립만세'를 외쳤다. 그러나 오발이었다. 수만 군중 속에 밀린 금발 여성이 그 순간 다나카 앞을 지나며 대신 총을 맞은 것이다. 김익상은 급히 군중을 헤치며 도망치는 다나카를 향해 총탄 두 방을 더 날린다. 불행히도 총탄은 다카나의 모자를 꿰뚫었을 뿐이다. 김익상이 폭탄을 꺼내 던졌지만 불발이다. 3선에 있던 이종암도 폭탄을 던졌지만 이미 차는 떠나고 현장에 있던 군인이 폭탄을 발로 차 바다에 넣었다.

심혈을 기울여 준비한 거사는 실패하고 말았다. 3선에 있던 이종암은 재빨리 외투를 벗고 현장을 벗어났다. 김익상과 오성륜은 그리하질 못했다. 와이탄 사이 주장로九江路를 지나 쓰촨로四川路로 달아났으나 경찰의 추격을 이겨내지 못했다. 두 사람은 공동조계 공부국으로 끌려가 하룻밤을 보낸 뒤 다음날 오전 일본 총영사관으로 이감된다. 와이탄에서 바라볼 때 외백대교 우측 분홍색 건물이 일본총영사관이다.

김익상은 4월 1일 그곳에서 예심을 마치고 5월 3일 일본 나가사키로 압송되어 9월 25일 나가사키지방재판소에서 무기징역을 언도받았으나, 검사의 공소로 공소원控訴院에서 사형이 언도되었다. 재판 과정에서 김익상은 마지막까지 그다운 명언을 남기는데, 재판장이 '무엇이든 피고에게 이익이 되는 증거가 있으면 말하라'고 하자 김익상은 '나의 이익이 되는 점은 오직 조선의 독립뿐이오.'라는 말을 한다.

옥에 갇힌 김익상은 그 후 21년을 감옥에서 보낸다. 누차 감형되었음에도 21년의 옥고를 치룬 것인데, 석방 후 고향으로 돌아왔으나 그에겐 아무도 남아있지 않았다. 평생을 옥중에서 보냈기 때문인데, 그는 담담히 현실을 받아들였다. 그러나 일제는 다시 고향에 돌아온 그를 가만히 두지 않았다. 그가 출옥한지 오래지 않아 형사가 찾아와서 그를 소리 없이 데려갔다. 그것이 김익상 의사의 마지막 걸음이었다. 그러나 김익상의 죽음을 놓고 여전히 의견이 갈리고 있다. 일부는 '김익상이 궐석재판에서 사형을 언도받아서 다시 체포당했고 사형당했다'라고 주장하고, 일부는 행방불명이라고 주장하고 있다. 약산은 후자에 가까운데, 박태원 선생에게 '출옥한지 오래지 않아 형사가 찾아왔고 그것이 마지막이었다'라고 말했다. 이 말을 할 때 약산은 눈을 감으며 비장한 표정을 지었다고 박태원은 덧붙였다.

개인적으로 수많은 의열단원 중 필자가 약산만큼 아끼고 좋아하는 인물이 바로 김익상이다. 실제로 그의 기록을 좇아 와이탄과 왜성 총독부 건물

등을 탐방했는데 그중 백미는 역시 의거 후 그가 구금됐던 상하이 일본영사관이었다. 와이탄 북단에 위치한 일본영사관 터, 지금은 분홍빛의 외관만 남아있는 상황이다. 문제는 영사관 앞쪽에 중국 군부대가 위치한 탓에 들어갈 수 없다. 그저 멀리서 외관 건물만 확인할 수 있을 뿐이다. 와이탄 북쪽 외백대교를 지나면 최대한 근접한 위치까지 확인할 수 있다.

 김익상의 의거지 와이탄은 상하이를 방문한 관광객이라면 반드시 찾는 곳 중 하나다. 한때 상하이와 동의어라 불릴 정도로 상하이에서 가장 유명한 장소다. 상하이, 더 나아가서는 중국 근대의 출발점이라 생각해도 좋다. 1873년, 영국 영사관이 이곳 와이탄外滩에 생기면서 와이탄을 형성하는 다른 건물들도 잇따라 세워졌다. 비록 외세의 압력 때문이기는 했지만 와이탄은 자연스레 중국에서 가장 멋스러운 장소로 거듭났다. 무엇보다 지금은 와이탄 건너편 푸동지구에 거대한 빌딩 숲까지 생기면서 와이탄 일대는 아시아에서 가장 아름다운 야경을 지닌 장소로 변모했다. 이런 와이탄 한가운데 위치한 '공공마두公共碼頭', 과거에는 '세관마두稅關碼頭'라 불린 이곳이 의열단원 김익상과 오성륜, 이종암의 의거 장소이다. 와이탄 중앙에 위치한 황소상 뒤쪽으로 보면 된다.

✪ 놓치지 말아야 할 사실: 오성륜은 왜 변절했나?

황포탄 의거 당시 김익상과 함께 체포된 오성륜은 천운으로 상하이 총영사관에서 탈출했다. 약산 역시 그의 탈출을 놓고 '천운'이라는 표현까지 써가며 운이 좋아 탈출했다고 평가했다. 당시 오성륜의 탈옥을 도운 사람은 일본인이었다. 이후 오성륜은 모스크바로 건너가 모스크바공산대학에서 공부한다. 아나키스트였던 오성륜이 소련식 사회주의자로 변화하는 계기가 됐는데, 1923년 블라디보스토크로 돌아온 오성륜은 임시정부 국무총리 출신 이동휘와 함께 적기단赤旗團에 참여한다. 1926년부터는 1차 국공합작으로 만들어진 황포군관학교에서 러시아어 교관으로 활동한다. 1927년에는 김산과 함께 광동코뮌에도 참여하는데, 눈앞에서 수천 명의 중국인과 한인 청년이 죽어 나가는 현장을 목도한다. 이후 오성륜은 더욱 적극적으로 당 활동에 매진한다. 1929년 다시 만주로 건너가 계속해서 중국공산당 조직 활동을 이어가는데, 1930년대 만주 지역에서 크게 이름을 떨친 동만특위 서기 위증민魏拯民 밑에서 위원을 지냈다. 잘 알겠지만 위증민은 우리가 앞서 의열단이 탄생한 지린시에서 살핀 북산공원 - 혁명열사기념관의 주인공이다. 오성륜이 동북지역 항일운동의 주역임을 유추할 수 있는 부분이다. 그러나 1930년대 후반 만주 지역에서 크게 위세를 떨친 동북항일연군東北抗日聯軍의 제1로군 군수처장으로 승진하였으나, 1941년 1월 일본 관동군과 간도특설대, 만주국 경찰의 토벌 작전에 쫓겨 결국 투항하였다. 이후 오성륜의 행방은 정확히 기록되지 않았다. 아마도 투항하고 변절했다는 부끄러움 때문에 해방 때까지 특별히 드러나는 행적을 보이지 않았을 가능성이 높은데, 현재까지는 두 가지로 설이 나뉜다.

해방 때까지 완전히 친일파로 전향해 만주국 치안부 고문을 지내다 일제가 패망한 뒤 변절자라는 낙인이 찍혀 인민재판을 거쳐 타살됐다는 이야기. 두 번째는 변절한 뒤 해방을 맞이했고, 조용히 지내다 1947년 네이

명구 자치구에서 병사하였다는 설도 있다. 어찌 됐든 의열단 핵심 단원이자 김산의 둘도 없는 친구였던 오성륜의 말로가 변절로 이어졌다는 점에서 안타깝고 아쉬울 뿐이다.

오성륜이 활동한 동북항일연군은 1936년 중국 공산당의 지도 아래 만주에서 만들어진 항일 군사조직으로 한중 합작 군대였다. 지린시의 영웅 위증민이 중추적인 역할을 맡았지만 동시에 조선인 출신 중에 오성륜도 큰역할을 했다. 당시 동북항일연군에는 김일성을 비롯해 김책, 최용건 등도 참여했다. 그러나 동북항일연군도 1930년대 후반 일본 관동군의 대대적인 공세에 의해 1942년 최종적으로 소멸했다.

🚶 어떻게 갈까

《임정로드 4000km》에서 필자는 와이탄 가는 방법을 상하이 지하철 2호선을 타고 난징동루역 2번 출구로 나와 황포 방면으로 10분 정도 걸어가라고 했다. 그러다보면 와이탄의 명물 황소상을 만나게 되고, 그 위쪽이 김익상 의사의 의거지 공공마두라 적었다. 그곳에서 북쪽에 위치한 외백대교 우측에 분홍색 건물이 옛 상하이 일본총영사관이라 덧붙였다. 한 가지 더 추가하고자 한다. 난징동루 뒤쪽에 위치한 영안백화점이다. 와이탄으로 야경을 보러 가기 전 꼭 들리자. 난징동루를 걸어서 10분 거리다. 이유는 다음 글을 참고 바란다.

1919년 3.1혁명의 열화와 같은 열기 속에 탄생한 대한민국 임시정부는 매년 1월 1일 모여 조국 독립의 방향을 논의했다. 1921년 1월 1일 역시 마찬가지다. 지사들은 회합을 가진 뒤 기념사진을 찍었다. 그곳이 바로 와이탄 가는 길에 위치한 난징동루 영안백화점 옥상이다. 그 귀한 장소가 여전히 그 모습 그대로 남아있다. 현재는 직접 영안백화점에 사전 신청한 단체에게만 현장을 개방하고 있는데, 1층에서도 옥상을 바라볼 수 있어서 멀리

1921년 1월 1일 신년기념사진 1줄 왼쪽에서 세 번째 백범 김구를 비롯, 신익희, 신규식, 이시영, 이동휘, 손정도, 이동녕, 안창호 등 애국지사들의 모습이 감격스럽다.

서나마 옛모습을 볼 수 있기는 하다.

이 사진이 귀한 이유는 1921년 당시 애국지사들의 모습을 온전히 확인할 수 있기 때문이다. 하단에 '대한민국 3년 1월 1일, 임시정부 및 임시의정원 신년축하'라고 적힌 사진에는, 카이저수염을 기른 약간 앳된 모습의 김구 선생이 두 손을 곱게 모은 채 앉아 있는 모습을 확인할 수 있다. 그 뒤로 신익희, 김철, 신규식, 이시영, 이동휘, 이승만, 손정도, 이동녕, 안창호 선생 등이 팔짱을 낀 채 정면을 응시하고 있다. 아마도 누군가 그렇게 해달라고 요구했을 터. 2019년 기준 정확히 98년 전인 1921년 1월 1일, 대한민국 임시정부 소속 애국지사들 모습 그대로다.

※ 상하이 와이탄에서 놓쳐선 안 되는 즐거움, '상해야중上海夜中**'**
김익상 의거지와 김익상 의사의 구금지인 상하이 총영사관, 상하

이 야경을 한 번에 보는 방법이 있다. 바로 상하이 와이탄에서 유람선을 타는 것이다. 120위안이라는 가격이 다소 부담될 수 있지만 시간과 노력을 들일만 하다. 개인적으로 완전히 어두워졌을 때 유람선을 타는 것보다 해지기 직전 유람선을 타고 이동하면서 서서히 어두워지는 야경을 감상하길 추천한다. 김익상 의사 의거지는 시계탑 건물 인근이다. 유람선을 타면 배를 타고 들어왔을 당시 상황을 간접적으로나마 느낄 수 있다. 표지석 하나 없는 의거지, 바라보는 것만으로도 헛헛한 마음이 밀려온다. 야경 가운데 우리 애국지사의 흔적을 느껴보길 바란다. 다만 유람선 타는 곳이 상하이 와이탄 중심에서 꽤 멀다. 처음부터 예원豫园역 1번 출구로 나와 황푸강 방면으로 방향을 잡고 이동하자. 작은 고성공원古城公园 맞은편에 지하로 통하는 매표소가 보인다.

'조선혁명선언'이 상하이에서 만들어진 이유
우리가 잘 몰랐던 의열단원 류자명의 노고

베이징 신채호 선생 편에서 강조했듯 의열단 정신을 담은 〈조선혁명선언〉
이 완성된 곳은 1923년 1월 상하이에서다. 베이징에 머물던 단재 신채호
는 약산의 청을 받고 상하이 의열단 본부로 건너와 단원들을 만나고 의열
단의 시설을 살핀다. 이후에 한 달 동안의 집필 과정을 거쳐 〈조선혁명선
언〉을 완성하는데, 애석하게도 〈조선혁명선언〉이 완성된 장소는 어딘지 알
수 없다. 다만 단재가 〈조선혁명선언〉을 집필하는 과정에 그의 곁에 중요
한 인물 한 명이 더 있었다. 우리가 잊어서는 안 되는 인물, 바로 의열단원
류자명 지사다.

　우근友槿 류자명, 약산보다 4살 많은 1894년생으로 본명은 류흥식이다.
충북 충주 출신으로 단재가 어린 시절을 보냈던 충북 청주에서 멀지 않은
곳에서 태어나고 자랐다. 중국 망명은 다른 지사들보다 많이 늦었다. 중국

우근 류자명 지사

을 떠나는 것 역시 누구보다 늦었다. 결국 중국에서 생을 마쳤다.

경기도 수원에 위치한 수원 고등농림학교 졸업한 후에 고향으로 돌아와 충주 간이농업학교 교사로 근무하던 중 1919년 3.1혁명에 자연스레 가담했다. 하지만 이 일을 계기로 일제 경찰의 감시를 당했고, 중국으로 망명하게 됐다. 우근의 선택지는 상하이였다.

제국의 태양이 지고 민국의 새 아침이 밝은 상하이, 우근은 대한민국 임시정부 충청도 대표의원으로 선출돼 활동을 시작했다. 그러나 그 생활은 길지 않았다. 자신이 생각한 임시정부의 모습과 현실에서 너무나도 큰 차이를 보였다.

무엇보다 동경제국대학 시절 접한 아나키즘을 실천하기 위해서는 일제의 군국주의를 혁파해야 하는데, 임정의 외교론은 현실과는 너무나도 동떨어져 보였다. 우근은 일본에서 아나키즘을 접한 뒤 일본 군국주의가 한중일 삼국의 조화로움을 방해한다고 결론 내렸다. 그것이 사라져야 한중일의 평화가 정착되리라 믿었다. 이를 위한 실천 방법은 무장투쟁뿐이라 믿었다.

대한민국 임시정부 소속 우근 류자명은 의열단 의백 약산 김원봉을 만난 뒤 누구보다 냉철한 전략가의 면모를 보인다. 우근은 상하이에서 의열단원이 된다. 이후에는 단재 신채호와 우당 이회영 등 아나키즘과 무장투쟁론을 강조하는 지사들이 함께했다. 우근이 걸어온 길을 생각하면 당연한 결과였는데, 우근은 특히 단재와 더 가까웠다. 충북이 동향이라는 공통점도 있었지만 기본적으로 천재 소리를 듣던 단재와 시론을 이야기할 정도의 혜안을 지녔기 때문이다.

재밌는 점은 1920년대 우근을 약산에게 소개한 인물이 바로 나석주 의사다. 그리고 나석주 의사를 의열단에 소개한 인물이 심산 김창숙 선생이다. 나석주 의사는 백범의 소개로 심산을 만났다. 당시 나석주 의사는 김구 선생의 직속 부하로 대한민국 임시정부 경무국 경호관 직책을 갖고 있었다.

관계를 곰곰이 따져보면 1926년 의열단원 나석주 의사의 조선식산은행 및 동양척식회사 의거가 어떻게 탄생했는지를 유추할 수 있는 부분이다. 심산 김창숙은 상하이에서 백범에게 나석주를 소개받은 뒤, 톈진으로 건너가 류자명과 나석주를 만나서 의거를 구체화했다. 이후 1926년 12월 마침내 경제 수탈의 주범 조선식산은행 및 동양척식회사 의거가 이뤄졌다. 의거 후 나석주 의사는 총으로 자결을 시도했고 일경에 의해 병원으로 후송됐으나, 순국했다.

다시 우근으로 돌아와, 우근 류자명은 철저한 학자 스타일이었다. 이 때문에 의거 현장의 중심에 서진 않았다. 류자명이라는 이름도, 의열단 전략가로서 쓴 가명인데 굳어져 버린 것이다. 본인 역시 이를 잘 알았다. 그래서 자신이 가장 잘 할 수 있는 부분을 찾았다. 1920년대 초중반 지속적으로 이어진 의열투쟁을 준비했고, 이론을 정립했다. 약산이 탁월한 이론가

나석주 의사의 의거 1926년 나석주 의사는 류자명과 만나 경제 수탈의 주범이었던 조선식산은행과 동양척식회사 의거를 논의하고 실행했다.

인 류자명을 신채호와 합숙케 하여 〈조선혁명선언〉을 작성하는 데 이념적인 뒷받침을 하도록 자신 있게 맡겼던 이유이기도 하다. 우근은 실제로 이러한 역할을 완벽하게 소화했다.

우근은 약산이 의열단 동지들과 황포군관학교에 입교하고 나서도 의열투쟁의 준비과정을 이끌었다. 나석주 의사의 의거가 가능했던 이유다.

황포군관학교를 마친 뒤 난창봉기 이후 상하이로 돌아온 약산은 우근을 다시 만나 1927년 5월 우한으로 이동한다. 우한에서는 동방 피압박민족연합회가 조직되었는데, 우근은 김규식, 이검운 등과 함께 조선 대표로 참가했다. 이후 류자명은 박찬익의 부탁으로 쑨원 학설의 번역작업을 맡았다. 이것이 인연이 돼 중국 고위 관료들과 깊은 관계를 형성했다. 중국국민당 중앙당 부선전부장인 엽초창葉楚槍과 중앙통신사를 경영하는 원소선袁紹先 등과 교류했다. 특히 원소선과 가까웠는데, 원소선은 1929년 신해혁명의 희생자를 기념하는 농장을 설립하며 류자명에게 농업생산지도를 부탁했다. 이것이 계기가 돼 훗날 류자명은 농학자의 길을 걷게 된다.

또 류자명의 핵심적인 역할 중 하나는 바로 '가교' 역할이다. 입달학원立達學院에서 농학자 활동과 함께 중국인 아나키스트와 연합하여 한·중 공동전선의 매개체 구실을 하였다. 동시에 '남화한인청년연맹'을 결성해 의장 겸 대외책임자로 활동했다. 이를 바탕으로 류자명은 1930년 후반 재중 한인 혁명세력의 통합에 집중했다. 특히 난징에서는 약산의 조선혁명당과 김성숙의 조선민족해방동맹, 최창익의 조선청년전위동맹 등이 하나로 통합하는 데 큰 역할을 했다. 바로 1937년 조선민족전선연맹이 결성된 것이다. 여기에는 류자명의 조선무정부주의자연맹도 참가했다. 류자명의 역할은 임정에서도 계속된다. 1944년 4월, 임시정부 제5차 개헌에 앞서 조소앙 등과 7인 헌법 기초위원을 맡아 활동한다.

그러나 류자명은 조국으로 돌아오지 못한다. 해방 후 귀국을 결심했으나 6.25 전쟁으로 기회를 놓쳤다. 결국 귀국이 미뤄지면서 창사長沙로 거처를 옮겼고 호남대학에서 교수 생활을 하면서 농학자의 길을 걷는다. 애국지사 류자명이 타국의 농업학자가 된 까닭이다. 2013년 류자명의 제자들은 성금을 모아 현재의 호남농업대학(구 호남대학)에 류자명 전시실을 만들고 동상을 세웠다. 그가 학생들에게 어떤 존재였는지 다시 한번 드러나는 부분이다.

6부

___

난징

김시현, 윤세주, 정율성 그리고 이육사, 우리가 잘 몰랐던 의열단원들

01

다시 오른 천녕사, 그곳을 찾는 사람들
"일본의 개가 되느니 목숨을 건다"

📍 여기는

중국 난징 중심에서 차로 한 시간 거리에 천녕사라는 도교 사원이 있다. 1930년대 초중반 약산 김원봉이 항일 독립투사를 길러내기 위해 설립한 조선혁명간부학교 3기생들이 훈련받던 장소다. 지금은 다 쓰러져가는 건물만 덩그러니 남아 있다. 독립기념관이 소개한 내용도 다르지 않다.

> "천녕사는 사람들이 거의 찾지 않아 폐허지로 변하였다. 그러나 정문 주춧돌과 두 그루의 오동나무는 옛날의 흔적을 그대로 간직하고 있다. 또한 건축물의 흔적이 주변에 남아 있고, 현판에는 '천녕사'라는 글씨가 희미하게 남아 있다."(2019년 8월, 확인한 결과 오동나무 대신 플라타너스가 심어져 있다.)

폐허로 전락한 이곳에서 조선 청년 44명이 모여 군사훈련을 받고 독립투사가 됐다. 지금은 자취조차 찾을 수 없는 1기와 2기 훈련지에서 교육받았던 인원을 합치면 총 125명의 조선 청년들이 난징까지 와서 훈련을 받고 군인이 된 것이다. 왜 그랬을까? 이유는 단순하다. 내 손으로 완전한 조국 독립을 이루고 싶었기 때문이다. 그중 한 명이 바로 우리에게 너무나 익숙한 시인 이육사다. 이육사, 흔히들 일제강점기 저항 시인으로만 알지만, 육사의 직업은 독립운동가다. 일본 유학 시절부터 애국지사 박열과 함께 아나키스트 단체인 흑우회 회원으로 활동했다. 기자 생활도 했다. 중국으로 건너온 뒤에 기자 시절 친분을 쌓은 석정 윤세주를 만나 의열단에 가입하고 조선혁명간부학교 1기생으로 입교했다. 그를 난징으로 이끈 것이 영화 〈밀정〉에서 영화배우 공유가 연기했던 의열단원 김시현 선생이다.

육사는 1933년 조선혁명간부학교를 졸업한 뒤 7월에 국내로 잠입한다. 하지만 1934년 3월 이 학교 출신임이 드러나 구속된다. 육사는 독립운동가로 살아가는 내내 17번 투옥됐고, 마지막 투옥에서 건강이 악화돼 베이징 일본총영사관 감옥이었던 동창후통 1호에서 순국했다. 해방을 불과 1년 앞둔 1944년 1월 16일 새벽의 일이다. 육사가 조선혁명간부학교를 졸업한 뒤, 1기 때 함께 훈련을 받은 석정 윤세주는 2기 교관이 됐다. 2기엔 조선이 낳은 천재 작곡가, 중국의 애국가와 같은 〈중국인민해방군가〉를 만든 정율성도 있었다. 당시 정율성의 이름은 정부은. 조선혁명간부학교 교장이었던 약산 김원봉은 그의 재능을 알아보고 음악으로 성공하라는 뜻으로 '율성律成'이라는 이름을 지어줬다. 그러나 육사와 율성이 독립투사가 됐던 조선혁명간부학교 1기와 2기 훈련장소는 찾을 수가 없다. 일제의 공습 및 도시 개발 등으로 모두 사라졌다. 난징 외곽에 있는 천녕사만 이제 조선혁명간부학교와 관련한 유일한 유적지로 남아있다.

난징 외곽 황룡산 기슭에 위치한 천녕사, 약산로드 탐방지 중 찾아가기 가장 어려운 장소다. 지금까지 수차례 천녕사를 찾을 때마다 최대한 지하철과 버스 등을 이용해 가려 했지만 번번이 실패했다. 아예 대중교통이 없다고 보면 된다. 택시를 이용해 물어물어 찾아가야 하는데, 이 또한 황룡산

입구 근처에 있는 스다오옌四道堰水库 저수지로 방향을 잡고 이동한 뒤, 그곳에서 내려 입구도 없는 산기슭을 따라 한참을 걸어 올라가야 한다. 문제는 건물과 건물 사이에 위치한 유일한 출구인 소로를 발견하지 못하면 힘들게 가놓고도 아예 오르는 길을 못 찾을 수도 있다는 것이다.

20여 분 정도 황룡산에 오르면 플라타너스 두 그루 뒤쪽에 자리한 천녕사를 발견하게 된다. 보는 순간 한숨부터 나온다. 잔뜩 기대하고 올라갔건만 눈에 들어오는 천녕사의 모습은 너무나 초라하다. 바라보고 있으면 '과연 이런 곳에서 어떻게 생활하고 훈련받았을까'라는 생각이 절로 인다. 이마저도 3기생들이 훈련받았던 장소에 주춧돌만 남기고 1980년대에 다시 올린 건물이다. 조선 청년들이 조국 독립을 위해 목숨 바쳐 훈련받던 현장을, 우리가 얼마나 몰랐고 외면했는지 그대로 증명하는 장소다.

그런데 이곳을 찾는 시민들의 걸음이 계속 이어지고 있다. 기자가 지난해 여름 방문했을 때와 지난 6월에 방문했을 때를 비교해 보니 그 차이가 더욱 분명하다. 페이스북과 인스타그램 등 SNS에는 천녕사를 방문했다는 인증 사진이 꾸준히 올라오고 있다.

대한민국 임시정부 수립 및 의열단 창립 100주년을 맞아 여러 시민의 노력으로 조금씩 알려진 까닭이다. 이 중에는 오마이뉴스도 있다. 탐방단을 꾸려 현장으로 시민들과 함께 이동하고 있다. 지난 6월에 1기 임정로드 탐방단이라는 이름으로 조선혁명간부학교를 찾은 한 선생님의 말이다.

"정도의 차이는 있지만, 조선혁명간부학교 출신들은 보통 3개 국어를 한다고 들었다. 육사만 해도 우리말과 일본어, 중국어에 능통했다. 이 말은 조선 땅에서 자신의 뜻만 어느 정도 굽히고 일제에 부역하면 호의호식하며 편하게 살 수 있다는 뜻인데, 그들은 모든 기득권을 포기하고 수만 리 떨어진 이곳까지 와서 훈련받았다. 말 그대로 일제의 개가 되느니 고난을 택한 거다. 이 얼마나 죄송하고 미안한 일이냐. 늦게라도 술 한 잔 올리고 싶었다."

여름에 천녕사에 가면 산 모기가 기승을 부린다. 모기뿐 아니라 중국의 3대 화로라 불리는 난징답게, 습하고 뜨거운 날씨가 끔찍할 정도다. 잠시만 서 있어도 땀이 비 오듯 쏟아진다. 하지만 이곳에서 훈련받은 청년들은 인내했고, 이겨냈다. 그리곤 학교의 설립목표인 '한국의 완전한 자주독립'을 위해 국내와 만주로 파견돼 일제의 요인들을 암살하고, 특무활동을 위한 물자 획득에 매진했다. 민중들의 의식을 고취하기 위해서도 활동했다. 이후엔 이들 중 많은 이들이 조선의용대 대원이 되고 광복군으로 거듭났다. 하지만 김원봉이 만든 조선혁명간부학교 출신이라는 이유로 우리 역사에서 큰 주목을 받지 못했다. 그것이 의열단 100주년인 올해까지 이어진 것이다.

✪ 놓치지 말아야 할 사실

육사를 비롯해 율성 등 조선혁명간부학교 출신 125명의 청년은 무엇을 배웠을까? 교명에서 드러나듯 간부급의 완성된 독립투사를 길러내기 위한 교육이 집중됐다. 지금의 사관학교에서 배우는 것과 큰 차이가 없을 정도다. 정치학을 시작으로 경제학, 사회학, 철학 등이 중요과목으로 채택됐다. 군사 과목과 실습과목으로 보병 조전과 폭탄 제조법, 측도, 축성학, 기관총 조법, 폭탄이용법, 실탄 사격, 부대 교련도 중시됐다. 약산은 교장이면서 동시에 철학을 가르치는 교관으로 활동했다. 정치학 역시 매우 중요하게 여겨졌는데, 직전까지 레닌주의정치학교에서 강조된 공산주의 혁명 논리가 생도들의 주요한 토론 거리로 작용했다. 또 간부급 인원들 육성을 목표로 하는 만큼 정보와 첩보, 파괴, 선동 등 특작 임무를 위한 훈련도 병행됐다.

6개월의 훈련 기간이 오히려 부족할 정도였는데, 생도들은 6시에 기상해 밤 9시 취침 때까지 매우 빡빡한 생활을 이어가야만 했다.

　재밌는 점은 육사가 약산을 평가한 부분이다. 석정에게 깊은 애정을 드러낸 육사였지만, 약산에게는 '중국의 부르주아계급과 야합한다. 사상이 애매하고 비계급적이다'라는 평가를 했다. 중국 국민당 정부의 지원을 받는(공산당과 거리를 둔) 약산이 육사 입장에서는 '혁명적 정조를 의심할 수밖에 없는 인물'이었던 것이다. 2019년 현재, 자유한국당과 바른미래당을 중심으로 한 보수 야당이 약산을 '뼛속까지 빨갱이'이라고 지적하는 것을 보면 육사의 평가는 아이러니일 수밖에 없다. 육사 입장에서 약산은 오히려 공산주의적 사고가 부족한 부르주아의 마인드를 가진 인물이었던 것이다. 참고로 1933년 4월 육사는 조선혁명간부학교 졸업과 동시에 약산에게 국내의 노동자 농민에게 혁명 의식을 고취시키고, 2기생을 모집해 보내라는 명령을 받고 국내로 잠입한다. 육사는 돌아와 조선일보 대구지국에 복귀해 언론 활동을 이어가며 직간접적으로 약산의 명령을 수행했다.

🚶 어떻게 갈까

앞서 강조한 대로 혼자 천녕사를 찾아가기란 쉬운 일이 아니다. 언어만 된다면 택시를 이용하거나 중국판 우버(타다)인 '띠디츄싱滴滴出行'을 타고 우선 스다오옌四道堰水库 저수지까지 가면 된다. 그곳에서 황룡산 중턱으로 오르는 입구를 찾아 천녕사를 향해 오르면 된다. 하지만 도착해서도 문제다. 어렵게 올라갔다 오면 다시 시내로 돌아갈 것이 까마득하다. 스다오옌 저수지 인근에서는 택시가 잡히지 않는다. 필자의 경우 방법이 없어 근처 버스정류장까지 히치하이킹을 했다. 걸어갈 경우 2km 이상 거리다. 당시엔 버스정류장 인근에서 겨우 택시를 잡아타고 시내로 돌아왔다. 택시를 보내지 않고 반나절 정도 대절해 다니는 방법도 있지만 요금이 다소 부담스럽다. 그래도 4인 정도라면 추천한다. 그럼 어떻게 가야 할까?

《임정로드 4000km》에서는 아래와 같은 3가지 방법을 제시했다. 1) 난 징 시내에서 택시를 타고 스다오엔 저수지四道堰水库까지 바로 간다. 2) 난 징 시내에서 지하철 1호선 롱미엔따다오역龙眠大道站까지 이동한 뒤, 택 시를 타고 스다오엔저수지까지 이동한다. 3) 지하철 1호선 롱미엔따다오 역龙眠大道站까지 이동 후, 역 근처에서 버스를 타고 천녕사 근방 3km까지 이동한 다음 걸어서 이동한다.

임정로드 출간 후 많은 이들이 천녕사를 방문하고 있지만 단 한 명도 지 하철과 버스를 타고 이동했다는 사람을 만나지 못했다. 개별적으로 이동 할 경우 전부 택시를 타고 이동했다. 필자의 추천은 그룹 이동이다. 오마이

천녕사 찾아가는 길 우선 택시나 버스로 스다오엔 저수지 입 구까지 간 다음, 저수지 입구에서 다시 천녕사 입구까지 도 보로 이동해 작은 산길을 따라 올라가야 천녕사에 도착한다.

뉴스가 주관하는 〈임정로드 탐방단〉이 되는 것도 방법이다. 혹은 다른 그룹과 함께 가는 것도 좋다. 부득이하게 혼자 가야 한다면 택시를 타고 가자. 최대한 이른 아침에 나와서 낮에 둘러보고 돌아갈 것을 추천한다. 혹시라도 천녕사에서 한국 사람들을 만난다면 지하철 등을 이용할 수 있는 시내까지라도 최대한 함께 이동하자.

  2019년 8월 임정로드 탐방단을 이끌고 천녕사를 다시 찾았다. 그 사이 입구에 큰 변화가 생겼다. 그토록 바라마지 않았던 표식이 천녕사 입구에 자리하고 있었다. 그것도 우리나라 청소년들이 자발적으로 만든 표식이었다. 아이들은 누구나 헷갈리는 입구에 표식을 붙여놓았다. 이런 귀한 일을 한 친구들은 〈김포청소년역사문화탐구단〉 소속이다. 표식에는 '김원봉, 이육사, 윤세주, 정율성 등이 활동한 조선혁명군사정치간부학교'라고 적혀 있다. 더욱 놀라운 점은 천녕사 입구에 형형색색의 바람개비를 세워 두었다. 마치 125명의 조선혁명간부학교 출신 청년들을 위로하는 것 같은 바람개비였다. 우리가 천녕사에 반드시 가야 할 이유가 몇 가지나 더 생겼다. 그저 고마울 뿐이다.

잘린 허로 남긴
의열단원 김시현의 마지막 말

학우鶴右 김시현, 안동에 있는 학가산 우측에서 태어났다는 이유로 스스로를 학우라 칭했다. 하지만 훗날 호를 '어찌 하'에 '구할 구', 하구何求로 바꿨는데 감옥을 하도 드나드니 일제의 검사가 선생을 보고 빈정거린 것이다.

"학우 김시현, 도대체 무엇을 구하려고 계속 이곳에 오나? 그럴 바에는 차라리 하구가 낫겠어."

선생은 보란 듯이 '오늘부터 내 이름은 하구다'라고 하면서 아예 호를 바꿨다. 선생은 그런 사람이다. 우직하게 자신이 구하고자 하는 바를 한 평생 변치 않고 의열 투쟁을 실천했다. 일생동안 무려 24년 동안 수감생활을 했다.

약산보다 무려 열다섯이나 나이가 많다. 1883년에 안동에서 태어나 1966년 1월 서울에서 서거했다. 1세대 의열단원 중에는 상대적으로 오래 생존한 편이다. 생의 마지막 순간까지 의열단으로 살았지만 지금까지도 서훈을 받지 못하고 있다. 선생의 삶을 알면 이 부분이 정말로 말도 안 된다는 사실을 다시 한번 깨닫는데, 그래도 영화 〈밀정〉에서 주인공으로 다뤄진 덕에 그나마 뒤늦게라도 대중에 알려졌다.

선생 역시 다른 의열단원처럼 어린 시절부터 능력이 뛰어났다. 십대 시절부터 서울에서 유학 생활을 이어간 뒤 1911년 스물여덟 나이에 메이지대학 법학과에 입학했다. 1917년 졸업한 뒤 귀국해 1919년 예천에서 3.1혁명에 참가했다. 그 후로는 다른 애국지사와 다르지 않다. 일제 헌병대에 붙잡히고 국내에서는 활동을 잇기가 쉽지 않아 중국으로 망명했다. 첫 행보 역시 임시정부가 있던 상하이, 하지만 이내 만주로 이동했다. 이곳에서 대한독립군정서에 몸을 맡긴다. 동시에 의열단에도 가입한다. 선생의 첫 임무는 군자금 모금과 동지의 규합. 그러나 1920년 12월 최수봉 의사의 밀양경찰서 투탄 의거에 연루돼 처음 붙잡힌다. 고난과 투쟁의 시작이었다.

선생은 이듬해 10월 출옥한다. 이미 김익상 의사의 조선총독부폭탄 의거로 온 나라가 발칵 뒤집어진 상황, 선생은 극동민족대표회의에 참석할 조선노동대회 대표로 선임된다. 그리고 모스크바에서 평생의 동지가 될 두 번째 아내 권애라 여사를 만나게 된다. 하지만 1923년 3월 선생은 영화 〈밀정〉에서 영화배우 송강호가 연기했던 황옥 경부와 함께 2차 암살파괴 공작을 준비하던 중 일경에 붙잡히고 만다. 이 일로 선생은 징역 10년을 선고받고 대구형무소에 수감된다. 영화 〈밀정〉의 스토리 역시 여기까지다.

김시현 선생과 부인 권애라 여사 우측은 황옥과 함께 재판을 받는 김시현 선생의 모습이고, 좌측은 아들을 안고 있는 권애라 여사의 사진이다.

선생은 6년여 만에 풀려난다. 선생의 길은 이후에도 다르지 않았다. 그는 짐을 싸서 다시 중국으로 향했다. 이번에는 지린이었다. 그곳에서 선생은 쇠약해진 몸을 다시 회복하며 독자적으로 농장을 마련해 독립자금을 모금하기 위한 활동을 전개했다. 그러나 이 역시도 일제에 금세 발각돼 다시 붙잡혀 고초를 겪었다. 결국 선생은 1931년 2월 김규식의 초대를 받아 톈진으로 이동, 그곳에서 근 10년 만에 약산을 다시 만난다. 선생은 조선혁명간부학교 생도 모집을 위해 베이징 지역을 담당하고 1932년에 윤세주와 이육사, 육사의 처남인 이병철을 1기생으로 입교시킨다. 1934년은 선생에게도 참 중요한 해인데, 다시 한번 한국인 청년들을 모아 중국중앙육군군관학교 뤄양분교에 대대적으로 입교시킨다. 그해 10월 밀정 한삭평을 처단한다. 그러나 이로 인해 다시 일경에 잡혀 5년형을 선고받고 나가사키형무소에 또 수감된다. 1939년에야 겨우 풀려난 선생은 이듬해 다시 베이징으로 향한다. 그곳에서 청년들을 규합해 항일활동을 전개하다 1944년 또다시 일제에 잡힌다. 결국 선생은 해방된 뒤에야 풀려난다. 생전에 선생은 혀 짧은 소리를 냈는데, 나가사키형무소 수감 당시 일제의 고문이 너무 심해 선생은 답하지 않기 위해 혀를 깨물었다. 결국 한 움큼의 혀가 날아갔다. 선생의 발음이 어눌한 연유다.

그러나 그토록 염원하던 해방을 맞이했건만 해방된 조국은 의열단원 김시현에게 결코 우호적이지 않았다. 오히려 그를 맞이한 건 분단된 조국이었다. 선생으로선 어떻게든 분단 상황을 극복하고자 했다. 좌우합작위원회에서 활동하고 민족자주연맹 집행위원으로 나섰다. 하지만 모두 부질없었다. 1950년 고향 안동에서 2대 국회의원에 당선됐지만 곧 한국전쟁이 발발했다. 1952년에는 이승만 정권의 관제 데모가 이어지는 가운데 국회의원 50명 납치사건까지 발생했다. 선생은 친일파들을 앞세워 독재를 꿈꾸는 대통령 이승만을 유시태를 시켜 저격 시도를 한다. 하지만 권총이 나가질 않아 거사는 실패하고 선생은 살인 교사죄로 또다시 감옥으로 향한다. 이번에는 무기징역, 다행히 1960년 4.19혁명으로 8년 만에 풀려났다. 그해 6월 특별사면을 받은 뒤, 1960년 7월 선거에서 당선됐다. 하지만 이듬해 박정희 쿠데타로 국회가 해산됐고, 불광동 월세방에서 가난하게 지내다 결국 1966년 서거했다. 1973년에 아내 권애라 지사가 사망했다. 선생은 대통령 이승만에게 저격을 시도했다는 이유로 지금까지도 서훈을 받지 못하고 있다. 선생은 떠나는 순간까지도 자신이 서훈을 받을 것이라고 믿어 의심치 않았다. 실제로 선생은 가족들에게 '아직 정부의 별다른 혜택을 받은 건 없지만 8월쯤 원호 대상에 든다는 소문을 들었다'는 말을 남겼다. 그러면서도 선생은 부인 권애라 지사에게 마지막까지 의열단다운 말을 남기고 떠났다.

> "권 동지, 미안하오. 내가 조국 독립을 위해 몸 바쳐 투쟁했는데 반쪽 독립밖에 이루지 못했소. 남은 생은 조국 통일 사업에 이바지해주오."

김시현 선생의 큰아들은 한국전쟁 중 통역 장교로 근무하다 전사했다. 2남인 김봉년은 왼팔이 불구가 된 상태로, 선생을 모시며 월세 방을 전전했다. 당시 선생의 집은 두 칸짜리 방이었는데 모두 여덟 명이 거주했다. 그리고 우리가 잊어서는 안되는 또 한 명의 의열단원이 있으니, 바로 김지섭 의사다.

김시현 선생이 2차 의열단 의거로 대구형무소에 머물 당시, 약산이 주도한 의열단의 실질적 마지막 거사인 1924년 1월 도쿄 왕궁 앞 이중교 폭탄 의거가 발생한다. 이 의거의 주인공이 바로 김지섭 의사다. 김지섭 의사는 김시현 선생의 사돈이기도 하다. 김시현 선생의 여동생 남편이 바로 김지

섭 선생의 동생 김희섭이다. 1928년 김지섭 선생이 옥사하자 동생 김희섭 선생이 시신을 수습해서 고향으로 모셨다. 당시 김지섭 선생을 평장平葬했 는데, 봉분을 만들지 못할 만큼 절박하고 비밀스럽게 장례를 치러야 했다. 그만큼 김지섭 의사의 의거는 전 일본을 경악케 만들었다. 김지섭 의사 역 시 의열단원으로서 마지막까지 결기를 보여준 인물이다.

선생은 체포 후에 일본에서 열린 재판에서 '너희들이 지금 독립이니 뭐 니 떠들고 있으나, 만일 지금 독립을 시켜준다고 하면 과연 너희가 제대로 살아갈 방도가 있느냐'고 묻는 재판장의 말에 이렇게 대답했다.

> "일개 판사의 몸으로 우리 2천만 조선 민족을 모욕한 것이 아니
> 고 무엇이냐. 조선 사람은 조선의 독립을 위하여 독립선언서에도
> 명시한 바와 같이 최후의 1인, 최후의 1각까지 항쟁할 것이다. 우

리 조선의 독립선언은 일본에 대한 선전포고다. 조선 민중은 굶

어 죽고 맞아 죽고 하는 가운데 나 홀로 적국에 들어와 사형선고

를 받는 것은 광명이다."

선생이 거사를 일으킨 나이가 마흔이 넘어서다. 이유가 단순했는데, 일제는 1923년 9월 관동대지진이 발생하자 이를 무마하기 위한 술책으로 6,000여 명이 넘는 재일조선인을 학살했다. 의열단원 김지섭은 분연히 일어나 이를 복수코자 했다. 오랜 고생 끝에 일본에 도착했으나 폭탄이 불발해 뜻을 이루지 못했다. 안타깝게도 선생이 배편으로 상하이에서 일본으로 올 때, 배 밑 창고에서 보내는 동안 폭탄에 습기가 배었던 것이다. 그것이 원인이 돼 연이어 폭탄을 던졌음에도 모두 불발하는 불행을 맞이했다. 우리 정부는 1962년 선생에게 건국훈장 대통령장을 추서했다.

02

독립운동사에서
'금릉대학'을 주목해야 하는 이유

📍 여기는

금릉대, 지금은 난징대라 불리는 곳이다. 명나라를 세운 홍무제 주원장이
나라를 세우고 수도로 삼은 곳이 바로 금릉, 바로 난징이다. 이 책의 초반
부에서 살핀 대로 약산이 친구인 약수, 여성과 함께 조국의 독립을 위해
'영어를 배워야겠다' 생각하고 짧은 유학 생활을 이어간 곳이기도 하다. 그
들에 앞서 몽양 여운형 선생도 약산의 동문으로 금릉대에서 수학했다. 지
금도 중국에서 가장 좋은 대학으로 손꼽히고 있다.

그런데 이곳이 우리 역사에 더욱 중요하게 평가돼야 하는 이유가 한 가
지 더 있다. 바로 1935년 7월, 태산 같은 애국지사들이 금릉대학교 강당
인 대례당에 모여 민족혁명당을 만든다. 면면이 화려했는데 의열단 출신
은 약산을 필두로 석정 윤세주, 진이로, 박효삼이 함께 했고, 신한독립당
출신으로 지청천과 신익희, 윤기섭이, 조선혁명당 출신은 최동오와 김학
규가 함께했다. 김두봉과 조소앙, 김규식, 김상덕, 최창익, 허정숙, 안광천
등도 동참했다. 약 2200여 명의 독립운동가들이 함께했다. 그러나 임시정
부의 김구는 마지막까지 함께하지 않았다. 김구를 위해 중앙집행위원회의

집행위원장 자리를 공석으로 두었으나 마지막까지 고사했다. 임시정부를
지켜야 한다는 것이 이유였다. 결국 위원장이 공석인 상황에서 서기부와
조직부가 실질적으로 권한을 행사했다. 서기부의 부장은 약산, 조직부의
부장은 김두봉이 맡았다.

　심한 말로 모래알 같던 지사들의 뜻을 하나로 모은 것인데, 어떻게 지사
들의 마음을 하나로 모이게 한 것일까? 급박한 상황과 걸출한 리더들의 결
심이 결과를 이끌어냈다.

　만주사변을 계기로 중국인의 고조된 반일 열기가 전 중국에 몰아쳤다.
지사들 역시 이 상황을 이용해 무언가 결과물을 내야 할 필요성을 절감했
다. 협동전선을 구축해 대일 항전을 진행해야 한다는 뜻이 모인 이유다.
1932년 11월 상하이에서 의열단과 한국독립당 등이 모여서 한국대일전선
통일동맹을 결성했다. 1934년에는 보다 구체적인 계획을 갖고 난징에서

한국대일전선통일동맹 2차 대회가 열린다. 이를 바탕으로 1935년 여름 난 징 금릉대학 대례당에서 창당대회가 열린다. 의열단과 조선혁명당, 한국 독립당, 신한독립당, 대한독립당 등 5개 단체 역시 해체를 선포하고 조선 민족혁명당 아래 하나로 모인다. 중국 내 조선인 반일투쟁의 가장 큰 당 이 탄생했다. 김규식이 당주석을 맡고 김원봉이 총비서로 선출됐다. 창당 원칙은 분명했다.

'일제 침탈 세력을 박멸해 자주독립을 완성하고, 봉건제 및 일체 반혁명 세력을 숙청해 진정한 민주공화국을 건설한다'라고 명시했다. 또 '소수인 이 다수인을 삭탈하는 경제 제도를 소멸하고, 평등한 경제조직을 건설한 다'는 내용도 강조됐다. 그러면서 '언론과 집회, 결사, 신앙, 노동, 대규모 생산기관 및 독점적 기업의 국유화' 등을 강령에 내세웠다. 해방된 조국에 서 지사들이 꿈꾼 나라가 어떤 모습이길 바랐는지 알 수 있는 부분이다.

그러나 지사들의 '한마음'은 오래가지 못한다. 위원장이 공석인 상황에 서 의열단과 조선혁명간부학교 출신들과 함께 실질적으로 당권을 장악한 약산에 대해 지청천, 조소앙 등이 크게 반발했다. 1935년 9월 25일 조소앙 과 박창세는 '한국독립당의 재건'을 선언하며 민족혁명당을 탈당한다. 지 청천 역시 1937년 1월 2차 전당대회를 기점으로 약산이 총서기에 선임되 자 결국 뜻을 달리해 당을 떠나고 만다. 이는 달리 말하면 1930년대 후반 우리 독립운동사의 중심이 명실상부하게 약산과 백범 두 사람으로 집중됐 음을 뜻한다. 하지만 결과적으로 약산에게 독이 됐는데, 뒤에서 언급하지 만 약산이 민족혁명당 당권을 장악하는 과정에서 받아들인 최창익 등 공 산주의 계열 인사들이 훗날 약산의 행보에 큰 걸림돌이 됐기 때문이다. 약 산이 공산주의 사상에 크게 어긋난다는 것이 그 이유였다. 2019년 대한민 국 사회에서 '뼛속까지 공산주의자'라는 평가를 받는 김원봉에게 다시 한 번 미안할 따름이다.

금릉대학 대례당 청년 김원봉이 수학하던 곳. 그
는 이곳에서 조선민족혁명당을 창당한다. 이곳은
또한 몽양 여운형이 앞서 수학하던 곳이기도 하다.

⭐ 놓치지 말아야 할 사실

민족혁명당이 탄생한 대례당은 금릉대(현 난징대) 정문에서 길게 뻗은 중대로를 지나 우측으로 50m만 가면 확인할 수 있다. 다만 사전에 허락되지 않는 이상 대례당 출입은 제한된다. 대례당을 둘러본 뒤, 대례당을 바라보고 우측에 위치한 학교 본관을 가보자. 1910년대 몽양과 약산이 다녔던 그 시절의 감흥을 약간이나마 확인할 수 있다. 이후엔 처음 들어왔던 정문으로 다시 돌아가자. 입구 우측에 난징대학교 박물관이 있다. 난징대의 역사를 온전히 확인할 수 있는데, 난징대는 1888년 미국 선교사가 회문서원滙文書院이라는 이름으로 처음 열었다. 1910년 굉육宏育서원과 통합해 금릉대학당(학교)이 됐다. 1937년 중일전쟁 와중에는 난민수용소가 되기도 했고, 1952년 비로소 지금의 난징대학으로 개명했다. 정문 우측 두 마리 사자상이 입구를 지키는 난징대학교 역사박물관에 들어가면 2층에 역대 학장들의 모습을 살필 수 있다. 약산이 난징대학을 선택한 이유를 다시 한번 알 수 있는데, 역대 학장들 중 초창기 학장은 모두 외국인이다. 이후엔 박물관 앞에 있는 정자 앞에 앉아 잠시 숨을 고르자. 약산과 몽양 역시 거기 앉아 나라의 명운을 걱정하며 미래를 꿈꿨을 것이다.

🚶 어떻게 갈까

주소는 남경시 고루구 한구로 22호江苏省 南京市 鼓楼区 汉口路 22号다. 난징 지하철 1호선 주강로珠江路站역에서 난징대학 정문까지 걸어서 10분 거리다. 찾는 건 어렵지 않다. 옛정문을 보는 순간 이곳이 금릉대임을 바로 알아차린다. 정문 우측에 난징대학역사박물관이 있다. 길게 뻗은 중대로中大路를 지나면 우측 50m 지점에 대례당이 있다. 그 너머가 학교 본관이다. 학생들도 그 앞에서 사진 찍기를 주저하지 않는다. 굉장히 아름다운 장소다.

대례당 찾아가는 길 주강로역1번 출구로 나와서 10분 정도 걸으면 난징대학 정문이 나온다. 거기서 중대로를 지나면 1935년 7월 조선민족혁명당이 탄생한 장소인 대례당이 나온다.

03

김원봉은 어디에 살았을까?
호가화원 거주지

🗺️ 여기는

약산은 1932년 조선혁명간부학교 개교 이래, 1937년 7월 중일전쟁이 발발할 때까지 난징에 정착했다. 물론 1932년부터 1935년까지 운영된 조선혁명간부학교 기간 동안 약산은 생도들과 함께 숙식하며 조국 독립을 준비했다. 약산이 난징에서 머문 기간은 1932년부터 1937년까지 만 5년의 시간, 초반 3년을 제외하면 약산은 대부분의 시간을 호가화원에 머문다.

공식기록에는 약산이 1937년 7월 10일 장제스 중국군사위원회 위원장의 초대로 백범 김구와 우근 류자명과 함께 국민당 정부 하기 훈련단이 있는 뤼산으로 초대를 받은 뒤, 그곳에서 장제스 위원장으로부터 '한중연합 항일전선' 구축을 요청받는다. 세 사람은 장제스 위원장의 제안에 동의했는데, 이 결과 약산은 장시성 싱즈에 있는 중국육군군관학교 성자분교 내 특별훈련반에 청년들을 입교시킨다. 1937년 8월 약산은 이 사실을 민족혁명당 청년 84명에게 알리는데, 그 장소가 바로 약산과 민족혁명당 당원들이 함께 살던 호가화원 내 이연선림 뒤뜰이다. 김학철 선생은 당시 약산의 발언을 자신의 책《격정시대》에 기록했다. 약산이 얼마나 소신있는 인물

호가화원 소박했던 옛 모습은 찾기 어렵다.
지금은 공원으로 매우 수려하게 꾸며졌다.

인지 이 연설에서 다시 한번 확인된다. 감상해보자.

> "우리 조국 강토에서 일본 침략자를 몰아내는 것이 우리의 목적
> 이며 사명입니다. 일본 침략자를 몰아내는 가장 유효한 방법은
> 무장투쟁입니다. 상대방이 말로 해서 듣지 않으니 두드리는 수
> 밖에 없습니다. 두드리려면 힘이 있어야 합니다. 그러니 우리는
> 우선 힘부터 길러야 하겠습니다."

화로강 호가화원은 당시 민족혁명당의 거점이었고 약산과 당원들이 함께 거주했던 장소다. 재밌는 점은 약산과 당원들이 머물렀던 호가화원 인근(걸어서 10분 거리)에 교부영 16호라는 곳이 있다. 이곳은 유봉길 의사의 1932년 홍커우공원 의거 이후 백범 김구가 장제스의 지원을 받아 운영된 중국 중앙육군군관학교 낙양분교 한인특별반에서 수학한 청년들이 집단으로 머물던 장소다. 한인특별반에는 임정 출신 인사들뿐 아니라 약산을 믿고 따르는 청년들도 함께 입교했다. 장제스는 항일전선 구축을 위해 백범과 약산 양쪽에 지원을 모두 했는데, 1935년 4월 졸업 후 청년들이 난징으로 와서 함께 거주했던 장소가 난징시 교부영 16호 일대다. 그리고 백범이 자신 시대를 접고 난징으로 건너와 고물상 행세를 하며 일제의 감시망을 피해 생활했던 장소인 회청교와도 바로 지척이다.

아무리 함께 배운 동지라 할지라도 서로의 이념과 성향이 다른 상황에서 동거란 쉽지 않았다. 교부영 16호에 함께 머물던 청년들은 금세 자신의 성향대로 흩어졌다. 의열단 및 조선혁명간부학교, 민족혁명당 출신 청년들은 약산을 찾아 호가화원으로 이동했다. 반면 김구와 지청천을 따르던 청년들은 모가원으로 이동했다. 약산이 머물던 호가화원에는 교부영을 나온 한인특별반 졸업생뿐 아니라 김규식 선생도 함께 살았다. 동시에 민족

혁명당 본부도 자리했다. 2000년대 초 독립기념관이 현장을 찾았을 때는 화로강 인근의 빈민촌만 형성된 상황이었다. 그러나 지금은 화로강 줄기 따라 만들어진 호가화원 공원이 관광객들을 맞이할 뿐이다. 어디에도 약산과 조선 청년의 흔적은 남아있지 않다.

다만 호가화원으로 향하는 길, 우리가 놓치면 안 되는 장소가 있다. 바로 민족혁명당 간부들과 대원들이 살았던 묘오율원이다. 지금은 고와관사로 불린다. 호가화원 정문 우측 흰색 벽에 고와관사 古瓦官寺라 적힌 표지판이 있다. 안내를 따라 150미터 정도 가면 노란색 절이 있는데, 그곳이 바로 약산을 비롯해 민족혁명당 간부들과 대원들이 거주한 집으로 추정된다. 약산이 청년들에게 연설한 호가화원에서 담벼락 하나를 두고 있다.

⭐ 놓치지 말아야 할 사실

1935년 11월 임시정부 청사가 항저우에서 난징 인근 전장으로 옮긴 뒤에는 백범 역시 난징으로 완전히 적을 옮긴다. 난징에 온 김구는 일제의 감시망을 피하기 위해 고물쟁이로 위장한 채 생활했다. 당시 김구는 자싱에서 실질적인 부부생활을 함께 했던 뱃사공 주아이바오 朱愛寶를 난징으로 불러 회청교 인근에서 함께 생활했다. 위급한 상황이 닥치면 자싱에서처럼 언제든 물길로 도망칠 수 있게 준비를 한 것이다. 같은 시기 약산은 걸어서 30분 정도 떨어진 호가화원에서 머물렀다. 회청교와 호가화원 사이에 한인특별반 졸업생들의 거주지인 교부영 16호가 위치해 있다. 약산과 김구, 두 사람은 물과 기름처럼 하나가 될 순 없었지만, 물과 기름이 모두 세상에 필요하듯, 서로의 존재를 인정하며 독립운동을 이끌어나갔다. 백범은 1934년 4월 초순 조선혁명간부학교 2기 교육 중 난징을 찾아 생도들을 위로한다. 당시 백범은 약산의 소개를 받아 연설을 하는데, 조선 해방은 학생들이 최후의 분투를 통해 이뤄질 것이라고 격려했다. 그러면서 학생들에게 만년필 한 자루씩을 선물했다. 2기생 중에는 조선이 낳은 최고의 작곡가 정율성도 있었다.

🚶 어떻게 갈까

약산의 난징 거주지와 민족혁명당의 본부인 호가화원을 찾는 건 어렵지 않다. 이미 멋들어진 공원으로 바뀐 상황이다. 구글지도에 화로강 호가화원花露岗 胡家花园을 검색하면 정확한 위치를 특정할 수 있다. 백범이 머물던 회청교 역시 중국 지도인 바이두에 '회청교淮清桥'라 검색하면 정확한 위치를 특정할 수 있다. 난징의 명동인 부자묘(공자묘)거리 북쪽에 있다. 한인특별반 생도들의 거주지인 교부영 16호는 호가화원과 회청교 정확히 중간에 위치해 있다. 지도로 살피면 교부영을 중심으로 좌측이 약산의 거주지, 우측이 백범의 거주지였다. 주소는 아래와 같다. 강소성 남경시 진회구 교부영 16호江苏省 南京市 秦淮区 教敷营 16号. 다만 한인특별반 생도들의 거주지 교부영은 현재 작은 빌라촌으로 변해 있어 옛 모습은 전혀

찾아볼 수 없다. 회청교와 호가화원, 교부영을 둘러본 뒤 공자묘까지 둘러볼 것을 추천한다. 공자묘의 야경은 난징 최고의 관광 포인트 중 하나다. 다만 인파가 대단하다.

※ 난징에서 반드시 가야할 장소, 〈리지샹 위안소 유적 진열관〉

《임정로드 4000km》에서 자세히 다뤘지만 개인적으로 대한민국 국민이라면 난징에 방문했을 때 천녕사 못지않게 반드시 가야만 한다고 생각하는 장소 한 곳이 더 있다. 바로 난징 중심부에 위치한 〈리지샹 위안소 유적 진열관〉이다.

2015년 12월, 박근혜 정부 당시 우리가 일본과 최종적이고 불가역적인 한일위안부협정을 발표했을 때, 중국은 아시아 최대 규모의 〈리지샹 위안소 유적진열관〉을 개관했다. 설립 사연이 기가 막힌데, 평안도 출신 박영심 할머니가 2003년 11월 21일 이곳을 찾아 '내가 있던 곳이 여기'라고 증언하자 중국 정부가 직접 나서 난징 중심에 유적진열관을 마련했다. 총 3,000㎡ 규모로 1,600여 점의 전시물과 680장의 사진이 생생하게 보존돼 있다. 진열관 가운데에는 마당이 있는데, 한쪽 벽면에 70명의 위안부 피해자 할머니 얼굴 사진으로 꾸며놓았다. 다수가 한국인이다. 광장 가운데는 박영심 할머니가 위안부 시절 임신했을 당시 모습의 동상이 서 있다. 나라가 힘이 없을 때 소녀들이 당한 고통을 온전히 기록해 놨다. 1933년 5월 백범이 장제스 총통을 만나기 위해 머물던 중앙반점과도 불과 300미터 거리다. 이 회담으로 앞서 강조한 중국 중앙육군군관학교 낙양분교에 한인특별반이 생긴 것이다.

7부 — 광저우

화합과 비극의 장소,
그럼에도 약산은 나아갔다

01

황포군관학교에 남은
약산의 진짜 기록

📍 여기는

《임정로드 4000km》 집필 당시 광저우 황포군관학교를 언급하며 '그곳에서 약산과 관련된 기록을 발견한다면 rian0605@gmail.com로 메일 달라'고 했다. '꼭 사례하겠다'는 말과 함께. 그러나 임정로드 출간 후 8개월 이상 지났지만 아직 단 한 건의 메일도 받지 못했다. 많은 시민들이 대한민국 임시정부 수립 및 의열단 창립 100주년을 맞아 황포군관학교를 찾고 있지만 약산과 관련된 기록을 여전히 찾지 못했다는 뜻인데, 최근 의미 있는 이야기를 하나 들었다.

2019년 7월 9일 조선의열단 100주년 기념식 자리에서 만난 안민석 더불어민주당 의원이 '군관학교 입구 비석에서 김약산 金若山이라는 이름을 봤다'며 '내가 처음으로 발견한 것 같다'라고 말했다. 현장에서 확인한 결과 안 의원의 말은 사실이었다.

2019년 7월 21일, 광저우 황포군관학교를 찾은 시민 강은혜 씨는 김약산의 이름을 발견했다면서 '金若山' 이름 석 자를 필자에게 보내왔다. 입장권을 끊는 노란색 건물 우측에 김약산이라는 이름이 새겨져 있다. 물론

입학 당시 약산 김원봉은 최림이라는 가명을 사용했지만, 약산은 1926년 3월 8일 4기생으로 입교해 6개월 동안 박효삼, 박건웅, 전의창, 이우각, 이기환, 권준 등 24명의 동지들과 함께 군사훈련을 받았다. 우리가 황포군관학교를 찾아야 할 이유가 하나 더 생긴 것이다. 확인 결과 약산의 이름이 새겨진 이 표석은 2011년에 세워졌다. 약산 김원봉의 이름은 9번째 칸 7번째 줄 좌측 2번째 金若山이라고 새겨져 있다. 우측 첫 번째 표석의 첫 이름은 황포군관학교의 교장인 장제스가 약산처럼 그의 호를 붙인 장중정蔣中正이라는 이름으로 새겨져 있다.

약산이 최림이라는 이름으로 입교한 4기의 경우, 1기부터 3기까지와는 달리 교육 기간이 3년에서 6개월로 줄어들었다. 이미 국민혁명전쟁이 진행 중이었고, 정치부를 신설해 정치교육을 매우 강조했다. 뒤에 만들어진 조선의용대가 선전공작 특작 부대로서 역량이 매우 뛰어난 이유가 약산이 당시에 배운 특작 능력과도 연계됨을 부정할 수 없다.

그러나 약산이 이미 황포군관학교에 다닐 때부터 국공분열의 움직임이 나타나기 시작했다. 본격적으로는 1927년 4월에 서로에게 총부리를 겨누지만 실제로는 쑨원이 사망하는 1925년부터 국민당과 공산당 사이의 갈등이 표면 위로 등장한다. 특히 좌파 계열 청년들이 황포군관학교에서 청년군인연합회를 결성하자, 우파 계열 청년들은 손문주의학회를 결성해 맞섰다. 이는 곧 겉으로는 군벌 소탕을 위해 하나로 모였지만 내부에서는 이미 갈등의 조짐을 안고 있었다는 뜻이다. 하지만 약산은 이러한 움직임과는 별개로 자신의 역할을 수행하며 국민혁명군 초급장교가 된다. 동시에 광저우에 머물던 김산, 류자명, 오성륜 등과 함께 의열단을 혁명 정당으로 확대하기 위한 준비도 병행한다. 결과론이지만 1930년대 독립운동의 역량을 하나로 집중하기 위해 탄생한 민족혁명당을, 약산은 이미 1920년대 중반 황포군관학교 시절부터 준비했던 셈이다. 하지만 장제스의 명령으로 실시된, 이른바 당을 깨끗하게 만든다는 '청당 운동' 이후, 약산은 군관학교 동기생끼리 총부리를 겨누는 현장을 목도한 뒤 1927년 5월 광저우를 떠난다. 그해 8월, 약산은 난창 봉기에 참여한 뒤 자신만의 길을 찾는다. 그에 반해 김산, 오성륜, 최용건, 박건웅 등은 그해 12월 광저우에서 발생한 중국 공산당 주도의 봉기에 참여해 혁명을 이끌었다. 그러나 광저우 봉기는 '3일 천하'로 끝난다. 그리고 결과는 참혹했다. 수천 명이 죽어 나갔고, 이 과정에서 조선 청년 150여 명도 희생당한다. 대부분이 약산과 같이 황포군관학교 출신이었고, 만주와 시베리아 등지에서 온 공산당 출신 청년이었다. 또 광저우 등지에서 학교에 다니던 청년도 다수였다.

언젠가 약산의 생질 김태영 박사를 만났을 때 '왜 약산은 광저우 봉기에 참여하지 않은 것이냐'라고 물었다. 김태영 박사는 '이념 때문에 서로에게 총부리를 겨누고, 부하들이 죽어나가는 현실을 보면서, 뻔히 결말이 예상되는 상황에서 어떻게 다시 부하들을 이끌고 참여를 결정할 수 있었겠냐'면서 지극히 현실적인 약산의 판단을 대변했다. 살아남은 약산은 1938년 10월 우한에서 조선인들로 구성된 조선의용대를 구성한다. 황포군관학교를 떠난 약산의 행보는 앞서 살핀 상하이, 베이징, 난징에서의 기록과 같다.

⭐ 놓치지 말아야 할 사실

현재 황포군관학교는 〈육군군관학교기념관〉으로 운용되고 있다. 이 때문에 광저우에서도 손꼽히는 관광지다. 정부에서 운영하는 국가유적지답게 입장료는 없다. 다만 출입권은 따로 발권해야 한다. 그런데 1924년 6월에 설립된 황포군관학교는 국공합작 기간인 3년여를 포함해 합작이 종료된 뒤 국민당이 단독으로 운용한 30년까지 불과 6년 정도밖에 운영되지 않

황포군관학교 옛 정문 국공합작과 분열의 역사를 담고 있는 황포군관학교 옛 정문

았다. 그럼에도 불구하고 중국 당국은 황포군관학교를 완벽하게 복원해서 기념관으로 운영하고 있다. 더 놀라운 점은 황포군관학교에 남은 기록들인데, 전시관에 가면 쑨원뿐 아니라 장제스의 기록도 온전히 보존돼 있다. 장제스, 중국 공산당 입장에서는 철천지 원수와 다르지 않다. 하지만 기록은 기록일 뿐, 중국 당국은 역사를 왜곡하거나 부정하는 것 없이 온전히 담아냈다. 당시 장제스는 황포군관학교의 초대 교장이었다.

황포군관학교에서 약 1.5km 정도 떨어진 곳에 '동정진망열사묘원'이 있다. 황포군관학교 학생 시절 전쟁에 참여했다 희생당한 김근제와 안태가 잠든 곳이다. 두 사람은 모두 1926년 10월에 군관학교 6기생으로 입학했

다. 독립기념관에 따르면 정확한 사인은 알려지지 않았다. 군사훈련을 받거나 혁명전쟁 중 희생된 것으로 추측된다. 1928년 장제스는 당시 김근제와 안태를 포함해 당시 희생당한 이들을 위해 동정진망열사묘원을 조성했다.

개인이 찾기는 쉽지 않은 위치다. 필자 역시 황포군관학교를 네 번째 방문해서야 겨우 찾아갔다. 개인적으로 택시를 타고 가서는 접근이 용이하지 않았다. 2019년 여름 (버스를 대절해) 임정로드 탐방단을 이끌고 가서야 비로소 두 사람을 만났다. 동정진망열사묘원東征陳亡烈士에는 66개의 묘비가 있는데 김근제의 비석은 3째 줄 좌측 4번째에 위치해 있다. 한국인韓國人 김근제지묘金瑾濟之墓'라 적혀있다. 안태의 묘는 '안태동지安台同志'라는 이름으로 바로 뒷줄 좌측 3번째에 자리해 있다. 놓쳐서는 안 되는 사실은 중국 정부가 이들을 대하는 자세다. 초라할 것이라는 예상과 달리 열사묘원은 상당히 잘 정돈돼 있다. 묘비 자체가 낡긴 했지만 열사들을 기리는 기념비와 공원형태로 꾸며진 묘역은 보는 이로 하여금 숙연케 만든다. 무엇보다 우리에겐 전혀 알려지지 않은 김근제와 안태라는 두 조선 청년을 중국이 이토록 귀하게 기억하고 있다는 사실이 참으로 고맙다. 기회가 닿는다면 꼭 들러 갔으면 하는 바람이다. 묘원 입구에서부터 두 사람의 묘역까지 7분 정도 걸어가야 한다. 황포군관학교와 입장시간은 동일하다.

🚶 어떻게 갈까

광저우 시내에서 황포군관학교로 바로 가는 지하철이나 버스는 없다. 광저우 시내에서 50분 정도 떨어진 거리인데, 택시를 타고 이동할 것을 추천한다. 차비는 우리 돈으로 2만 원이면 충분하다. 유명한 관광지인 만큼 택시를 타면서 '黃埔軍校 旧址纪念馆(황포군교 구지기념관)'에 간다고 정확하게 알리자. 이곳을 보고 나온 뒤 운이 좋으면 때마침 대기하고 있는 택시를 타고 움직이면 된다. 차가 없으면 흥정을 해서 시내로 이동해야 한다. 시내까지 보통 120~130위안(약 20,000원) 정도를 부른다.

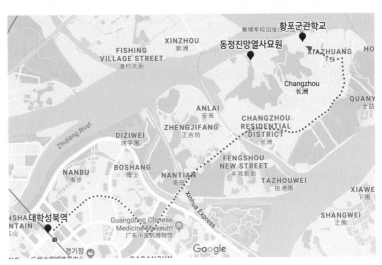

황포군관학교로 향하는 길 황포군관학교로 가려면 대학성북역에서 택시를 타고 가는 것이 가장 편리하다. 약 20분 정도 걸린다.

02

조선인 가이드를 울게 한 곳,
기의열사능원

📍 **여기는**

다시 평가받아야 할 귀한 장소다. 중국 공산당이 일으킨 광동코뮌에 참여했다가 사망한 이들의 넋을 기리기 위해 만든 공원이다. 정식명칭은 〈광주기의열사능원 广州起义烈士陵园〉이다. 광저우시 최중심부에 있다. 역시 《임정로드 4000km》에서 자세히 다뤘던, 대한민국 임시정부 국무총리 신규식 선생이 쑨원의 중국 호법정부로부터 정식 외교 사절로 접견 의식을 가진 '동교장(현 광저우시 체육장)'과 걸어서 5분 거리다.

웅장한 정문을 통과해 안에 들어서는 순간, 정면에 총을 든 모습을 형상화한 광주기의기념탑이 우리를 기다린다. 중국 당국이 '광동코뮌'을 어떻게 생각하고 있는지를 그대로 보여주는 장면이다. 기의起義, 의로운 항쟁을 뜻한다. 당시 수백명의 우리 청년들도 목숨을 걸고 동참할 만큼 뜻깊은 봉기였다.

장제스의 청당 운동으로 국공합작이 깨진 1927년 12월, 중국 공산당은 광저우에서 국민당에 조직적인 무력 투쟁을 시작한다. 중국 공산당 소속 군인이었던 섭검영葉劍英/예젠잉을 필두로 제4 교도대 병력 2,000여 명이

중심에 섰다. 이 중 80여 명이 황포군관학교 출신 조선인이었다. 예젠잉
이 이끌던 공산당은 치열한 전투 끝에 결국 국민당에 승리했다. 공산당은
자체적으로 혁명위원회를 조직하고 인민 정부를 수립했다. 이것이 바로
'광동코뮌'이다. 문제는 3일 천하였다. 패배한 국민당 군대는 숨 고르기를
한 후 다시 화력을 앞세워 광저우로 쳐들어왔다. 공산당 세력은 무기력하
게 패배했다. 혁명에 가담했던 이들은 무참히 처형당한다. 그 수가 무려

5,000명이 넘었다. 이 가운데 조선 출신이 150여 명이나 됐다. 이 때문에 기의열사능원 내에는 이때 처형당한 조선인을 기리기 위해 '중조인민혈의정'이란 정자가 마련됐다. 정자 가운데 비석이 세워져 있는데, '조선청년 150여 명이 중국 전우들과 함께 싸웠고, 최후에 사허 전투에서 진지를 사수하다 대부분 희생됐다'는 내용으로 기록돼 있다.

정자 이름인 '중조인민혈의정中朝人民血宜亭', '중국과 조선 인민의 피로 맺어진 우의를 기리기 위해 세운 정자'라는 뜻이다. 1964년에 세워졌다. 기념탑 우측에 거대한 합장묘가 마련됐는데, 당시 사형당한 5,000여 명을 합장한 공간이다.

2019년 여름 필자가 임정로드 탐방단을 끌고 이곳을 찾았을 때 중조인민혈의정에서 조선족 출신 가이드 김성우 씨가 눈물을 흘렸다. 그는 '가이드 생활 10년 만에 이곳에 처음 왔다'면서 '우리 조선 청년들이 조국의 독립을 위해 중국 혁명에 목숨 바쳤다는 사실을 너무 늦게 깨달아 눈물이 난다'고 말했다. 그는 항일시인 윤동주와 그의 친척 송몽규와 같은 중국 용정 출신이다.

✪ 놓치지 말아야 할 사실

도입부에 설명했듯, 광주기의열사능원은 우리에게 잘 알려지지 않은 장소다. 실제로 '150여 명의 조선 청년들이 혁명 과정에서 죽임을 당했다'라고 기록돼 있지만 정확하게 누가 어떤 일을 하다 죽었는지는 여전히 밝혀지지 않았다. 이름 없이 죽어간 조선 청년들의 영혼만이 기의열사능원 어딘가를 떠돌 뿐이다. 그렇다면 여기서 의문이 든다. 왜 조선 청년들은 중국인도 아니면서 중국 공산당 혁명에 참여한 것일까? 믿었기 때문이다. 중국 혁명이 성공하면 조국의 독립도 이룰 수 있으리라 생각했다. 당연히 지금 같은 남북이라는 개념도 없던 시절이다. 한반도가 미소에 의해 분리되지도 않았다. 이들은 중국 혁명에 참가하면 자연스레 조국 광복의 길도 열릴 것이라고 믿었던 거다. 1910년 나라를 잃은 군인 예관 신규식이 1911년 중국으로 망명해 쑨원과 함께 신해혁명에 참여한 이유와 같다. 그는 중국 혁명에 힘을 보태면 조국 독립도 이룰 것이라 믿었다.

당시 광주기의를 주도한 예젠잉은 살아남아 마오쩌둥과 함께 국공내전을 승리로 이끄는 데 큰 역할을 한다. 1955년 원수 계급을 부여받았고, 1959년 9월 중앙군사위원회 상무위원을 거쳐 1966년 1월에 군사위원회 부주석, 5월에 중앙서기처 서기 겸 군사위원회 비서장에 임명되었다. 1976년에서 1983년까지 중화인민공화국 국가원수를 지냈다. 1985년 베이징에서 사망하였다. 기의열사능원과 동교장 터 사이에 영웅광장이 있는데, 군복을 입은 예젠잉의 동상도 있다.

광주기의를 주도한 예젠잉

🚶 어떻게 갈까

광저우 지하철 1호선 열사능원역烈士陵园站에서 내리면 바로다. 개인적으로 동교장(광저우인민체육장)을 방문한 뒤, 영웅광장을 거쳐 기의열사능원을 방문할 것을 추천한다. 조국의 독립을 위해 지사들은 각자의 방식으로 목숨을 바쳐 걸음을 이었다.

※ 동산백원과 공산당 3차 회의장소

광저우는 약산과 이름 없이 쓰러져간 조선 청년들의 기록도 있지만 동시에 대한민국 임시정부의 기록도 존재하는 공간이다. 대장정에 오른 임시정부가 1938년 7월부터 9월까지 약 두 달 정도 머문 공간이 광저우다. 당시 임정 청사를 마련한 곳이 (백범일지 기록대로) 동산백원인데, 놀랍게도 현재까지 원형 그대로 유지되고 있다. 짧게만 언급하면, 한때 소실된 것으로 알려진 동산백원

동산백원 1938년 임시정부가 광저우에서 잠시 머물렀던 광저우 청사가 거의 원형 그대로 보존되어 있다.

은 광저우 총영사관 등 후손들의 노력으로 2017년 정확한 위치를 찾아냈다. 지금도 광저우 시민들이 이곳에서 도도한 역사의 흐름 속에 일상을 이어가고 있다. 다만 우리 역사와 관련된 아무런 표식도 없어 앞으로의 역할 또한 중요하다.

동산백원 바로 옆에는 죽원이란 문패가 새겨진 건물이 있다. 그 집은 임시정부 의정원 의장을 지낸 김붕준 선생이 활동했던 곳이다. 동산백원으로 향하는 입구에 고급스런 붉은 벽돌로 구성된 건물이 나온다. 중국공산당 제3차 전국대표대회가 열린 장소다. 이곳에서 1차 국공합작이 이뤄졌다. 이를 통해 황포군관학교가 만들어졌다. 중국의 화합과 비극이 공존하는 광저우, 그 틈바구니에서 약산과 지사들은 독립을 향해 나아갔다. 광저우는 그런 곳이다.

8부
— 우한/구이린

중국이 기억하는 우리의 군대, 조선의용대

01
조선의용대 창립지
그리고 기념축하 장소

🏴 여기는

우리 역사에서 참으로 귀하게 다뤄져야 할 장소다. 그러나 현실은 부끄러울 정도로 안타깝다. 대통령부터 나서서 '광복군에는 무정부주의 세력 한국청년전지공작대에 이어 약산 김원봉 선생이 이끌던 조선의용대가 편입되어 마침내 민족의 독립운동 역량을 집결했다'라면서 '그 힘으로 1943년, 영국군과 함께 인도 - 버마 전선에서 일본군과 맞서 싸웠고, 1945년에는 미국 전략정보국OSS과 함께 국내 진공작전을 준비하던 중 광복을 맞았다'라고 강조했건만, 조선의용대가 탄생한 현장에 직접 가면 옛 흔적은 고사하고 그 어디에도 조선의용대 창설과 관련된 내용이 단 하나 남아있지를 않다.

약산 김원봉의 목표는 명징했다. '군대를 통한 조국 광복.' 이를 위해 10살 꼬맹이 시절부터 마흔이 된 중년까지 끊임없이 투쟁하고 달려왔다. 그리고 마침내 1938년 10월 10일, 중국 우한에서 일제에 맞서 싸울 무장부대가 창설됐다. 유일하게 남은 조선의용대 창립 사진에는 약산이 'ㅈㅗㅅㅓ ㄴㅇㅣㅛㅇㄷㅒ KOREAN VOLUNTEERS'라 적힌 부대기 뒤에 서서 특유

의 담담한 표정으로 정면을 응시하고 있다. 그의 옆에는 평생의 동지 석정 윤세주가, 옆으로는 운암 김성숙과 최창익이 자리하고 있다. 지극히 감격스런 순간이건만 누구 하나 밝게 웃지 않는다. 결전을 앞둔 모습 그대로다. 그럴 수밖에 없는 것이 조선의용대는 참으로 드라마틱한 과정을 통해서 탄생했다. 약산 특유의 리더십과 포용력, 중국과의 협상, 절체절명의 시국이 복합적으로 적용돼 만들어진 결과였다. 창립 선언문에도 그대로 드러난다.

"중국에 있는 우리 혁명동지들이 직접적으로 항일전쟁에 참가해
조국 독립을 전취하기 위해 조선민족전선연맹 기치 하에 일치단
결하였다. 항일 최고 영수인 장(제스) 위원장 통솔하에 중국혁명

(신해혁명) 제27주년 기념일인 쌍십절을 기하여 조선의용대를
조직하니, 이는 중한 양 민족해방운동사상에 획기적 광영의 기록
일 것이다. 공동의 원수 일본제국주의자들이 포악한 수단으로 조
선민족혁명운동을 잔해하며 야만 횡포적 정책으로 중국혁명을
저지하여 중한 양 민족의 연합전선을 방해하고 있다. 중국혁명이
완성치 못하므로 조선 민족을 압박 착취함이 더욱 심하며 조선
민족이 해방되지 못하므로 중국침략이 더욱 포악함이 사실이다.
조선 민족과 동방 약소민족은 응당 중국을 도와 항전할 것이다."

약산은 지극히 현실적인 판단으로 공동의 적인 일제에 대항하기 위해
조선의 군대를 중국군사위원회(위원장 장제스) 정치부의 지원을 받아 탄생
토록 했다. 그러나 형식을 떠나 한 걸음만 더 들어가도 조선의용대는 총대
장 김원봉, 제1구대장 박효삼, 제2구대장 이익성을 필두로 한 조선민족전
선연맹 소속 항일독립군 부대임을 알 수 있다. 목표 역시 '조선혁명운동을
추진해 조선 민족의 자유와 해방을 쟁취한다'는 점을 분명히 했다. 난징에
서부터 함께한 조선 청년들이 있었기에 가능했던 일이었다. 1937년 7월 중
일전쟁 발발 후 장제스 위원장은 약산에게 조선 청년을 장시성 싱즈시엔
에 있는 중국육군군관학교 특별훈련반에 입소해 훈련받도록 했다. 6개월
간의 훈련을 마친 80여 명의 조선 청년은 후베이성 우한으로 이동해 조선
의용대 창설의 창립 멤버가 된다. 물론 앞서 약산이 조선민족해방동맹의
김성숙과 조선혁명자연맹의 류자명, 전시복무단의 최창익과 함께 조선민
족전선연맹을 결성했기에 조선의용대로 뜻을 모을 수 있었다. 그러나 조
선의용대는 일제의 우한 공습이 시작되자 1938년 10월 하순 구이린桂林으
로 본부를 옮길 수밖에 없었다.

조선의용대가 창설된 자리는 현재 호북성 총공회湖北省总工会라는 일종

우한 조선의용대 **창립지 터** 현재는
호북성 총공회가 자리하고 있다.

의 노동조합 기관이 자리하고 있다. 2007년 독립기념관은 현장 답사를 통
해 '조선의용대가 창립대회를 개최한 곳이 대공중학교大公中學校'라고 추
정했다. 그러나 대공중학은 이미 폐교했고, 그 자리엔 호북성 총공회만 있

다. 이마저도 옛 건물이 모두 헐린 상태라, 현재는 작은 공원을 지나 안쪽으로 들어가야만 미약하게 옛 흔적을 확인할 수 있다. 독립기념관 역시 '이 자리가 대공중학교가 있었던 곳으로 추정할만한 구체적 자료가 부족하다'면서 '앞으로 지속적인 조사를 통해 위치를 확정할 필요가 있다'라고 명시했다. 역사적 사실에 걸맞은 평가가 필요한 부분이다.

✪ 놓치지 말아야 할 사실 : 조선의용대는 무엇을 했나?

창립 초기 100여 명 정도로 구성됐던 조선의용대, 당장 총을 들고 만주를 지나 조국광복을 위해 공습 작전을 전개했으면 좋았을 것이다. 하지만 언제나 현실적인 제약이 발목을 잡았다. 대원 개개인은 간부급 인사였지만 전선에서 뛸 병사의 숫자가 부족했다. 임무 역시 개개인의 능력을 최대한 발휘될 수 있도록 짜여졌다. 조선의용대 구성원은 대부분이 한국어, 중국어, 일본어 등 3개 국어를 모두 구사할 수 있었기에 자연스레 선무공작 업무와 포로 심문 등 전선에서 지원업무를 맡아야만 했다.

특히 일본군 병사들에게 반전의식을 고취해 사기를 저하하고 투항하게 하는 것이 주된 역할이었다. 강제로 끌려온 조선 청년들을 의용대로 끌어오는 역할도 맡았다. 의용대원들은 적진 깊이 침투해 선전 활동을 하고 벽보를 써 붙였다. 가장 대표적인 것이 조선의용군 최초 주둔지였던 홍복사 인근 마을 어귀 담벼락에 지금도 남아있는 '왜놈의 상관 놈들을 쏴 죽이고 총을 메고 조선의용군을 찾아오시오'라는 문구다. 당시에 사용했던 직설적인 문구는 아래와 같다.

> 일본의 형제들이여! 우리의 공동의 적은 바로 일본 군벌이다.
> 일본 병사들이여! 무엇하러 머나먼 타국에 와서 아까운 목숨을
> 버리려 하는가. 그대들의 총부리를 당신네 상관에게 돌려라.

조선의용대 대원들은 일본어로 된 소책자와 전단 등을 만들어 전선에 살포했다. 일본군이 투항할 때 사용할 수 있도록 통행증도 만들어 배포했다. 의용대가 우한에서 구이린으로 이동한 뒤에는 '재화일본인민반전동맹'과 손잡고 일본어 선전방송을 하기도 했다. 중국인 병사들을 상대로는 선전용 일어를 교육시키기도 했다.

한편으로는 바로 이 지점이 공산주의자이자 교조주의자였던 최창익이 조선 청년을 이간질해 조선의용대를 화북으로 이동시키는 계기가 됐다. 가슴이 뜨거웠던 청년들에게 선전공작 활동은 한마디로 성에 차지 않는 임무였다. 약산 입장에서는 중국 국민당 정부의 직접적 지원을 받는 상황에서 대원들과 국민당 정부의 요구를 동시에 충족해줘야만 했다. 하지만 현실은 양쪽 모두를 충족하기 어려웠던 상황, 결과적으로 '조선'이라는 이름을 단 군대를 창설했지만 처음부터 잠재적인 갈등 요인을 품은 채 만들어졌다.

🚶 어떻게 갈까

우한시 지하철 4호선 수의로역首义路站/Shouyi Road station A번 출구 바로 뒤쪽이다. A번 출구를 나와 장지동로张之洞路/Zhang Zhi Dong Lu를 따라 뒤쪽으로 30m만 걸어가면 호북성 총공회 간판이 보인다. 주소는 호북성 무

한시 무창구 자양로 234호湖北省 武汉市 武昌区 紫阳路 234号 다. 찾는 건 어렵지 않다.

※ 조선의용대 창립 경축식, 왜 10월 13일에 진행했나?

조선의용대가 창립한 날인 1938년 10월 10일은 월요일이다. 그러나 경축식은 그로부터 사흘 뒤인 10월 13일인 목요일에 이뤄졌다. 그것도 조선의용대 창립 장소인 호북성 총공회 자리에서 무려 10km 떨어진 한구기독교청년회YMCA 건물이었다.

왜 그랬을까? 조선의용대 창립 경축식에는 우리 측 인사뿐 아니라 조선의용대 창설에 직접 관여한 중국 정치부 부장 천청陳誠과 비서장 하충한賀衷寒 등이 참여했다. 조선의용대를 창립하는데 일정 역할을 한 일본인 아오야마 가즈오靑山和夫 같은 인물도 참석했다. 그는 일본 공산당 당원으로 베트남에서 활동한 후, 중국 국민당 정부가 만든 국제문제연구소 고문으로 초빙돼 활동했다. 1938년 10월 14일 신화일보新華日報에는 조선의용대 창립 소식 및 약산의 연설이 자세히 보도되었다. 상황을 종합하면 약산은 조선 민중뿐만 아니라 중국과 일본을 포함한 국제 사회에 조선의용대의 창립을 효과적으로 알리기 위해 창립행사를 준비한 것으로 보인다. 한구기독청년회(YMCA) 건물에서 경축식을 준비한 것도, 당시 가장 최신식 건물이었던 그곳을 활용함으로써 대내외의 기대를 충분히 보여주고자 했던 의도가 엿보인다. 지리적으로도 YMCA 건물은 약산과 조선민족전선연맹이 머물렀던 장소로부터 걸어서 10분 남짓이다. 우한 중산대도中山大路에 위치한 국민정부 청사와도 15분 거리였다. 결국 창립일과 행사일이 다른 것은 조선의용대의 창립을 대내외로 널리 알리려는 약산의 계산이 고도로 작용한 행동이었음을 알 수 있다. 약산은 경축식 자리에서 특유의 담담한 목소리로 중국의 항일 전쟁 승리와 이를 통한 아시아 피압박민족의 해방을 강조했다.

"우리들은 목전의 가장 주요한 공작이 재중국 각 민족의 무장 대오 건립임을 깨닫고, 각 민족 간에 긴밀히 중국 항전의 승리와 동방 각 민족의 해방을 촉진하는 것이다. 우리들의 무장대오 건 립의 의의는 완전한 중국 항전의 승리와 각 민족의 영원한 우의 적 연합을 위한 것이다."

곰곰이 살피면 약산의 이날 연설은 2019년 6월 30일 판문섬 에서 역사적인 한북미 정상회담에서 문재인 대통령이 밝힌 내 용과도 다르지 않다. 문 대통령은 '북미 간 대화를 중심으로 (트 럼프) 대통령이 김 위원장과의 대화에 큰 진전이 있길 바란다'면 서 한걸음 물러선 입장을 취했다. 1938년 10월 약산 역시 자신 을 한껏 낮춘 채 '중국의 항일전쟁 승리'를 조선의용대 창군의 제1목적으로 두었다.

현재 우한 YMCA 건물은 당시의 모습을 그대로 온전히 보존 돼 있다. 우한시 최중심부를 관통하는 중산대로를 따라서 걷다 보면 혁명의 도시 우한의 모습을 느낄 수 있다. 거리에는 당시 세워진 건물들이 길을 따라 쭉 이어져 있다. 우한 1호선과 6호 선이 교차하는 경궤대지로역轻轨大智路站 A번 출구를 나와 지 도의 화살표처럼 500m만 이동하면 나온다. 주소는 호북성 무 한시 여황피로 중산대로 1090호湖北省 武汉市 黎黄坡路 中山大道 1090号다.

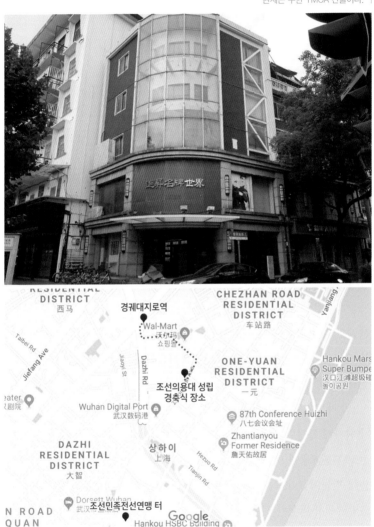

02

자주독립을 위해서라면
하나로 뜻을 모으자
– 조선민족전선연맹과
최창익의 조선청년전위동맹

🗺️ 여기는

우리 독립운동사에서 우한을 중요하게 평가해야 할 이유가 하나 있다면 역시 조선의용대의 창립이다. 약산을 필두로 자주독립을 꿈꾸는 여러 지사들이 뜻을 모았고, 정식 군대를 만들 수 있도록 중국 국민당 정부로부터 지원을 얻어냈다. 그러나 조선의용대의 창립을 이해하기 위해서 놓쳐서는 안 되는 과정이 있으니, 바로 조선민족전선연맹의 탄생이다.

조선민족전선연맹은 1937년 12월 약산의 조선민족혁명당을 비롯해 조선민족해방자동맹, 조선혁명자연맹(일명 조선무정부주의자연맹) 등 3개 단체가 참가해 결성한 민족주의 좌파계열의 항일민족연합전선이다. 이보다 앞선 1937년 8월에 백범을 필두로 한 한국광복운동단체연합회의 결성에 대응해 만들어졌다. 독립운동 진영에서 명실상부하게 좌와 우를 대변하는 연합단체가 탄생한 것이다.

조선민족전선연맹은 중일전쟁 당시 임시수도였던 우한에서 기관지 〈조선민족전선〉을 중국어로 발간하였다. 김성숙과 박건웅이 필자로 참여했고, 공산주의자 최창익도 기고해 항일연합전선을 공고히 할 것을 강조

했다. 결과적으로 조선민족전선연맹의 결성은 1932년 대일전선통일동맹, 1935년 민족혁명당으로 이어지는 사회주의 계열 애국지사들의 연합 움직임으로 봐야 한다. 보다 효과적인 독립운동을 이어가기 위해 지사들 스스로 '뭉쳐야 한다'는 사실을 깨닫고 행동한 것이다. 그러나 백범을 비롯한 임시정부 요인들과의 통합 움직임 자체는 들인 노력에 비해서 성과가 미진했다.

재밌는 점은 조선민족전선연맹으로 뭉치고 나서 약산과 박차정 부부, 조선민족해방동맹의 김성숙·두군혜 부부, 조선혁명자연맹의 류자명·유칙충 부부, 심지어 마지막까지 참여를 꺼리던 조선청년전위동맹의 최창익·허정숙 부부도 함께 모여 생활한 것이다. 뜻을 모았으니 함께 합숙 생활을 한 것인데, 어쩌면 더 단단한 결속을 위해 함께 생활한 것일 수도 있다.

약산은 언제나 '지사들이 원활한 독립운동을 이어가기 위해서는 먹을 걱정, 입을 걱정을 하게 해서는 안 된다'면서 의식주에 대한 지원을 아끼지 않았다. 의열단 시절부터 민족혁명당, 조선의용대, 광복군으로 편입되는 그때까지도 약산의 이러한 스타일은 변치 않는다. 조선민족전선연맹 역시 함께 모여 살면서 뜻을 모아갔다. 하지만 이곳도 지금은 너무나 당연하게 읊조리는 것처럼, 현장 어디에도 약산과 지사들의 관련 기록이나 흔적이 전혀 남아있지 않다.

⭐ 놓치지 말아야 할 사실 : 최창익이라는 사람

1937년 11월, 조선민족전선연맹이 만들어지고 나서도 민족혁명당을 탈당한 조선청년전위동맹의 최창익은 합류를 고사했다. 공산주의자인 최창익의 입장에서 '약산과는 결이 맞지 않는다'는 것이 이유였다. 그러나 최창익은 필요할 때마다 약산 곁에 붙었다 떨어지기를 반복했다. 그때마다 약산은 최창익을 보듬어줬다. 민족전선연맹과 이듬해 만들어지는 조선의용대 창설 때도 별반 다르지 않았다. 조선의용대가 구체화된 1938년 8월까지 정세를 살피던 최창익은 재정상의 어려움에 처하자 결국 조선민족전선연맹(조선의용대)으로의 합류를 결정한다. 그리곤 조선의용대가 창설되자 지도위원이 되었다. 그러나 우한이 일본군에 함락되자마자 분란을 일으키고 옌안으로 떠나버린다. 그곳에서 최창익은 항일군정대학 교관으로 지내다, 1940년 화북으로 이동한 조선의용대 대원들을 흡수한다.

최창익, 그는 똑똑한 원칙주의자였다. 혹자는 자신의 원칙을 위해 기회주의적인 결정을 이어갔다고도 평가한다. 약산보다 2년 앞선 1896년 함경북도 온성에서 태어났다. 약산이 다녔던 중앙고등학교에 다니다 3.1 혁명에 참여했다는 이유로 퇴학당했다. 이후 일본으로 유학을 떠났다. 세이소쿠 영어학교를 거쳐 와세다대학 정경학부에 입학했다. 최창익은 이때 사회주의에 깊이 빠져들었다.

1925년 2월 와세다를 졸업한 뒤, 같은 해 모스크바 국제공산당대회에 서울청년회 대표로 참가했다. 이후로 더 깊이 공산주의 이론에 심취했다. 1928년 2월 서울에서 공산당 조직을 꾀하다 조선총독부에 검거돼 6년여를 서대문 형무소에 수감된다. 1934년 석방 후 일제의 서슬 퍼런 감시를 받다 1935년 1월 중국으로 망명한다. 그곳에서 약산을 만난다. 레닌주의에 깊이 관심을 가진 약산은 최창익을 아낀다. 그러나 최창익은 민족혁명당을 만드는 과정에서 지청천, 조소앙, 김규식 등과 끊임없이 다퉜다. 약산에게도 '사회주의나 공산주의 정당으로 거듭나야 한다'고 지속적으로 요구했다. 그때마다 약산은 '민족혁명당은 일본 제국주의 타도와 민족해방, 민주공화국의 건설이 목표'라면서 계급주의 정당 무용론을 내세웠다.

최창익은 약산이 중국 국민당과 관계를 유지하는 것도 마음에 들지 않았다. 그의 입장에서 국민당은 계급투쟁론에 반하는 정당이었다. 결국 1938년 11월 조선의용대가 창립된 지 한 달도 지나지 않은 시점에 최창익은 자신을 따르던 전시복무단 단원들과 조선의용대원 중 공산주의 계열 청년들을 이끌고 화북 옌안으로 이동한다. 이곳에서 최창익은 항일군정대학 교관으로 지내며 때를 기다렸다. 동시에 무정, 김두봉과 함께 조중연대를 구축한다. 1940년 조선의용대의 주력이 옌안으로 이동하자 이를 흡수해 조선의용군으로 개편한다. 약산으로서는 자신이 만든 부대가 최창익등의 이탈로 한순간에 반 토막 나 버린 것이다.

해방 후 최창익은 북한 정권에 참여했다. 그러나 1950년대 중반 김일성의 1인 독재를 비판하기 시작하면서 밀려나기 시작했고, 1957년 9월 1일 제명과 동시에 숙청당한 뒤 평양 감옥에 수감된 채 옥중에서 사망했다. 그의 부인 허정숙은 일찍이 그와 노선을 달리해 최창익을 돕지 않았다. 재밌는 점은 1948년 9월에 찍힌 조선민주주의인민공화국 초대 내각 사진에서 최창익은 약산과 함께 김일성 뒤쪽에 함께 섰다. 북에서 해후한 약산과 최창익, 그들이 과연 어떤 말을 나눴을지 실로 궁금할 따름이다. 개인적으로 약산이 실권을 잃기 시작한 시점을 조선의용대 창설 직후, 최창익이 만든 분란과 이탈로 본다. 그는 끊임없이 약산의 행보에 찬물을 끼얹었다.

🚶 어떻게 갈까

이미 독립기념관에서 여러 차례 조선민족전선연맹의 집단거주지 및 본부 터를 확인했다. 당시 중국 우한 일본 조계 813가 15번지에 있었던 조선민족전선연맹은, 현재의 승리가 25호에 위치해 있다. 중국 주소는 호북성 무한시 강안구 승리가 25호 湖北省 武漢市 江岸區 勝利街 25號다. 우한 국민정부 청사와 조선의용대 경축식 장소인 YMCA 중간에 있다. 현재는 작은 식당이 몰려 있다.

참고로 최창익이 민족혁명당을 탈당하고 우한에서 조직한 조선청년전시복무단朝鮮靑年戰時服務團 터는 중국 우한 국민혁명군 팔로군 판사처 인근에 자리하고 있다. YMCA에서 중산대로中山大路를 따라 북쪽으로 20분 정도 걸어 올라가면 나온다. 현재는 우한 지하철 황포로역黃浦路 B번 출구 바로 앞 중국공상은행 자리다. 인근에 무한 팔로군 판사처가 있다.

1938년 7월, 최창익은 '즉각적인 참전'을 주장하며 약산에 반발해 이곳에서 조선청년전시복무단을 만들었으나 끝내 동북 진출을 이루지 못했다. 믿었던 우한의 팔로군 판사처가 '성급하다'라는 결론을 내렸고, 이로 인해 경제적인 어려움이 이어졌다. 결국 최창익은 다시 약산에게 손을 벌릴 수밖에 없었다. 그리곤 다시 안정을 찾았을 때 역시나 일말의 망설임 없이 약산을 등졌다.

03

팔로군 기념관에서 만난
약산과 조선의용대

🗺 여기는

최창익의 조선청년전시복무단 터에서 불과 500m도 떨어지지 않은 곳에 우한 국민혁명군 팔로군 판사처가 자리하고 있다. 최창익 입장에서는 공산당의 도움을 받아 옌안으로 북상해 자신의 뜻을 펼치고자 했으나 뜻대로 되지 않았다. '준비를 더 하라'는 것이 당시 공산당이 내린 지침이었다.

　개인적으로 우한 팔로군 판사처까지 갈 생각은 없었다. 그러나 중일전쟁을 계기로 다시 성립된 2차 국공합작의 상황을 약산은 어떻게든 현명하게 이용해야만 했다. 약산의 성격상 조국 독립을 위해서라면 좌와 우를 가리지 않고 활용했다. 그리고 이를 확인할 수 있는 유일한 공간이 우한 팔로군 판사처였다. 도착하기 전까지 큰 기대를 하지는 않았다. 여느 지역에나 있는 팔로군 기념관이라 판단했다.

　착각이었다. 우한 '미성년애국기지'로 사용되고 있는 팔로군 판사처는 2013년 전국중점문물단위로 지정된 유적지다. 그리고 입구에서부터 조선혁명간부학교 2기 출신 정율성이 직접 작곡한 인민해방군가의 악보가 전시돼 있다. 작곡자에는 정율성郑律成 이름 석 자가 당당히 기록돼 있다. 그

팔로군 판사처 기념관 여러 가지 전시물 위로 만난 뜻
밖의 약산. 설마 조선의용대 창립 기념사진을 우한에
서 만날 줄은 몰랐다. 약산과 조선의용대도, 정율성
의 이름 석 자도 너무나 반갑고 고마운 순간이었다.

리고 입구를 통과해 주 전시장에 도착하면 가운데 상단 벽면에 1938년 10월 10일에 찍은 약산과 조선의용대의 사진 걸려있는 모습을 보게 된다. 중국에서 만나는 약산과 조선의용대, 직접 가서 본 사람만 느낄 수 있는 감동이 밀려온다. 우한에서 조선의용대가 어떤 과정을 거쳐 어떻게 탄생했고, 어떤 역할을 했는지 약간이나마 유추할 수 있는 지점이다. 가만히 서서 한참을 바라봤다. 중국 전역에서 상하이와 충칭을 제외하고 약산의 모습을 공식적으로 볼 수 있는 것이 거의 없기에 무언가 표현하기 어려운 감동이 밀려왔다.

2019년 6월, 현장의 마음을 담아 약산 생질 김태영 박사에게 연락을 취했다. 그는 '역사란 그런 것'이라면서 '아무리 왜곡하고 삭제하려 해도 진실은 어디선가 이렇게 기록되고 기억된다'라고 덧붙였다. 약산과 조선의용대의 전시된 사진 한 장을 보러 가는 것만으로도 우한 팔로군 판사처를 봐야 하는 이유가 된다.

참고로 1927년 1차 국공합작이 결렬된 이래 정확히 10년 만에 다시 재개된 국공합작은 공산당에게는 기사회생의 기회를, 국민당에게는 기계화된 일제를 확실하게 몰아낼 계기로 작용했다. 물론 1936년 12월 12일 동북군 총사령관이었던 장쉐량이 장제스 총통을 시안西安 화청지에서 납치해구금하고 공산당과의 내전을 중지하고 일본 제국주의의 침략에 맞서 함께 싸울 것을 요구한 것이 결정적으로 작용했다. 이를 계기로 장제스는 국민당군과 홍군의 국공 내전을 중지하고 제2차 국공 합작이 이루어져 함께대 일본 전쟁을 수행하는 계기가 됐다. 2차 합작으로 불법화됐던 공산당이다시 합법화됐고, 1938년 일종의 민주의회인 국민참정회가 설치돼 국민당 일당 독재에서 벗어나 공산당을 비롯한 각계 인사들이 참여했다. 무엇보다 공산군인 홍군은 국민혁명군 팔로군八路軍과 국민혁명군 신사군新四軍으로 재편성됐다. 팔로군과 신사군은 국민혁명군 소속이긴 하지만 독자적으로 작전권과 지휘권을 가졌고 장제스의 지시를 받지 않았다. 2차 합작은 1945년 8월 15일 일본의 패망으로 종전될 때까지 이어졌다.

⭐ 놓치지 말아야 할 사실

당시 우한 팔로군 판사처에는 조선 청년 한락연도 활동하고 있었다. 그의 적지 않은 활동이 중국 공산당 내에서 한중간 윤활유 같은 역할을 했는데, 한국 사회에 잘 알려지지 않은 한락연의 생을 돌아보면 그 정도로 큰 족적을 남겼다.

한락연, 중국에서 활동한 조선족 출신 미술가로 윤동주와 같은 용정 출신이다. 약산과 같은 해인 1898년에 태어났지만 불행히도 1947년 비행기 조난사고로 사망했다. 일찍부터 미술에 큰 재능을 보인 탓에 러시아로 유학도 떠났다. 그러나 3.1혁명에 참여했다가 일제에 쫓겨 블라디보스토크를 거쳐 상하이로 이주했다. 1923년 상하이에서 국민대표회의가 열릴 때

한락연 자화상

'창조파'로 활동했다. 1924년에는 임시정부 경호대에 소속돼 밀정을 감시하는 역할을 맡기도 했다. 아마도 당시에 김구와도 연을 맺었을 텐데, 1938년 충칭에서 한락연이 류옥하라는 여성과 사랑에 빠져 두 번째 결혼을 할 때 김구가 직접 참석해 축하를 해줄 정도였다.

1920년대 한락연은 상하이에서 임시정부와 연을 맺으면서 상하이 미술전문학교를 다녔다. 전문가로서의 소양을 쌓은 것인데, 동시에

상하이 중국 공산당에도 가입한다. 그러나 재능은 어딜가도 드러나는 법, 그림 실력이 뛰어나 1931년 프랑스로 유학을 떠났다. 그곳에서 프랑스 공산당에도 입당해 활동했다. 그러나 7년여의 유학 생활도 1937년 중일전쟁이 발발하자 종료됐다. 한락연은 바로 우한으로 돌아와 '동북항일구국총회'에 참가했다. 이 단체를 이끈 것이 바로 우한 팔로군 판사처를 책임졌던

주은래다. 한락연은 재능대로 각종 선전작업에서 크게 역할 했다. 유학 생활에서 익힌 중국어와 러시아어, 프랑스어, 영어, 독일어 능력 덕분에 각종 문서를 번역하고 선전하는 작업도 병행했다. 우한 판사처 시절, 한락연은 옌안으로 이주하기를 희망하는 조선청년들 몇몇을 실제로 보냈다. 한락연이 보낸 대표적인 인물이 이명과 장진광이다. 이들은 최창익과 김산이 교수로 재직했던 항일군정대학에서 교육을 받은 후 태항산 항일근거지에 파견돼 조선의용대로 활동한 인물들이다. 이후 한락연 역시 팔로군전선총부의 연락 공작을 하며 자신의 역할을 다했다. 그의 고향 중국 용정에는 한락연을 기리며 락연공원이 조성됐다.

🏃 어떻게 갈까

주소는 호북성 무한시 강안구 장춘가 57호 湖北省 武漢市 江岸區 長春街 57 號다. 팔로군무한판사처구지기념관八路军武汉办事处旧址纪念馆으로 검색해도 정확한 위치가 특정된다. 개인적으로 팔로군기념관을 둘러본 뒤 장강공원에 갔다. 걸어서 5분 거리다. 거리상 차이가 있지만 정정화 여사의 《장강일기》가 떠오르는 장소다. 우한시민들의 휴식처로 자리매김한 장강을 확인할 수 있다. 장강은 그때나 지금이나 같은 모습으로 대륙을 관통하고 있다.

04

우한 국민정부 청사와
적경리 위안소

📍 여기는

우한을 관통하는 큰 도로가 중산대로다. 그 중심에 우한 국민정부 청사가
있다. 현재는 호텔 대화반점大華飯店으로 사용되고 있으며 3층이 국민정
부 전시관이다. 1996년 전국 중점문물단위 유적지로 지정됐기에 신분증
만 있으면 누구나 무료로 입장이 가능하다. 중국 혁명사에서 굉장히 귀한
장소인데, 우리에겐 의열단원 권준이 우창 봉기에 직접 참여했다. 독립기
념관의 설명에 따르면, 권준은 1924년 중국 국공합작을 위한 중국 국민
당 제1차 전국대표대회가 소집되자 조선혁명가의 신분으로 대회를 방청
했다. 이를 계기로 황포군관학교 4기 보병과에 입학해, 북벌이 개시되자
6군 포병영 부영장으로 전투에 참가하게 되었다고 한다. 알다시피 4기는
약산이 20 여명의 의열단 동지들과 함께 단체로 입교했던 기수다. 권준은
1926년 우한에서 동방피압박민족연합회東方被壓迫民族聯合會에 조선 대
표로 참석하여 집행위원으로 선출되었다. 이후엔 황포군관학교 우한 분
교에서 훈련부 교관을 맡아 활동했다. 권준은 이곳 우한 국민정부와 연계
해 활동했다. 입장이 다소 조심스럽긴 하지만 관리인의 안내를 받아 엘리

베이터를 타고 3층으로 올라가면 당시 국민정부가 활동했던 그 모습 그대로 전시돼 있다. 중국 혁명의 한복판으로 갑자기 걸어 들어온 기분이 인다.

그러나 오늘 이 자리에서 정말로 강조해야 할 장소가 한 곳 더 있으니, 충남 서산 출신 위안부 피해자 하상숙 할머니가 1944년 17살 나이에 강제로 끌려와 고통을 당한 우한 적경리 위안소다. 우한 국민정부 청사 바로 뒷골목인 적경리에 위치해 있다. 혁명의 거리 너머에 어둡고 쓸쓸한 적경리 골목이 있다. 이곳 역시 난징 리지샹 위안소와 마찬가지로, 일제는 지사들이 떠난 자리에 위안소를 세워 죄없는 소녀들을 무차별적으로 능욕했다. 하상숙 할머니는 동북아역사재단에 아래와 같이 자신의 위안부 피해를 알렸다.

> "1944년 연말, 17세 때입니다. 2명의 조선인 남자가 나를 속여서 중국의 한구(우한)에 데리고 가서 적경리積慶里의 '삼성루三成楼'라고 하는 위안소에 넣었습니다. 최초 성병 검사를 한 군의관에게 강간을 당해서 무서워서 참을 수 없었지만, '기미코'라고 이름이 붙여져, 많은 일본 병사를 상대하게 되었습니다. 군인들은 밖에서 줄을 서서 차례를 기다리고 있었습니다. 1일에 20명 정도를 상대하게 했고, 생리 때가 되어도 쉴 수 없었습니다. 건물의 창에는 철격자가 끼여 있어서 자유롭게 밖에 나갈 수도 없었습니다. 어느 날, 돌연, 일본병이 위안소에 오지 않게 되었습니다. 일본인 여성을 통해서, 전쟁이 끝난 것을 알았지만, 고민하고 있는 사이에 귀국의 기회를 잃어, 살기 위해서 3명의 아이가 딸린 중국인과 결혼했습니다. 2000년의 여성 국제 전범 법정 때에 조국에 돌아가고 싶다고 호소해 2003년에 간신히 귀국할 수 있었지만, 아이들과 살기 위해, 2005년에 중국에 돌아왔습니다."

　적경리 거리에는 현재 재개발이 한창 진행 중이다. 할머니가 머물던 적경리 20호 역시 아무도 살지 않는 폐허가 돼 철거만 기다리고 있다. 필자가 사진기를 들고 현장을 서성이자 동네 주민이 다가와 '이곳에 무슨 볼일이 있냐'는 말을 건넸다. 차마 '나라가 힘이 없어, 80년 전 한국 소녀가 끌려와 위안소 생활을 했던 곳'이라는 답을 하진 못했다. 그저 '한국인이 살았던 곳'이라고만 짧게 말했다. 그는 고개를 끄덕이며 '철거 중이니 조심하라'는 말만 남기고 떠났다. 그 역시도 적경리 거리의 아픈 역사를 아는 듯했다.

⭐ 놓치지 말아야 할 사실

지난 2017년 8월 28일 오전 9시, 하상숙 할머니는 한 많은 세월을 뒤로하고 운명했다. 향년 89세. 1944년 위안소에서 8개월 가까이 수용 생활을 한 하 할머니는 이듬해 일본이 패전하면서 해방을 맞았지만 귀국을 포기하고 세 아이를 가진 중국인과 결혼했다. 아이를 낳을 수 없던 하 할머니는 남편의 아이들을 기르며 여생을 보냈다. 1994년 남편과 사별한 뒤에는 막내딸과 함께 지냈다. 하 할머니는 중국에서 '조선' 국적으로 남았으나, 남과 북이 나뉜 이후 자동으로 북한 국적을 갖게 됐다. 1999년에야 한국 정부의 국적회복 판정을 받고, 비로소 원적을 찾게 됐다. 하 할머니는 중국에서 60년 가까이 살다 2003년 처음 고향 땅을 밟았다. 2000년 12월 일본 도쿄에서 열린 '일본군 성노예 전범 여성 국제법정'에 증인으로 참석해 당신이 당한 '위안부' 피해를 증언했다. 2013년 서울에서 열린 '제1회 세계 일본군 위안부 기림일 기념 국제 심포지엄'에도 참석해 '일본이 이렇게 나쁜 짓을 하고 그런 일이 없다고 말하는데, 거짓말을 하면 되나요? 나는 (일본 정부가) 잘못했다고 말하는 것을 들어야지 안 그러면 내가 못 죽어요'라는 말을 남겼다. 할머니는 끝내 일본의 사과를 듣지 못한 채 우리 곁을 떠났다. 지난 2019년 여름, 하 할머니가 위안소 생활을 했던 우한 적경리 20호 앞에서 할머니의 명복을 빌었다.

🏃 어떻게 갈까

우한 국민정부 청사 기념관 찾아가는 길은 매우 쉽다. 중산대로 중심에 위치한 탓에 대로를 따라 걷다보면 바로 보인다. 지도에 우한한민정부구지기념관武汉国民政府旧址纪念馆이라 입력해도 바로 확인 가능하다. 한정가역汉正街과 강한로역江汉路 중간에 위치해 있다. 주소는 호북성 무한시 강안구 중산대로 708호 湖北省 武漢市 江岸區 中山大路 708號다.

하상숙 할머니가 위안소 생활을 했던 적경리积庆里 20호는 국민정부 청사를 바라보고 우측 첫 번째 골목으로 들어간 뒤, 쭉 뻗은 길을 따라 걷다보면 우측에 난 작은 골목에 있다. 그곳이 바로 적경리 거리다. 철거하는 건물들 사이에 집 주소가 붙어 있는데, 위안소가 있던 20호는 따로 번호

가 없다. 옆 건물과 다음 집을 통해 위치를 확인해야만 한다. 이마저도 철거가 머지않은 상황이라 옛 거리 자체가 조만간 사라질 것으로 추정된다.

우한 신해혁명기념관
그리고 황학루와 백운정, 악비 동상

우리에게 우한은 조선의용대를 창립한 귀한 장소지만, 중국인에게 우한은 신해혁명의 도시다. 우한 수의공원首义公园에 마련된 신해혁명박물관辛亥革命博物馆은 중국 국민이 신해혁명을 어떻게 생각하는지 확인할 수 있는 장소다. 한마디로 상당히 잘해 놨다. 입구에서부터 중국의 국부 쑨원의 동상이 자리하고 있다. 정문을 통과하면 고급스런 붉은 벽돌로 지어진 기념관이 시민들을 맞이한다. 마침내 청조를 무너뜨리고 중화민국을 성립시킨 중국 혁명이 완성된 장소임을 온전히 보여주는 것인데, 놀랍게도 이 혁명에 대한민국 임시정부의 아버지라 불리는 예관 신규식 선생도 참여했다.

20세기 아시아 정치사 중 가장 중요한 사건 중 하나로 분류되는 신해혁명은 1905년 쑨원에 의해 시작됐다. 쑨원은 중국혁명동맹회(중국동맹회)를 결성하고 삼민주의를 제창하며 반청反淸 무장투쟁을 전개했다. 그러나 청조는 1911년 민영이었던 철도를 담보로 철도 국유령을 내려 열강에 차관을 얻어서 재정난을 타개하려고 했다. 결국 대규모 봉기가 들불처럼 일어났고, 1911년 10월 10일 우창에서 일어난 봉기로부터 신해혁명의 불길이 중국 전역을 휩쓸었다. 1912년 1월 난징에서 쑨원을 임시 대총통으로 하는 중화민국 임시정부가 수립되었다. 문제는 혁명의 단결력이 오래가지 못했다. 청조에게 대권을 부여받은 위안스카이는 청조 멸망을 공언하며 쑨원에게 대총통 자리를 이어받는다. 그러나 군벌이었던 위안스카이는 오히려 혁명을 진압하고 독재정치를 전개한다. 결국 2차 혁명이 일어나고, 위안스카이 사후 각지에서 군벌이 일어나 대혼란이 이어진다. 우창에서 최초로 봉기한 10월 10일을 중화인민공화국에서는 '신해혁명 기념일'로 정해 현재는 중요 국경일인 '쌍십절'로 기념하고 있다. 우리에게 10월 10일은 조선의용대의 창립일이다. 신해혁명기념관은 우창 봉기 당시 '호북군 정부'가 수립되었던 자리에 세워졌다.

우한에 가면 반드시 들러야 할 장소가 한군데 더 있다. 바로 신해혁명기념관 좌측에 자리 잡은 황학루黃鶴樓다. 입장료가 다소 비싸지만 올라가서 보면 왜 그런지 이유를 알 수 있다. 각 층마다 보이는 풍광이 다르다. 꼭대기에 올라가면 우한 시내와 양쯔강이 한눈에 보인다. 아마 우한에서 생활한 약산과 조선의용대 대원들도 황학루는 한 번쯤 방문했을 것으로 판단된다. 그만큼 역사적이고 유명한 장소다. 개인적으로 신해혁명기념관을 방문한 뒤 황학루를 갔으면 한다. 낙조가 특히 빼어난데, 황학루에서 바라보는 낙조도 좋지만 건너편 백운정에 올라 바라보는 낙조는 탄성을 자아낸다. 장강 줄기에 걸린 황학루가 정말로 그림과 다르지 않다. 백운정에 올라야만 만날 수 있는 장관이다. 이후엔 수의공원首義公園 우측에 자리 잡은 악비 장군 동상을 꼭 보고 가자. 동상임에도 이런 기개가 나올 수 있다는 사실이 그저 놀랍다. 악비 장군은 송나라의 무인으로 금나라와의 전쟁에서 큰 전공을 세웠으나 무고한 누명을 쓰고 양자 악운과 투옥된 뒤 살해됐다. 죽고 나서야 왕으로 추존되어 악왕鄂王으로 불리고 있다. 우한은 악비 장군이 장강을 따라 남송이 들어서자 거점으로 삼은 지역이다. 악비 장군과 그의 애마가 함께 세워진 동상 앞에 가면 그를 위로하며 기도드리는 우한 시민들을 쉽게 만날 수 있다. 그만큼 위용이 대단하다.

05

구이린,
우한에서 물러난
약산과 조선의용대

📍 여기는

조신의용대가 창설된 1938년 10월, 일제는 25개 사단 약 100만 명의 병력을 동원해 중국 내륙의 거점 도시인 무한, 한양, 한구 등을 향해 진격한다. 약산은 조선의용대를 이끌고 중국군과 함께 우한방어전에 참여한다. 하지만 당장 무언가 성과를 낼 수 있는 상황은 아니었다. 초기 창립 목적대로 선전 및 특작 활동에 주력할 수밖에 없었다. 그럼에도 불구하고 대원들은 10여 일 동안 이어진 우한방어전에서 전력을 다해 임무를 수행했다. 거리와 극장, 역전 등지에서 우한 시민들에게 항일투쟁을 이어가야 한다고 호소했다. 그러나 전세 역전의 기미가 보이질 않았다. 심지어 국민정부의 주요 인사들이 모두 우한을 빠져나가는 상황이 벌어졌다. 결국 약산 역시 선택을 해야만 했다. 우한이 함락되기 3일 전인 1938년 10월 22일 약산은 조선의용대를 이끌고 우한을 떠났다. 그러나 모두가 함께 떠나지 못했다. 박효삼의 1지대는 제 9전구인 장사지역으로, 이익성의 2지대는 제1전구인 낙양으로 철수했다. 약산만이 의용대 본부를 이끌고 제4전구인 광서성 구이린으로 퇴각했다. 《임정로드 4000km》 구이린 편에 자세히 언급하는 칠성공원이 바로 당시 약산이 퇴각해서 본부로 삼은 동녕가 1호다.

본대와 흩어져 철수해야만 하는 상황에서도 조선의용대원들은 적을 와 해시키는 선전 임무에 진심을 다했다. 기록에는 조선의용대가 직접 전투에 참가해 유격전 및 반 소탕전, 통신 및 철도 파괴 공작에 참가하기도 했다. 또 한·중·일문으로 작성된 책자 5만여 권과 전단 50여만 장, 표어 40여만 장, 통행증 1만여 장을 만들어 살포했다. 모두 구이린에서 진행한 일이다. 약산은 1939년 말, 제1지대 일부 인원과 일본군과 학도병 귀순자를 합해 조선의용대 제3지대를 창설한다. 본부격인 최고사령부에 100명, 박효삼의 제1지대 78명, 이익성의 제2지대 75명, 새로 만들어진 제3지대에 김세일 이하 63명이 추가로 구성됐다. 창립 1년 만에 창립 인원인 80여 명보다 약 3배 이상 커진 규모의 부대가 됐다. 그러나 부대 규모가 커지면서 동시에 한계점도 바로 드러났다. 약산은 초지일관 우리 힘으로 일제를 섬멸하고 조국 독립을 이루겠다고 강조했다. 문제는 조선의용대의 실질적인 감독권이 중국 국민당 정부에 있는 상황이었다. 게다가 각 지대별로 흩어져 있어 독자적인 작전을 수행하기가 불가능했다.

이런 조선의용대의 상황을 1938년 10월에 옌안으로 떠난 최창익, 김두봉 등의 공산주의 교조주의자들이 철저하게 이용했다. 이들은 조선의용대가 조선인이 많은 화북 지방에서 활동하지 않는 상황을 끊임없이 문제 삼았다. '언제까지 선전활동에만 집중할 것이냐'라는 대원들의 불만도 터져나왔다. 특히 1939년 1월, 국민당 정부가 반공 노선을 보다 강화하자 조선의용대 대원들의 반발도 눈에 띄게 확대됐다. 같은 시기 중국 공산당이 활동을 개시, 화북을 중심으로 한 항일 노선이 강화됐다. 혈기왕성한 청년 조선의용대원들은 약산에게 '화북으로 떠나야 한다'는 요구를 더욱 분명히 했다. 이러한 요구는 약산에게 그대로 압박으로 다가왔다. 1939년 10월 10일 구이린에서 찍은 조선의용대 창건 1주년 기념식 사진을 끝으로, 1940

넌대가 열리자 약산 역시 충칭 시대를 연다. 이는 곧 남느냐 떠나느냐의 선택의 시간을 의미했다.

※ 구이린 조선의용대 유적지

《임정로드 4000km》에 자세히 언급했다. 약산과 조선의용대는 1938년 12월부터 1940년 3월까지 구이린에 머물며 활동을 이어 갔다. 특히 항일전의 대의를 널리 전파하고 국제적 연대를 구축 하기 위해 대외선전 활동에도 주력했는데, 이를 위해 기관지 〈조 선의용대통신〉을 발행했다. 조선의용대 본부와 잡지를 발행했던 장소가 구이린 시내 곳곳에 산재해 있다.

시가원 거리 동녕가 1호 본부가 공습으로 파괴된 후 옮긴 조선의용대 본부는 이 시가원 거리 일대 어딘가에 머물다 충칭으로 떠났다.

문제는 이번에도 다르지 않다. 현장에 어렵게 가서 직접 확인해도 아무런 흔적이 없다. 우한을 떠난 약산이 구이린에 처음 자리를 잡은 동닝가 1호 역시 어떤 흔적도 없다. 이마저도 1959년 중국 건국 10주년 기념으로 동닝가 1호에 칠성공원七星公園을 조성하는 바람에, 현재는 정말로 그 어떤 흔적도 찾을 수 없다. 동닝가 1호가 일제 공습으로 파괴된 후 이동한 시가원 본부 터역시 마찬가지다. 어떤 흔적도 남아있지 않다. 반 토막 난 독립운동사가 다시 한번 확인되는 순간이다.

⭐ 놓치지 말아야 할 사실

* 전북CBS 〈사람과 사람〉 인터뷰 중 (2019년 7월 17일 방송)

진행자 독립운동 순례길 임정로드. 오늘 가볼 곳은 구이린인데 우리에게 계림이라는 지명으로 더 유명하죠?

김종훈 네 그렇습니다. 계림으로 유명한 곳이죠. 정확하게 발음하면 구이린입니다.

진행자 구이린은 천하에 가장 아름다운 땅으로 알려져 있지만 독립 유적지로는 좀 생소하네요. 거기서 어떤 일이 있었던 건가요?

김종훈 네네. 중국 사람들도 '죽기 전에 꼭 한번 가보고 싶은 곳'으로 손꼽는 곳이 바로 구이린입니다. 천하에서 가장 아름다운 땅이라고 손꼽길 주저하지 않습니다. 실제로 가서 보면 사방에 기암절벽이 가득합니다. 3,600여 개의 산봉우리가 구이린 곳곳에 있으니 우리가 상상하는 그대로입니다. 실제로 영화 〈아바타〉에서 판도라 행성의 배경이 된 곳이기도 하고요.

우리 독립운동사에서는 1938년 우한에서 창설한 조선의용대가 일제의 공
습을 피해서 본부를 이전한 곳입니다. 그리고 문 대통령이 지난 현충일에
우리 국군의 뿌리가 조선의용대를 거친 광복군이라고 말해서 큰 논란이
일기도 했죠. 조선의용대를 만든 사람이 바로 약산 김원봉입니다.

진행자　조선의용대의 흔적은 어디에서 살펴볼 수 있습니까?

김종훈　네네 구이린 시내 중심부에 위치한 칠성공원이 있습니다. 1930년
대 후반 이곳에 동녕가라는 거리가 있었고, 첫 번째 집이 바로 조선
의용대의 구이린 본부였습니다.

진행자　조선의용대의 숨결을 느낄 수 있는 칠성공원. 워낙 유명한 관광지
고. 온종일 돌아다녀도 넉넉할 만큼 규모가 거대해요?

김종훈　네. 숨결은 남아있으나 흔적은 찾을 수가 없습니다. 조선의용대 본
부가 있던 동녕가 1호 자리는 1959년 중국 건국 10주년 기념으로
조성된 칠성공원에 편입됐기 때문인데요. 입장료도 75위안, 우리
돈으로 15,000원 정도 합니다. 상당히 비싼 편입니다. 그만큼 볼거
리도 많고, 종일 돌아다녀도 다 못 볼 만큼 거대합니다.

진행자　그런데 김원봉과 조선의용대는 어쩌다 구이린에 자리 잡게 된 걸
까요? 일본군을 피해 난징에서 충칭으로 이어지는 임시정부의 족
적과 김원봉의 흔적. 크게 다르지 않은 듯하네요.

김종훈　앵커님 말씀이 정확합니다. 중일전쟁이 큰 영향을 끼쳤습니다.
1937년 중일 전쟁 발발 후 일본군은 1938년에 난징을 함락하고 우
한을 향해 진격합니다. 중국은 필사적으로 항전했으나 신식무기를
앞세운 일본의 공세를 이겨내지 못합니다. 이때 약산 김원봉이 중
국 당국과 협의를 합니다. 조선인으로 구성된 군대를 만들어 우리
도 참전하겠다. 그것이 1938년 조선의용대가 우한에서 탄생하게
된 배경입니다. 다만 우리가 기대하는 대규모의 부대를 유지하진
못했습니다. 200여 명 정도 수준이었고, 최대 수준까지 치솟은 숫
자가 300여 명 정도였습니다. 전투보다는 선전 활동에 집중할 수밖

에 없었는데, 국민당 정부에서도 그 정도로 활동해주기를 바랐습니다. 중국어와 일본어, 한국어를 동시에 할 줄 아는 대원들이 많아 일정 부분 영향을 끼쳤습니다.

진행자 조선의용대에 대해선 우리가 좀 더 생각해볼 지점이 있죠?

김종훈 문 대통령의 현충일 발언을 다시 언급해야 하는데요. 문 대통령은 '1945년, 일본이 항복하기까지 마지막 5년 임시정부는 중국 충칭에서 좌우합작을 이뤘고, 광복군을 창설했다'면서 '임시정부는 1941년 12월 10일 광복군을 앞세워 일제와의 전면전을 선포했다. 광복군에는 약산 김원봉 선생이 이끌던 조선의용대가 편입되어 마침내 민족의 독립운동역량을 집결했다'라고 말했습니다. 이는 곧 조선의용대가 광복군이 됐고, 광복군이 우리 국군 창설의 뿌리가 됐다고 선언한 겁니다. 발언 이후 잘 아시겠지만 난리가 났죠. 어떻게 약산 김원봉을 언급하냐고. 대한민국 군대의 역린을 건드린 겁니다.

진행자 나중에 조선의용대는 김구의 광복군에 합류하잖아요. 실제 전력 상승에 얼마나 도움이 됐나요?

김종훈 1940년 9월 17일 중화민국 충칭에서 대한민국 임시정부의 정규 국군인 광복군이 탄생합니다. 하지만 미비했습니다. 1941년 12월 일제에 전면전을 선포했지만 여전히 국민당 지원이 없으면 거의 할 수 있는 게 없을 정도였습니다. 조직 면에서도 마찬가지였습니다. 그러다 1942년 조선의용대가 편입되고 나서 규모 면이나 조직 면에서 비로소 군대다운 모습을 갖추게 됩니다. 대통령의 현충원 발언대로 '그 힘으로 1943년, 영국군과 함께 인도-버마 전선에서 일본군과 맞서 싸웠고, 1945년에는 미국 전략정보국OSS과 함께 국

광복군 성립 3주년 기념식 1943년 9월 17일 한국광복군 성립 3주년 기념식의 모습이다. 왼쪽 서 있는 사람 왼편으로 나란히 지청천 장군과 약산의 모습이 보이고, 오른쪽 사진에는 일어나서 발언하는 약산의 왼편으로 임시정부의 살림을 책임지며 광복군 성립에도 일조한 차리석 선생의 모습도 보인다.

8부 우한·구이린_중국이 기억하는 우리나라 군대, 조선의용대 299

내 진공작전을 준비하던 중 광복을 맞았습니다.'

진행자 조선의용대 본부 병력이 한국광복군에 합류했고 김원봉은 부사령에 임명된 건 역사적 사실이지만. 해방 이후 조선의용대원 가운데 상당수가 북한 인민군에 합류했다는 이야기도 있던데요. 이렇게 되면 조선의용대가 국군의 뿌리이자 동시에 인민군의 뿌리가 되는 셈이 아닌가 이런 지적도 나오는데요.

김종훈 해방 후의 복잡다단한 과정을 설명할 때마다 참 아쉽고 안타깝습니다. 약산이 황포군관학교를 거치며 가장 우려했던 것이 바로 내분이었습니다. 이미 중국에서 국공합작 실패로 서로에게 총부리를 겨눈 결과를 경험했기 때문입니다. 약산도 자기 고향으로 먼저 돌아왔습니다. 하지만 미군정 하에서, 다시 등용된 친일파의 압제 속에 날개를 펴지 못한 것도 사실입니다. 익히 알려진 대로 동지 여운형 선생이 대낮에 테러를 당하고 자신 역시 감옥에 끌려가고. 북으로 올라가게 됩니다. 당시 북에는 군 수뇌부가 말 그대로 동북항일군과 조선의용대 출신들이 군 요직을 차지하고 있던 게 사실이니까요. 자신의 부하들이 대장이었던 약산을 부른 측면도 있습니다. 그렇다고 우리 군의 뿌리가 일본 육사와 만주 군관학교 출신들이 대거 등용돼 만들어진 조선경비대로 해야 하는지에 대해서는 의문입니다. 현충원에 잠든 국가 공인 친일파 김백일, 김홍준, 이응준, 신태영, 신응균, 이종찬 모두 일제 군인 출신들이고 심지어 독립군 때려잡던 간도특설대 출신도 있습니다. 이들이 우리 군의 창군 주역들로 불립니다. 광복군 출신 철기 이범석 장군이 초대 국방부 장관을 했다는 것이 그나마 유일한 위안거리입니다.

진행자 조선의용대가 광복군에 흡수된 사실. 그들을 흡수한 광복군이 국군의 뿌리라는 점을 인정하더라도. 김원봉 개인이 국군의 뿌리가 된다는 것에 대해서는 인정하지 않는다. 얼마 전 정경두 국방장관이 밝힌 견해입니다. 광복군과 김원봉을 분리해서 평가하자는 건데 이 부분은 어떻게 보시는지?

김종훈 약산 조카 김태영 박사와 이 부분에 관해 몇 번을 이야기했습니다. 있는 사실을 부정할 수는 없습니다. 분리평가라는 것 자체가 문제를 외면하자는 뜻입니다. 건국절 논란도 그랬습니다. 1921년 신년 기념사진에 버젓이 대한민국 3년이라고 쓰여 있는데 우리 건국이 1948년 남한 단독 정부가 만들어진 날이라고 말합니다. 약산이 북에 올라가 국가검열상과 노동상을 지낸 건 맞습니다. 다만 그가 김일성에게 숙청당할 때까지, 마지막까지 놓지 않았던 직책이 하나 있습니다. 바로 조국 통일 민주주의 민족전선 상임위원 자리입니다. 직책에서 그대로 드러나듯 마지막까지 조국 통일을 위해 민간 차원의 교류라도 이어가야 한다고 주장하고 실천했습니다.

치장에서 쏘아올린
약산과 백범의 공개통신,
두 사람이 함께 꿈꾼 나라

약산이 구이린에서 충칭으로 이동하기 전해인 1939년 5월, 그러니까 구이린 동녕가 1호(현 칠성공원)에서 조선의용대 본부를 유지하고 있을 당시, 약산은 치장에서 백범과 함께 중대한 발표를 한다. 독립운동사에 길이 남을 16쪽짜리 〈동지동포들에게 보내는 공개신〉이다. 그 안에는 공개신이 만들어진 배경과 독립운동 과정에서의 반성, 방향, 미래에 대한 논의가 온전히 담겼다. 무엇보다 문장 머리마다 이어지는 '두 사람兩人/원문은 양인'은 백범과 약산이 어떤 마음으로 이 글을 썼는지 알 수 있는 부분이다. 두 사람은 진심으로 화합해 조국 독립을 바랐다.

"우리 두 사람은 3.1 운동 이후 해외에서 일본제국주의를 향해 계속 분투했다. 그러나 과거에는 한 개의 강적에 대한 투쟁을 통일적으로 강하고 유력하게 진행하지 못하였다. 이것은 군중을 떠난 우리 두 사람의 특수환경의 영향도 없지 않았으나, 주로는 우리가 민족적 경각성이 부족했기 때문이다. 이로 인해 민족혁명의 전략적 임무를 정확히 파악 실천하지 못하였던 것이다. 그러나 지금 우리는 과거 수십 년간 우리 민족운동 사상의 파쟁으로 인한 참담한 실패의 경험과 중국민족의 최후의 필승을 향하야 매진하고 있는 현 상황에서, 민족적 총 단결의 교훈을 이전의 착오를 통해 통감한다. 우리 두 사람은 신성한 조선 민족 해방의 대업을 위해 동심협력할 것을 동지동포 앞에 고백하는 동시에 목전의 내외 정세와 현 단계의 우리 정치 주장을 이하에 진술하려 한다.”

그러면서 약산과 백범은 ‘1937년 중일전쟁 이후 국제정세와 중국인들의 항일운동을 언급하고, 일본의 폭압적인 각종 수탈정책에 시달리는 국내 동포의 비참한 상황’을 자세히 말했다. 이를 바탕으로 두 사람은 ‘한중연대를 바탕으로 효과적인 독립운동을 전개하기 위해 관내에 현존하는 일체의 독립운동 단체를 해체하고 공동의 정강 아래 재편할 것’을 요청했다.

“현존 각 단체의 할거적 현상과 파쟁적 마찰을 정지하고 단결 제
일의 목표 밑에서 일체의 역량과 행동을 통일하야 우리 투쟁을
적극 전개할 수 있는 것이다. 각 단체가 표방하는 주의는 같지 않
다 할지라도 현 단계 조선 혁명에 대한 정치 강령과 투쟁 대상은
일치한 것이다. 4인 1당, 6인 1당의 각 단체가 구성 분립되고 있
는 것은 투쟁역량의 분산과 호상 알력을 필연적으로 초래해 적
을 향한 힘 있는 투쟁을 전개할 수 없을뿐더러 더욱 민족적 체
통의 손상은 감내할 수 없는 것이다. 이와 같은 각 소 단체를 본
위로서 연맹식 방법에 의해 관내 운동의 통일을 주장하는 이론
도 있으나 이것은 결코 재래의 무원칙적 파쟁과 상호마찰을 근
본적으로 해소할 수 없는 것이다. 이 결전을 승리로 전취하기 위
해서는 우리는 과거의 실패의 경험에 비추어 전 민족적 역량을
집중 운전하는 통일적 조직이 건립되지 않으면 안 된다. 이 통일
적 조직은 전 민족의 의사와 요구에 의한 혁명적 강령에서 건립
되어야 할 것이다.”

백범과 약산 두 사람은 공개신 말미에 10개의 정치 강령도 덧붙였다. 이

것을 백범이 약산과 함께 주장했다고 하면 호사가들은 어떤 반응을 보일까? 친일재산 몰수와 대기업의 국유화, 토지 농민 분급, 노동시간 감소, 사회보험실시, 성 평등, 언론 및 신앙의 자유, 의무교육 등을 언급하고 있다.

1. 일본제국주의의 통치를 전복해 조선 민족의 자주독립 국가를 건설함
2. 봉건세력 및 일체의 반혁명 세력을 숙청하고 민주공화제를 건립함
3. 국내에 있는 일본제국주의자의 공사 재산 및 매국적 친일파의 일체 재산을 몰수함
4. 공업·운수·은행과 기타 산업부문에서 국가적 의의가 있는 대기업을 국유로 함
5. 토지는 농민에 분급하되, 토지 매매를 금지함
6. 노동시간을 감소하며 노동에 관한 각종 사회보험사업을 실시함
7. 부녀의 정치·경제·사회상의 권리 및 지위를 남자와 평등으로 함
8. 국민은 언론·출판·집회·결사·신앙의 자유가 있음
9. 국민의 의무교육 및 직업교육을 국가의 경비로 실시함
10. 자유·평등·상조의 원칙에 기초하야 인류의 평화와 행복을 촉진함

두 사람은 '우리는 동일한 운명에서 동일한 목표를 항하야 투쟁하는 동지며 동포들'이라면서 '우리 두 사람은 다수 동지의 일치한 의지 위에서 해외 다수 동지동포와 함께 먼저 관내 운동 조직의 획기적 변혁과 광명한 신국면의 창조를 향하야 자신과 용기를 가지고 전진하려고 한다. 모든 동지의 건투를 빌며 아울러 혁명 경례를 드린다'라는 말로 공개신을 마쳤다.

그러나 두 사람의 공개신 발표 3개월 뒤에 열린 7당 통일회의는 결과적으로 결렬되고 만다. 우리 민족 사상 최초로 좌우합작을 위한 큰 걸음을 내딛었으나 광복전선과 민족전선에 속한 7개 정당 및 단체 대표들은 통일방안과 최고기구 문제를 두고 의견을 대립하며 결론을 내리지 못했다. 하지만 이 만남은 1940년대 대한민국 임시정부의 기치 아래 좌와 우가 하나로 모이는 직접적인 계기가 됐다.

충칭에서 차로 한 시간 거리인 치장에 가면 시내를 관통하는 중산로를

따라 7당 통합회의가 개최됐던 '영산빈관' 터를 확인할 수 있다. 현재 중산로소학교가 들어선 터라 옛 자취를 찾을 수는 없지만 '조국 독립'이라는 하나의 목표를 위해 지사들은 노력하고 또 노력했다. 1939년 약산과 백범이 그 선두에 서서 이러한 움직임을 이끌었다.

9부
─ 충청

**해방의 감동, 일장춘몽은
아무도 상상하지 않았다**

🚊 화북으로 떠난 조선의용대, 충칭에 남은 김약산

1940년 약산은 구이린을 떠나 충칭으로 이동한다. 이미 치장과 충칭을 오가며 백범과 공동으로 동지동포들에게 보내는 '공개신'까지 완성한 상황에서, 보다 나은 독립운동을 전개하기 위해 충칭으로의 이동을 망설일 이유가 없었다. 그러나 앞서 살핀 대로 1939년 8월 치장에서 진행된 7당 통합회의 결과가 만족스럽지 않았다. 조선의용대 내부에서도 '중국공산당의 활동 근거지인 화북(황하 이북)으로 이동해서 보다 강하게 투쟁 전선을 구축해야 한다'는 요구도 끊임없이 제기됐다.

1940년 9월 17일 충칭에서 대한민국 임시정부 산하의 한국광복군이 탄생하자 조선의용대의 '화북 이동'이 더 큰 논란이 됐다. 약산은 결국 1940년 10월 충칭에서 맞이한 조선의용대 창립 2주년 기념식 자리에서 조선의용대의 미래를 결정하는 논의를 시작한다. 그러나 이미 답은 정해진 상황이었다. 뜨거웠던 조선의용대 대원들에게 중국 공산당이 활동하는 최전선 화북으로의 이동은 당연한 결과였다. 조선의용대 최후의 분대장 김학철의 회상이다.

> "우리는 그 가열한 전쟁판에서도 가방에 언제나 두세 권의 책과
> 양초를 넣어가지고 다녔다. 공부하기 위해서였다. 얄궂은 것은
> 맑스레닌주의가 머리에 배면 밸수록 그와 비례해 공산군에 대
> 한 동경과 흠모의 정도가 가중되었다. 게다가 우리가 활동하는
> 강남 지역은 우리 동포 거류민이 거의 없었다. 공부를 해도 써먹
> 을 대상이 없었다. 하지만 팔로군이 활동하는 화북(황하 이북)은
> 우리 동포들이 도처에 산재해 있어, 보다 보람찬 활동을 펼칠 수
> 있었다. 이런 여건들이 뒤엉켜 우리는 북상병을 앓기 시작했다."
> – 김학철《최후의 분대장》중

대원들 대부분이 3개 국어에 능통할 정도로 간부급 인원으로만 구성된 조선의용대였기에 선전 공작 작업은 그들의 뜨거움을 충분히 채워주지 못했다. 이런 상황에서 1938년 10월 이미 옌안으로 떠난 최창익이 민족혁명당에 남아 있던 한빈을 통해 지속적인 연계 활동을 진행했다. 1939년 말 한빈은 이미 옌안을 다녀와 최창익 등과 함께 조선의용대의 북상과 1941년 1월에 탄생하는 화북조선청년연합회 결성을 합의했다. 1940년 9월에 창설된 광복군이 조선의용대의 성격을 군대가 아닌 정치단체로 평가절하한 것도 조선의용대의 화북 이동을 결정하는 촉매제 역할을 했다. 조선의용대 대원들은 '외교활동이나 이론에만 그치는 입씨름을 하지 않겠다'면서 화북 이동을 더욱 강하게 주장했다.

중국공산당 역시 조선의용대를 적극적으로 끌어안았다. 대원들 개개별

김두봉과 최창익 1946년 8월 23일, 스탈린의 지시로 북조선로동당을 결성한 직후 찍은 기념사진. 앞줄 왼쪽부터 허가이, 김일성, 소련 제25군 군사위원 레베데프 소장, 김두봉, 소련군정 정치국장 이그나치예프 대좌. 뒷줄 왼쪽부터 주영하, 박일우, 최창익 등이 보인다.

의 능력이 탁월한 조선의용대를 보다 적극적으로 전장에서 활용코자 한 것이다. 그러나 이 공작 작업은 약산을 배제한 채 진행됐다. 중국 공산당은 '대원들과 함께 북상하겠다'는 약산의 요구에 충칭 주재 중공 판사처 책임자이자 약산의 황포군관학교 스승이기도 한 저우언라이를 통해 '혁명 공작은 어디서나 모두 같다'면서 거부했다. 사실은 약산이라는 존재 자체가 부담스러웠기 때문으로 약산이 있으면 중국 공산당의 조선의용대에 대한 통제가 제한당할 것이라고 판단했다. 아무래도 중국 공산당의 입장에서는 황포군관학교 시절부터 국민당의 지원을 받고 조선혁명간부학교와 조선의용대까지 창설시킨 약산은 '완전한 공산주의자'로 보기는 어려운 인물이었다. 대신 중국 공산당은 무정을 지도자로 내정한 상황에서 최창익, 김두봉 등을 끌어들여 조선의용대의 북상을 준비했다.

이와 같은 복합적인 상황에서 약산은 1940년 11월 4일 조선의용대 확대간부회의에서 대원들의 요구를 수용해 조선의용대 주력의 화북 지역 이동을 결정한다. 어쩔 수 없는 선택이었지만 약산으로서는 두고두고 뼈에 사무칠 안타까운 결정이었다. 그나마 위안거리는 약산의 동생이자 동지였던 평생지기 석정 윤세주가 조선의용대를 이끌고 화북으로 이동했다는 점이다. 약산의 큰 그림대로 조선의용대가 움직일 수 있는 최소한의 조건은 마련해놓은 상태였다. 그러나 이마저도 석정이 1942년 5월 십자령 전투에서 순국함으로써 끝을 맺게 된다.

고난과 고난의 연속
박차정 지사 순국 추정지(약산 김원봉 충칭 거주지)

🗺️ 여기는

조선의용대 주력의 화북 이동이 결정됐지만 약산의 조선의용대 본대와 민족혁명당은 여전히 충칭에 남아서 국민당 정부와 함께 항일전선을 구축해야만 했다. 중국 공산당의 견제와 국민당의 지원 철회, 동지들의 생활고 등 복합적인 상황이 적용됐기 때문이다. 약산은 1940년부터 해방을 맞이한 1945년까지 충칭 남안구南岸区 일대에서 거주했다. 당시 임시정부와 광복군 사령부는 충칭 위중구 일대에 위치했다. 약산과 조선의용대 거주지는 위중구渝中区를 중심으로 북동 방향에 위치했다. 반드시 양쯔강을 건너야만 하는 위치에 있었다. 약산이 임정을 생각하는 심리적 거리만큼 거주지도 8km 정도 떨어진 곳에 자리 잡았다. 지금 차로 이동해도 복잡한 충칭의 교통 상황을 고려하면 30분 이상 걸리는 거리다.

약산은 충칭시 남안구 탄자석 대불단정가 172호重庆市 南岸区 弹子石 大佛段正街 172号에서 박차정 지사와 함께 살았다. 약산이 충칭에서 겪은 희망과 좌절, 슬픔과 분노 그리고 아픔과 기대가 모두 이곳 대불단정가에서 이뤄졌던 것이다.

충칭으로의 이주 직후인 1940년 11월 조선의용대 주력의 화북 이동이 결정됐고, 이에 맞춰 1941년 1월 산시성 타이항산에서 화북조선청년연합회도 결성됐다. 조선의용대에 대한 약산의 영향력이 대폭 감소하는 계기가 됐는데, 1942년 7월 청년연합회가 화북조선독립동맹으로 확대, 개편되면서 조선의용대에 대한 약산의 실질적인 영향력은 완전히 사라졌다. 1942년 7월을 기점으로 '조선의용대'가 '조선의용군'으로 변모했고, 약산은 배제된 채 독립동맹의 중앙집행위원으로 김두봉과 무정, 최창익, 한빈, 박효삼 등이 선출됐다. 이는 약산이 만든 조선의용대가 공산주의 계열 인사들에게 완전히 장악됐음을 의미한다.

조선의용대를 바탕으로 독립운동의 양대 산맥으로 자리했던 약산은 이때부터 급격히 정치적 힘을 잃었다. 백범과 약산을 동시에 지원하던 국민당 정부 역시 1942년 7월 화북에서 조선독립동맹이 결성된 것을 이유 삼아 약산에 대한 지원을 끊는다.
'하나의 단체를 원조한다'는
것이 표면적 이유였지만 실
상은 '조선의용대 주력 120
여 명이 화북으로 이동해 중
국 공산당에 합류했다'는 것
이 진짜 이유였다.

박차정 지사의 관 앞에 선 약산

　자금줄이 끊긴 약산으로
서는 기나긴 고난이 시작된
순간이었다. 그리고 그 고난
의 정점은 아내이자 동지였
던 박차정 지사의 사망이었
다. 1944년 5월 27일 충칭

남안구 대불단정가에서의 일이다. 약산으로서는 1942년 석정 윤세주의 죽
음에 이어 마지막 버팀목이었던 아내 박차정 지사까지 곁을 떠나버렸다.

　약산과 박차정 지사가 충칭에서 함께 살던 집은 현재 신발 가게로 변해
버린 상황이다. 2018년 필자가 현장을 찾았을 때는 폐업 중인 옷가게였다.
의열단 의백이자 조선혁명간부학교의 교장, 조선의용대 총대장 그리고 광
복군 부사령, 대한민국 임시정부 군무부장을 지낸 약산의 집치고는 너무
나 초라해서 할 말을 잃었는데, 불과 1년 사이에 그 초라함이 배가 됐다.

　약산 집터인 시장통 입구까지 밀려온 재개발의 여파는 더 이상 어떻게
손 써볼 수 있는 상황이 아니었다. 언제 철거당한다 해도 이상하지 않을 상
태다. 때문일까? 함께 약산의 집터를 방문한 임정로드 탐방단 1기 허광평,
이은미 부부는 약산 집터에서 신발을 파는 젊은 사장에게 '이곳에 한국의
독립 영웅이 살았다'라고 말하며 우리 돈으로 1,700원 하는 신발 한 켤레

약산 부부가 살았던 충칭 주거지 자리 그 누구도 이곳에 전설
적인 한국의 독립운동가가 살았다고 믿기 어려울 만큼, 더 이
상 약산의 흔적을 찾을 수 없었다. 약산에 대한 기억마저도.

를 샀다. 두 사람은 신발에 '2019년 6월 충칭 김원봉의 집'이라고 서명하며 '이렇게라도 김원봉 장군을 기억해야죠'라고 말을 덧붙였다.

2019년 8월 10일, 임정로드 2기 탐방단과 함께 다시 약산과 박차정 지사의 집을 방문했다. 애석하게도 근근이 버텨오던 집 앞에는 벽돌로 된 담이 쌓아진 상태였다. 담벼락에는 '철거예정'이라는 붉은 표시가 붙어있었다. 주변 관리인에게 물어보니 '일대가 전부 철거되고 건물이 새로 세워질 것'이라고 밝혔다. 충칭에 남은 거의 유일한 약산과 박차정 지사의 마지막 흔적이 이렇게 사라져 간다. 애석할 따름이다.

⭐ 놓치지 말아야 할 사실

1942년 5월 28일 십자령 전투에서 사망한 석정 윤세주, 그의 죽음은 약산에게 평생을 함께한 동지 한 사람의 상실, 그 이상을 의미했다. 화북으로 이동한 조선의용대 주력과 약산의 마지막 끈이 실질적으로 끊어졌음을 의미했다. 이는 곧 독립운동 진영에서 약산의 영향력 역시 급격히 추락했음을 뜻한다. 그 정도로 약산에게 석정 윤세주의 존재감은 거대했다.

석정 윤세주, 약산보다 3년 늦은 1901년에 약산의 바로 뒷집에서 태어났다. 어릴 때부터 약산과는 친형제처럼 지냈다. 해천변에서 함께 멱을 감았고, 밀양공립보통학교도 같이 다녔다. 무엇보다 일왕 생일을 맞이해 받은 일장기를 학교 똥통에 버린 약산의 인생 첫 번째 의열투쟁을 함께 일으켰다. 석정과 약산, 평생을 믿고 의지한 동지다.

1919년 약산이 중국에서 유학할 당시 석정은 밀양에서 3.1 만세혁명을 준비하고 주도했다. 이로 인해 석정은 일제에 쫓기게 됐고 중국으로의 망명을 선택한다. 1919년 신흥무관학교에서 약산과 재회했다. 자연스레 1919년 11월 10일, 중국 지린시에서 역사에 길이 남을 의열단 창단 멤버로 참여했다. 그러나 1920년 의열단의 첫 번째 의거를 준비하는 과정에서 밀정에 의해 체포된다. 밀양에서 만세운동을 주도했다는 혐의까지 더해져 무려 7년을 감옥에서 보냈다. 그 사이 의열단은 일제가 가장 두려워하는 단체가 됐고, 약산은 전 세계에서 가장 현상금이 큰 독립운동의 거두가 됐다. 석정은 감옥에서의 시간을 허투루 보내지 않았다. 공부하고 전략을 세우며 다음 행보를 준비했다. 석방과 동시에 중외일보 기자가 됐고, 신간회 활동을 이어가며 지사들을 규합했다. 기자였던 육사와 친분을 쌓은 것도 이 시기다. 하지만 일제의 감시망은 석정을 가만히 두지 않았다. 국내에서 더 이상 활동을 이어갈 수 없는 상황까지 초래했다.

석정은 과감하게 중국으로의 두 번째 망명을 시도한다. 1932년의 일이다. 그리고 다시 한번 약산과 해후한다. 당시 약산은 난징 외곽에서 조선혁명간부학교를 세운 상황, 약산은 석정에게 '교관으로 역할해 줄 것'을 요청하지만 석정은 '순서가 있다'면서 먼저 생도가 될 뜻을 밝힌다. 육사와 함께 조선혁명간부학교 1기생이 된다. 그리고 2기 때는 교관이 돼 조직론과 한국 민족해방 운동사, 의열단 운동사, 유물론 철학, 정치경제학 등 사회과학 전반에 대한 교육을 맡아 생도들을 지도했다.

석정이 책략가로서의 면모를 과시하는 시기도 이때다. 석정은 의열단을 중심으로 한국독립당과 한국혁명당, 조선혁명당, 한국광복지회 등 5개 단체의 대표들과 만나 '한국대일전선통일동맹'을 조직한다. 당시 함께한 지사들이 대한민국 임시정부 의정원 의장을 지낸 송병조 선생과 훗날 옌안파의 리더가 되는 김두봉 선생 그리고 파리강화회의의 주인공 김규식 등 독립운동계의 거물이었다. 석정의 존재감이 어느 정도였는지 드러나는 대목이다. 석정은 이를 계기로 1935년 난징에서 '민족혁명당' 창당을 이끌어낸다.

1937년 중일전쟁이 발발한 뒤에는 1938년 2월부터 중앙육군사관학교 성자분교로 건너가 한국독립중대의 교관으로 활약했다. 성지분교에서 수

학한 생도들이 자연스레 조선의용대로 넘어가는 가교 역할을 했다. 그리고 마침내 1938년 10월 10일 중국 우한에서 최초의 한국 정식 군대인 '조선의용대'를 창설하는데 큰 역할을 한다. 지도자 격인 '정치위원'을 맡았다.

석정은 탁월한 이론가였지만 동시에 누구보다 현장에서 빛나는 혁명가였다. 그는 전선을 두려워하지 않았다. 조선의용대의 주 업무인 선전 활동과 포로 심문 등에서 탁월한 능력을 선보였다. 전투에서는 가장 앞에 서서 대원들을 이끌었다. 1941년 조선의용대 주력이 화북으로 이동했을 때 약산은 석정을 믿었기 때문에 대승적 결정을 내렸다고도 볼 수 있다. 실제로 이동 직후 조선의용대 화북지대가 결성됐을 때, 석정은 부지회장을 맡았다. 지회장은 석정과 함께 십자령 전투에서 사망한 진광화가 맡았다.

1942년 5월 일제는 3만여 명을 동원하여 중국 공산당 타이항산太行山 근거지를 공격한다. 팔로군과 조선의용대는 일본군의 소탕작전에 맞서 탈출작전을 실행한다. 조선의용대의 주 임무는 비전투요원과 가족들이 탈출할 수 있도록 보호하는 역할. 일제의 대대적인 공습에 석정은 혈로를 개척해 탈출을 돕는다. 전투는 온종일 계속 됐고, 석정은 진광화와 함께 전우들을 엄호하며 맞선다. 다리에 총을 맞고 탈출하지만 결국 외로이 쓰러져 전사한다. 석정과 진광화는 타이항산 자락 스먼촌石門村에 안장됐지만 1950년 10월 한단邯鄲 시내의 진기로예晋冀魯豫 열사능원으로 이장됐다. 석정의 묘소 앞에는 '석정 윤세주 열사'라고 각인된 묘비가 세워졌다.

🚶 어떻게 갈까

충칭 약산과 박차정 지사의 대불단정가 집터는, 충칭 연화지 청사를 기준으로 차로 이동할 경우 찾는 길은 어렵지는 않다. 독립기념관에서 제시한 주소重庆市 南岸区 弹子石 大佛段正街 172号로 찾아가면 된다. 다만 버스나 지하철 등이 불편해 택시를 이용하는 것이 낫다. 특히 집터가 시장통 안에 위치한 터라 입구에 내려서 5분 정도 걸어 들어가야 한다. 다시 강조하지만 동네 자체가 언제 철거될지 모르는 상황이다. 충칭을 방문한다면 꼭 들러 볼 것을 당부드린다. 현장에서 느껴질 헛헛한 마음은 미리 챙기자.

02

약산에 관한 기록, 사라지고 만들어지다
대한민국 임시정부 연화지 청사

🗺 여기는

2018년 여름 충칭 연화지 청사를 방문했을 때, 입구 좌측 주 전시관을 포함한 전체 청사가 리모델링 중이었다. 청사 관계자는 '임시정부 수립 100주년을 맞아 상하이부터 충칭까지 임정의 주요한 흐름을 청사 곳곳에 배치할 계획'이라고 설명했다. 아쉬웠지만 다음에 오면 더 나아진 모습으로 만날 수 있을 것이라 판단했다.

그로부터 정확히 1년 뒤인 2019년 여름, 다시 충칭 연화지 청사를 찾았다. 외관은 변함이 없었다. 다만 1층 주 전시관, 김구 선생 흉상 우측에 자리했던 사진이 바뀌었다. 이전에는 1945년 11월 환국기념 사진 위에 실물과 거의 같은 크기로 백범과 지청천 사령관, 이동녕 선생 그리고 약산이 새겨져 있었다. 관람객들이 함께 기념사진을 찍을 수 있도록 청사 측에서 배려해 놓은 작품이었다. 그러나 리모델링 후 1년 사이 바뀌었다. 배경과 위치는 그대로인데 약산과 석오 이동녕이 사라지고 대신 조소앙, 이시영, 김규식, 신익희 등 다른 지사들이 그 자리를 채웠다. 청사 관계자는 '고증을 거쳐 나온 결과'라고 설명했지만 아쉬운 마음이 이는 것은 어쩔 수 없었다.

임시정부 중경 연화지 청사
©김종훈 / 국사편찬위원회

약산의 대한민국 임시정부 참여는 우리 독립운동사의 대단한 성과였다. 임시정부 사상 최초로 좌우합작 정부가 탄생한 것이다. 그러나 약산 개인으로만 보자면 시대의 요구와 어쩔 수 없는 불가피한 상황들이 이어져 '임정 참여'를 선택할 수밖에 없었기도 했다.

앞서 살핀 대로 약산은 1940년 11월 조선의용대의 화북 이동을 결정했다. 이듬해 타이항산에서 약산이 없는 가운데 '화북조선청년연합회'가 결성됐다. 조선의용대 본대가 충칭에 남았지만 화북 지역 조선의용대 주력에 대한 영향력은 대폭 감소했다. 이런 상황에서 백범과 약산 양쪽 모두에 지원을 이어가던 국민당은, 조선의용대의 화북 이동을 계기로 1942년 약산에 대한 지원을 완전히 끊었다. 그러나 충칭에는 여전히 조선의용대와 민족혁명당의 동지 및 가족들이 남은 상황, 약산은 다시 한번 결정을 내려야 했다. 무엇보다 '힘을 모아도 모자란 판에 다퉈서는 안 된다'며 대내외의 통합 요구가 끊임없이 이어졌다. 약산은 1941년 12월 민족혁명당 전당대회에서 대한민국 임시정부의 참여를 선언한다.

상황은 급박하게 돌아갔다. 1941년 11월 28일 대한민국 임시정부는 〈건국강령〉을 발표한다. 강령에는 '우리 민족의 3.1혈전을 발동한 원기이며 1919년 4월 11일에 13도 대표로 조직된 임시 의정원은 대한민국을 세우고 임시정부와 임시헌장 10조를 창조 발표하였으니 이는 우리 민족의 자력으로써 이민족의 전제정치를 전복하고 5,000년 군주정치의 낡은 껍질을 파괴하고 새로운 민주제도를 건립하며 사회의 계급을 소멸하는 제1보의 착수'라고 강조했다. 그러면서 '임시정부와 임시의정원이 복국과 건국 시기에 실행할 헌법과 선거법, 군사 외교에 관한 법규를 기초하고 결의한다'고 밝혔다. 정통성 있는 유일한 정부임을 선포한 것이다.

1941년 12월 7일 일본군이 진주만을 기습 공격해 태평양 전쟁이 발발하자 임정은 10일 '대한민국 임시정부' 이름으로 '대일선전포고문'을 발표한다. 임시정부는 연합국의 일원이 돼 일제에 맞서 싸우겠다는 강한 의지를 표명했다.

> "우리는 3,000만 한국인 및 정부를 대표하여 중국·영국·미국·네
> 덜란드·캐나다·오스트레일리아 및 기타 제국諸國의 대일對日 선
> 전포고를 삼가 축하한다. 이것은 일본을 쳐부수고 동아시아를
> 재창조하는 가장 유효한 수단이다. 한국 전체 인민은 현재 이미
> 반침략 전선에 참가하였고, 일개 전투 단위가 되어 일제에 대하
> 여 선전포고한다."

임정의 건국강령과 대일선전포고문이 발표된 상황, 약산은 민족혁명당을 이끌고 임정에 참여한다. 이듬해인 1942년 5월 약산은 다시 한번 중대한 선언을 한다. 충칭에 잔류하던 조선의용대 본대의 광복군 편입을 결정한 것이다. 결과적으로 1942년 5월 말 석정의 죽음으로 조선의용대와 연결고리가 완전히 끊어진 약산은 조선의용대의 조선의용군 개편을 지켜볼 수밖에 없었다.

그러나 임시정부와 광복군 입장에서, 약산의 민족혁명당과 조선의용대 본대의 참여는 소금 같은 역할을 했다. 특히 광복군은 1940년 9월 17일 창설 후 군사계획을 추진하면서 훈련받은 병사가 부족해 실질적인 임무 수행이 불가할 정도였다. 만주와 시베리아에서 활동하던 신흥무관학교 출신 독립군 간부들을 모았지만 병사의 절대적인 숫자가 부족한 건 어쩔 수 없었다. 이런 상황에서 1942년 약산이 100여 명의 조선의용대를 광복군에 편입시킨 것이다. 광복군의 군사력 증강이 단번에 실현됐다.

임정 참여를 선언한 뒤 약산은 적극적인 움직임을 보인다. 정상적인 절차를 밟으며 임정에서의 지분을 확보한 것인데, 1943년 약산은 임시의정

원 선거에서 경상도 대표 의원으로 선출된다. 동시에 1943년 12월 한국 광복군 부사령 겸 광복군 1지대 지대장이 되었다. 1944년 5월에는 임시 정부 군무부장에까지 오르게 된다. 명실상부한 임정 2인자로 자리하게 된 것이다.

⭐ 놓치지 말아야 할 사실

비록 주 전시관에서는 약산의 사진이 빠졌지만 역사대로 바르게 위치를 찾은 장소도 있다. 충칭 연화지 청사 '백범의 계단' 좌측에 자리한 대한민국 임시정부 군무부다. 단순히 군무부를 복원해 놓은 정도를 넘어 우리 군 대가 어떤 과정을 거쳐 탄생하고 명맥을 이어왔는지 온전히 설명하고 있다. 설명은 문재인 대통령의 2019년 현충원 기념사와 맥을 같이하는데, '무장투쟁'이라 명명된 전시실에는 '초기 독립군이 조선의용대를 거쳐 광 복군으로 성장했다'라고 기록돼 있다.

또 1943년, 미국전략사무국OSS 특수군사훈련을 받았던 한국광복군 대

원들의 사진도 전시돼 있다. 가장 놀라운 점은 복원된 전시실 가장 안쪽에는 '1호실'이라 적힌 군무부 김원봉의 기록이 따로 전시돼 있다.

> "군무부장이 부서의 총책임을 맡고 있으며, 육해공군 군사행정 및 소속군인과 군속에 관련된 업무를 담당하며, 소관 각 부서를 감독하는 부서이다. 군무부는 총무과, 군사과, 군수과, 군법과로 구성돼 있다."

이외에도 새롭게 개장한 군무부 전시실 앞쪽에는 백범의 최측근이었던 엄항섭 선생의 선전부와 문화부도 자리하고 있다. 모두 1945년 연화지 청사에 자리 잡은 당시의 모습 그대로다. 백범의 계단 우측으로는 외무부와 외무부장실, 재무부 등이 자리히고 있다.

참고로 연화지 청사는 대한민국 임시정부가 1940년 9월 충칭으로 옮겨온 뒤 입주했던 네 번째이자 중국에서의 마지막 청사다. 연화지 청사 입주 이후 임정은 독자적으로 온 힘을 다해 마지막 항전태세에 돌입했다. 그럴 수밖에 없던 것이 연화지 청사를 사용하기 전까지, 일제의 폭격 등으로 청사를 유지하기 어려웠다. 연화지 청사에 가도 여전히 공습에 대비해 피신해야 했던 방공호가 남아있다. 그러나 연화지 청사가 더욱 의미 깊은 건 백범과 대한민국 임시정부 지사들이 해방 후 고국으로 돌아오기 전인 1945년 11월 기념비적인 마지막 사진을 찍은 장소이기 때문이다.

반세기가 훌쩍 지난 2017년 12월, 문재인 대통령이 역대 대통령 중 처음으로 이곳 충칭 청사를 찾아 애국지사의 후손들과 정부 내각 요인들과 함께 마치 대한민국 임시정부 요인들처럼 충칭 연화지 계단에서 사진을 찍었다. 그곳에 서서 해방의 묵직한 감동을 느껴보길 추천해 드린다. 오래도록 추억할 수 있게 좋은 옷을 입고 태극기를 준비하자.

임시정부 귀국 기념 1945년 11월, 환국 직전 충칭 연화 지 청사에서 마지막으로 찍은 임정 요인들의 사진. 우 리 손으로 광복을 맞이하지 못했다는 아쉬움과 슬픔 때 문일까. 누구랄 것 없이 모두의 표정이 어둡기만 하다.

大韓民國臨時政府返國紀念
大韓民國二十七年十一月三日

백범의 계단에 선 문재인 대통령 대한민국
대통령으로서 처음으로 충칭 연화지 청사
를 방문한 문재인 대통령 ©대한민국 청와대

🚶 어떻게 갈까

충칭 시내 중심에 있어서 찾는 건 어렵지 않다. 지하철을 타고 걸어서도 이동 가능하고, 택시를 타도 금방 간다. 다만 인구 3,000만의 충칭은 한번 차가 막히면 움직일 생각을 하지 않는다. 개인적으로 찾아간다면 지하철을 이용하는 것이 낫다.

　주소는 중경시 투중구 칠성강 연화지 38호重庆市 渝中区 七星岗 莲花池 38号다. 충칭 지하철 1호선 칠성강역七星岗站이나 2호선 임강문역临江门站에서 모두 걸어서 10분 거리다. 두 역 어디서 내리든지 상관없다. 중국 정부로부터 국가 2A급 관광지와 충칭시 시급문물보호단위로 지정된 만큼 입장료는 없다. 오전 9시부터 오후 5시 어간까지 개방한다. 자세히 보면 몇 시간을 봐야 할 장소다. 여유 있게 움직이자.

※ 영국 왕실로부터 훈장 받은 약산?

2019년 4월 12일 오마이뉴스에 〈[발굴] 김원봉, 남쪽으로 도주하고자 온갖 방법 사용〉이라는 기사가 올라왔다. 평양 주재 소련 대사 푸자노프의 기록을 통해 약산이 1958년 10월 '체포 직전에 남쪽으로 도주하고자 온갖 방법을 사용했다'라고 주장하고 있다. 그러면서 기사 말미에 '김원봉에 대해 잘 알려지지 않은 사실들'이라는 부제로 '약산은 1944년 일본군을 상대로 싸운 임팔 전투에서 광복군을 이끌고 영국군과 연합해 대승을 거뒀다. 이때의 공적을 인정받아 영국 왕 조지 6세에게 훈장을 받았다'라고 덧붙였다. 위 내용이 정확한지는 아직 판단할 수 없다. 약산의 생질 김태영 박사도 이 부분에 대해서는 '좀 더 알아봐야 한다'라고만 언급했다.

다만 1942년 인도의 영국군 총사령부는 조선민족혁명당에게 인도·버마 전선에 공작원 파견을 요청한 것은 사실이다. 이 시기는 이미 약산이 임정과 광복군 참여를 결정한 상황, 약산은 최종적으로 광복군 이름으로 공작원을 인도에 파견한다. 그리고 1943년 5월 인도 주둔 영국군과 조선민족혁명당은 '조선민족군선전연락대' 파견에 관한 협정을 맺었다. 이에 따라 1943년 8월 최성오와 주세민 등을 인도에 파견하였다. 그러나 추가 파병은 이뤄지지 못했다. 약산이 영국군과 가까워지는 상황을 임정 내부에서 용인하지 않았다. 영국군과 공동 작전을 수행했기에 훈장을 받은 것으로 파악되나 정확하게 확인된 바는 없다. 돌아보면 약산은 임정 참여 선언 후 광복군 부사령과 군무부장으로 역할했지만 내부에서 끊임없는 견제를 당하며 주요 작전에서 배제되는 상황이 이어졌다. 특히 1945년 광복군과 미국 OSS측의 합작훈련 추진 과정에서 약산은 광복군 부사령임에도 불구하고 작전에서 배제됐다. 약산이 임정에서 어떤 어려움을 겪었는지 여실히 보여주는 사건이다.

03

결코 웃지 못했던 애증의 장소
복원된 광복군 사령부

🏞️ 여기는

약산은 1943년 12월 광복군 부사령 및 1군대 지대장이 된다. 이듬해인 1944년 5월에는 대한민국 임시정부 군무부장에 오른다. 지금으로 따지면 국방부 장관과 육군 대장인 1군 사령관을 동시에 역임한 것이다. 직책만 따져도 대한민국 임시정부에서 군권을 확실하게 장악한 것처럼 보인다. 하지만 현실은 그렇지 못했다.

대표적인 것이 1945년 초 광복군과 미국 OSS측이 공동으로 진행한 합작 훈련이다. 백범이 《백범일지》에서 해방이 됐음에도 '며칠만 더 있었다면 우리 손으로 광복을 이뤘을 텐데…….' 하며 아쉬움의 눈물을 흘렸던 그 훈련이다. 엄청난 성과를 냈고, 자신감도 충만했다. 그러나 국내 진입 작전을 준비하는 도중에 일본이 무조건 항복을 선언했다.

광복군 부사령이었던 약산은 합작 훈련에서 철저하게 배제됐다. 뒤늦게 합동작전을 알게 된 약산이 미군 사령관 웨드마이어 장군을 만나려 했지만, 백범을 비롯한 광복군 사령부는 두 사람의 만남을 거부했다. 표면적으로 '미군과의 교섭 주체는 임시정부 군무부(약산)가 아닌 광복군 총사령부라는 것'이 이유였다.

분개한 약산은 '일제 패망 후 OSS가 한국 문제에 영향력을 행사하려고 (2지대장) 이범석을 한국인 우두머리로 추대하려 한다'는 의혹을 제기했다. 결과적으로 미군 사령부와 약산의 신뢰 관계가 멀어지는 직접적인 계기가 됐다. 한편으로는 약산의 예상이 맞았는데, 철기 이범석 장군은 우리나라 초대 국방부 장관이 되었다.

이런 상황에서 약산은 1944년 5월 27일 15년을 함께해온 아내이자 동지인 박차정 지사를 충칭에서 잃는다. 약산에게는 치명적인 상처가 됐는데, 고난과 고난이 이어졌기 때문이다. 약산은 충칭에서 조선의용대 주력을 잃었고, 대내외적 상황에 밀려 임시정부에 떠밀리듯 합류했다. 대원들이 화북 지역 공산당과 연계됐다는 이유로 국민당 정부로부터 받던 지원도 끊겼다. 우여곡절 끝에 자신만의 실력으로 임시정부 군권을 책임지는 군무부장에 올랐지만 견제 속에 실질적인 권한은 행사하지 못했다. 1940년대 약산의 충칭 생활이 어떠했는지 5년간의 그의 행적을 통해 유추할 수 있는 부분이다.

⭐ 놓치지 말아야 할 사실

약산이 임시정부 군무부장과 광복군 부사령을 역임할 당시 광복군 총사령부는 충칭 연화지 청사에서 걸어서 20분 거리인 충칭 추용로 거리에 위치했다. 앞서 광복군 총사령부는 1940년 창설과 함께 시안에 본부를 차렸다. 병력이 없는 상황에서 충칭보다 원활하게 병력을 모집할 수 있고, 상황에 따라 화북이나 동북 방면으로 나갈 수 있는 시안이 총사령부의 위치로 적합했기 때문이다. 광복군 총사령부 시안 체제는 1942년 9월까지 이어진다. 약산이 조선의용대 본대를 광복군 1지대로 편입시킨 지 넉 달 뒤의 일이다.

시안에서 충칭으로 자리를 옮긴 광복군 총사령부는, 지금은 충칭의 상
징이 된 '충칭인민해방기념비(해방비)'에서 도보로 불과 2분 거리로 자리

를 옮긴다. 지금은 충칭 시내에서도 가장 번화하고 번잡한 장소인데, 50층 이상의 고층 건물들과 전 세계에서 밀려온 구찌, 베르사체, 샤넬 등 각종 명품 매장이 몰려있다. 직접 가서 보면 '어떻게 광복군 총사령부가 여기에 위치할 수 있지?' 하는 생각이 자연스레 떠오를 정도로 놀랍다. 당시에도 크게 다르지 않았는데, 다만 그때는 일제의 공습을 피해 중국 전역에서 몰려온 피난민으로 북새통을 이뤘다.

광복군 총사령부 복원 과정이 그래서 더욱 놀랍다. 대한민국 국민으로서 약간의 자부심을 가져도 된다. 2017년 12월 중국을 국빈 방문한 문재인 대통령은 시진핑 주석을 만났을 때 '충칭 광복군사령부 복원에 각별한 관심을 가져달라'고 요청한다. 시 주석도 기꺼이 동의했다. 시 주석과의 만남 이후 문 대통령은 충칭으로 가서 현역 대통령 신분으로는 처음으로 연화지 청사를 방문한다. 동시에 천민얼 충칭시 당서기를 만나 다시 한 번 충칭 광복군 사령부터 복원을 요청한다. 천 서기는 충칭시는 중한관계 우호 협력을 위해 특별한 역할을 하겠다면서 총사령부 복원 사업을 재개한다는 데 합의했다.

광복군 총사령부 터 복원 사업은 이미 박근혜 정부 때 합의했지만 사드 문제를 둘러싼 양국 간 갈등으로 별다른 진전 없이 종료됐었다. 이후에 전혀 진행되지 않다가 문 대통령 방중 이후 정확히 1년 4개월 만인 2019년 3월 말, 1942년 입주 당시와 비슷한 모습의 4층 규모(지하 1층, 지상 3층)로 복원한 것이다. 분명한 역사의 진보다.

다만 2019년 6월과 8월에 임정로드 탐방단과 함께 광복군 총사령부를 방문했을 당시에는 입장이 제한됐다. 복원이 완료되고 모든 전시물까지 배치가 끝난 상황에서, 이미 이낙연 총리가 2019년 3월 개관식에 맞춰 참석한 뒤 2달 이상이나 지난 시점임에도, 일반 관람객에게 문을 열지 않았다.

이유를 살피니 중국 정부가 복원 비용을 모두 부담했지만 토지 및 건물의 소유는 잉리후이리英利辉利라는 중국 기업이 갖고 있는 상태였다. '관리권한'만 가진 충칭 당국은 '광복군 총사령부를 비영리로 운영하기에 부담스럽다'면서 한국 기업의 직접적인 지원이 필요하다는 입장을 밝혔다. 과정이 매끄럽지 않아 당시까지도 아무런 통보 없이 개관이 미뤄졌던 것이다. 2019년 8월 기준 다시 확인한 결과 일반 관람객에게도 부분적인 관람을 허용하고 있다. 우리 정부의 깔끔한 '정리'가 필요하다.

🚶 어떻게 갈까

주소가 충칭시 추용로 37호重庆市 邹容路 37号다. 충칭 연화지 청사에서 도보로 20분 정도 걸린다. 날씨만 좋다면 충분히 걸어갈 수 있는 위치다. 다만 충칭은 중국의 3대 화로로 불리는 도시답게 매우 덥다. 여름에는 대중교통을 이용해 이동하자. 충칭 지하철 1호선과 2호선이 통과하는 교장구역较场口이나 지하철 1호선 소십자역小什字에서 내려 걸어가면 된다. 도보로 7분 내외다.

약산, 1945년 12월 2일
고국으로 돌아오다

1945년 8월 15일 아무도 예상하지 못한 조국의 독립 소식을 충칭에서 듣게 된다. 충분히 기뻐해야 하건만 약산이나 백범, 두 사람 모두 갑자기 찾아온 독립에 아쉬움이 더 컸다. 두 사람 모두 수십 년을 직업 혁명가인 채로 살아왔건만 내 손으로 완전한 자주 독립을 이뤄내지 못했다. 그것이 찜찜했다. 검게 드리워진 장막을 본능적으로 느꼈던 것이다.

그러나 '가슴은 뜨겁고, 머리는 냉철했던 약산'은 금세 다음 행보로 나아갔다. 약산은 1945년 8월 17일 중국 국민당 주요 간부인 우티에청을 만나 '임시정부 주도 하의 민선 정부를 조직할 것이며, 모든 독립운동 단체가 공동으로 조직한 임시정부 관장 하의 선거를 통한 민선 정부를 조직하고, 과도정부로서의 군 정부를 조직할 것'이라는 입장을 전한다. 해방된 조국의 중심은 '임정'이 되어야 함을 약산 스스로 인정하고 발표한 것이다.

9월에는 민족혁명당 주석 김규식과 함께 '자주적인 민주공화국을 건설하고 진보적 대중정당을 표방하며 거족적인 임시 연합정부를 수립한다'는 내용의 구상안을 발표한다. 곧이어 10월 10일 약산은 다시 한번 민족혁명당 이름으로 '민족, 정치, 경제, 사상의 자유에 입각한 신민주공화국을 수립하고 일제 잔재 청산 및 부역자 숙청, (친일) 대기업 국영화, 토지 분배, 여성 평등권 보장, 사회보험 실시' 등의 정치구상을 발표한다.

그러나 약산의 이와 같은 구상안은 기대만큼 큰 반향을 일으키지는 못했다. 게다가 당장 고국으로 돌아가는 길부터 고난이 펼쳐졌다. 미군정은 백범을 비롯해 약산 등 임시정부 주요 인사들을 모두 개인적으로만 귀국할 것을 종용했다. 설왕설래가 오갔지만 결국 임시정부 요인들은 이를 받아들였다. 1945년 11월 3일 충칭 연화지 청사 '백범의 계단'에서 기념비적인 환국 사진을 찍었다.

이후엔 상하이를 들러 미군이 제공한 비행기를 타고 돌아가는 계획을 짰다. 그러나 한 번에 갈 수 있는 인원이 15명 내외로 제한됐다. 누가 1진으로 가느냐를 놓고 격론이 오갔다. 누가 먼저 도착하느냐에 따라 해방 후 정국의 관심과 주목도가 달라지기 때문이다. 1945년 11월 23일, 백범을 포함한 1진은 그토록 꿈에 그리던 해방된 조국으로 돌아왔다. 약산은 그로부터 1주일도 더 지난 12월 2일 상하이를 출발해 한국에 돌아왔다. 그러나 날씨가 좋지 않아서 원래 예정했던 김포 대신 군산에 착륙했다. 1918년 망명한 이래 무려 27년 만에 다시 돌아온 고국이건만, 그를 알아보거나 환영하는 인파는 아무도 없었다. 돌아온 첫날을 논산의 한 여관방에서 보내야만 했다. 조선 땅을 뒤흔든 의열단의 의백이자 중국 관내 최초의 한인 무장군대인 조선의용대를 창설한 약산이, 광복군 부사령이자 임시정부 군무부장을 역임한 김약산이, 고국에서의 첫날을 이렇게 보낸 것이다. 부슬부슬 내리는 비를 보며 약산은 앞으로 펼쳐질 자신의 운명을 이미 예감했을지도 모른다.

다행인 점은 이때 약산의 곁에 재혼한 최동옥이 있었다. 민족혁명당 중앙감찰위원이자 임정의 국무위원이었던 최석순의 장녀인 그녀가 십 수년 동안 약산을 혼자 좋아하다가, 박차정 지사와 사별해 혼자가 된 약산과 혼례를 치렀다. 1945년 1월, 충칭에서 거행된 이 결혼식의 주례는 바로 백범이었다.

약산이 고국에 돌아온 12월 첫아들 김중근이 태어난다. 1945년, 해방된 조국에서 맞이한 약산의 12월은 이렇게 지나갔다. 그리고 이 시기 우리가 김약산에 대해 결코 놓쳐서는 안 되는 사실 하나는, 고국에 돌아온 약산은 대중 앞에서 스스로를 소개할 때 '군인'임을 분명히 했다는 점이다. 그는

'해방된 조국에서 우리의 군대가 노동자와 농민, 대중을 위한 군대가 돼야 한다는 점'을 역설하며 '결코 친일파와 민족반역자가 우리 군에 들어와선 안 된다'는 점을 강조했다.

　대중들도 약산을 '김약산 장군'이라고 불렀는데, 어쩌면 약산 스스로도 혼란으로 점철된 해방 정국을 마치 육사의 시 〈광야〉에 등장하는 '백마 탄 초인'처럼 고난을 뚫으며 헤쳐나가고 싶었는지도 모른다. 대중 역시 의열단 단장 김약산을 '장군'이라 칭함으로써 영웅적인 행보를 기대했을 수도 있다. 하지만 국내 정세는 이미 약산과 백범 등 애국지사들의 의지와는 별개로 흘러가고 있었다. 1945년 12월 말에 발표된 모스크바 3상회의 결과는 '조선 임시정부 구성을 원조 및 적절한 방책의 초안 구체화를 위하여 남조선 미합중국 사령부, 북조선 소련 사령부의 대표자의 공동위원회가 설치될 것'이라는 내용이었다. 해방된 조국에서 약산의 자리는 더욱더 좁아졌다.

10부

평양

**약산이 죽는 순간까지
놓지 않았던 직책 하나**

01

월북 이후의 약산,
그리고 현재

🗺 여기는

1948년 북으로 올라간 약산은 약 10년 정도 북에서 생존한 것으로 추정된다. 북에서의 행적은 1958년 11월까지의 기록만 남아있다. 그가 북에 올라갔다는 이유로 고향 밀양에 있던 가족들은 큰 고통을 겪었다. 집을 빼앗겼고 6.25 전쟁 중에는 약산의 남동생 용봉, 봉기, 덕봉, 구봉이 보도연맹 사건과 연루되어 총살당했다. 사촌 5명 역시 마찬가지로 모두 끌려가 총살당했다. 막내 동생 故 김학봉 여사(김태영 박사 모친)만이 나이가 어리다는 이유로 간신히 살아남았다.

개인적으로 김학봉 여사께서 살아계실 때 찾아뵙지 못한 것이 너무나도 아쉽다. 2019년 2월 중순에 여사님과 인터뷰를 잡았지만, 건강이 악화되시는 바람에 예정한 인터뷰를 진행할 수 없었다. 결국 여사님은 2019년 2월 24일 오전 3시에 별세하셨다.

그날의 기억이 선명하다. 한 번도 만난 적도 없는 여사님이건만 이상하게 종일 힘들었다. 미국에 거주하는 아들 김태영 박사가 밀양에 내려와 어머니의 빈소를 지킨다는 소식에 다음 날인 25일에 곧장 여사님의 장례식

장을 찾았다. 그곳에서 김태영 박사와 만나 몇 시간 동안 이야기를 나눴다. 그리고 그 인연 덕분에 지금은 거의 일주일에 두세 번씩 안부를 묻는 사이가 됐다.

서론이 길었다. 약산에 대한 북에서의 기록이 그만큼 부족하다. 김일성과 함께 찍은 사진 몇 장과, 북에 올라간 뒤 1948년 9월 9일 북한 정권 수립 후에 국가검열상이 됐고 1952년 이후에는 노동상이 되어 고위직으로 역할 하다가 1958년 말 '국제간첩'으로 몰려 숙청당했다는 사실 정도만 알려진 상황이다. 그러나 정확하게 어디서 어떻게 사망했는지, 어떤 생활을 하다 생을 마감했는지 등은 2019년 8월 현재까지도 알려지지 않았다.

당시 그의 두 아들 중근과 철근이 각각 13살, 10살이었던 것을 생각할 때, 만약 지금까지 살아있다면 두 아들은 이제 칠십 대 노인이 됐을 것이다. 북녘땅 어디에 약산의 무덤이 있다는 사실만 알아도 소주 한 잔, 담배 한 대 꼭 올리고 싶은데, 그럴 수 없음이 매우 애석하다.

2019년 3월 초로 기억한다. 서울 시청역 인근에서 김태영 박사를 만났다. 어머니 김학봉 여사를 잘 모신 뒤 다시 미국으로 돌아가는 길에 잠깐

최초로 공개된 북한에서의 김원봉 1줄 중앙에 김일성이 앉아있고, 그의 왼쪽으로 3번째 다리를 꼬고 앉은 사람이 약산이다.

들러 저녁을 함께했다. 이 자리에서 김태영 박사는 필자에게 지금껏 단 한 번도 외부에 공개되지 않았던 사진 한 장을 건넸다.

사진 속에는 다리를 꼬고 앉은 약산이 김일성과 함께 1열에 자리하고 있었다. 부수상 겸 산업상 겸책, 옌안파의 수장으로 인민위원회 상임위원회 위원장을 맡았던 김두봉, 부수상 겸 외무상 박헌영, 교통상 주녕하, 문화선전상 허정숙, 무임소상 리극로, 보건상 리영남, 체신상 김정주, 민족보위상 최용건, 심지어 번번이 약산의 행보를 방해했던 김무정, 최창익 등도 함께 있다.

김태영 박사는 '아마도 1949년 어간에 찍은 사진일 것'이라면서 북한 지도부가 묘향산에 다 같이 야유회를 간 상황이라고 설명했다. 어디서 구한 것이냐는 물음에 김태영 박사는 '북경'이라고만 짧게 언급했다.

이 사진이 귀한 이유는 초기 북한 정권의 실세들을 면밀히 살필 수 있는 자료이자, (비록 1958년에 숙청당했지만) 당시 약산이 북한에서 어떤 위치에 있었는지 온전히 보여주는 장면이다. 고향에서는 우익 테러로 생명의 위협을 느끼고 미군정 아래 감옥에 수감됐던 상황과 비교하면 북에서는 이미 최고위직에 오르는 정반대의 상황이 펼쳐지고 있었다. 상당히 아쉬운 부분이다. 만약 남한에서 약산이 제대로 대접과 평가만 받았다면 과연 북으로 올라갔을까 하는 상념이 다시 일어난다. 그도 그럴 것이 약산은 자신에 대한 체포령이 떨어지기 직전까지도 자신이 만든 정당이었던 인민공화당(민족혁명당 후신)의 지방조직 확충을 위해 전국을 돌면서 자리를 잡기 위해 상당히 공을 들였다. 결코 고향 땅을 떠날 마음이 크지 않았다는 것을 유추할 수 있다.

그가 북으로 올라가 고위직으로 역할 했던 것 또한 사실, 약산이 의도했든 하지 않았든 북한 정권 수립에 직간접적인 역할을 했다. 그런데 약산이 국가검열상과 노동상 이외에 공식적으로 맡은 역할이 하나 더 있으니, 바로 조국통일 민주주의 민족전선 상무위원이다. 일명 '조국전선'으로 불리는 단체로 약산은 월북 이듬해인 1949년 6월 조국전선 중앙상무위원이 됐다. 1954년에는 의장단에 선출됐고, 1957년에는 다시 한번 중앙상무위원이 됐다. 단체명에서 드러나듯 '조국통일'을 목적으로 하는 단체다. 약산은 1958년 숙청 직전까지도 이 단체에서의 역할은 놓지 않았다.

왜 그랬을까? 북에서의 모든 행적이 그렇듯 약산의 입을 통하지 않는 이상 우리는 정확한 이유를 모른다. 다만 약산은 '조국전선'에 머물며 납북된 임시정부 인사들과 애국지사들을 만나 '대화'를 했다. 북한 사회에서 납북된 인사들이 자체적인 정치적 목소리를 내야 할 때는 옛 동지로서 함께 '행동'하기도 했다. 1954년 10월 임시정부의 조완구 선생이 사망하자 약산은 장례위원장으로 역할 했고, 1956년 여름 '재북평화통일촉진협의회'가 결성된 이후에는 납북인사들의 차별에 대해 해결책을 강구하기 위해 노력했다. 특히 1957년 9월, 숙청되기 직전, 이른바 '엄항섭 사건'으로 불린 재북평화통일위원회 반당·반혁명 사건이 발생하자 중재 역할을 한 것으로 전해지고 있다.

엄항섭, 임정로드에도 자세히 다뤘지만 명실상부한 백범의 오른팔이었다. 그러나 1950년 9월 납북된 뒤, 우리에게 잊혀진 애국지사 됐다. 1958년 재북평화통일촉진협의회에 통일방안이 자신들의 생각과 다르다고 판단한 북한 정권은 엄항섭 등을 반혁명분자라는 혐의를 씌어 연행한다. 엄항섭은 연행됐고, 조소앙을 필두로 함께 납북됐던 여러 인사들은 격분해 단식농성을 전개했다. 독립운동 시절부터 친분이 있던 약산은 이 사건을 조정하는 역할을 했다. 약산은 두 달 뒤 간첩으로 몰려 숙청당한다. 다행히 엄항섭 선생은 이 사건 이후에도 살아남아 생의 마지막 순간까지 자신의 역할을 다했다. 매우 드물게 남과 북 모두에 서훈을 받은 인물이 됐다.

⭐ 놓치지 말아야 할 사실

약산은 왜 숙청당한 것일까? 홍명희, 백남운, 이극로, 유영준, 김규식, 조소앙, 조완구, 최동오, 엄항섭, 김의한, 김상덕, 박열, 윤기섭 등. 하나같이 북한 애국열사릉과 혁명열사릉에 잠들어 있는 납북 인사들이다. 하지만 약산만 없다.

남한에서는 자발적으로 월북해 북한 정권 탄생에 크게 기여했다는 이유로 서훈에서 제외됐다. 북에서는 1958년 11월 국제간첩으로 몰려 숙청당했다는 이유로 지금까지 제대로 된 평가를 받지 못하고 있다.

1958년 10월에 작성된 〈평양주재 소련대사 푸자노프의 일지〉를 보면, '최고인민회의 상임위원회 부위원장 김원봉 등을 반국가적 및 반혁명적 책동의 죄를 물어, 대의원 권한을 박탈하는 비준이 됐다'라고 기록돼 있다. 당시 북한 정권은 약산이 '미군의 앞잡이'로 몰린 천도교청우당 김달현과 가까웠고, 이를 근거로 약산 역시 미국과 내통했으며, 체포되기 직전에는 남한으로 도주를 기도한 것이라고 평가했다. 푸자노프 일지의 기록도 다르지 않다.

> "한국전쟁 시기에 김달현은 주민들에게 '미국인들을 잘 맞이하라'고 지시했고, 김달현의 지시로 몇 명이 총살 되었다. 김달현은 전 최고인민회의 부의장인 김원봉과 연루됐는데, 김원봉은 틀림없이 미국인들과 관계가 있는 것 같고, 최근 체포되기 전에는 남으로 도주하기 위한 모든 대책들을 세워놓고 있었다." [7]

---

7) 〈평양주재 소련대사 푸자노프와 남일의 담화에서, 남일 외무상의 발언〉, 1958년 1월 24일, 푸자노프의 일지 참고

약산이 숙청당한 1958년 말의 상황은 김일성이 단독 지도체제를 수립하기 위해 첫걸음을 내디딘 시기다. 6.25 전쟁 이후, 김일성은 자신보다 선배 줄에 있던 김두봉과 무정, 최창익 등으로 대표되는 옌안파와 박헌영 등으로 대표되는 남로당 등을 '반혁명'과 '국제간첩' 등의 이유를 대며 대부분 제거했다. 옌안파와 남로당과 거리를 뒀던 약산도 이 과정에서 희생당한 것으로 보인다. 남한에서는 백범이 이보다 9년 앞선 1949년 6월에 안두희의 흉탄에 서거했다.

"약산은 정말 남한에 간첩을 보냈을까?"

약산로드를 취재하고 집필하며 가장 많이 들었던 말이 '독립운동가 김약산의 공적은 모두 인정한다. 하지만 북한 정권 탄생에 기여한 사실, 한국전쟁 공작을 한 사실 때문에 그의 서훈을 인정해선 안 된다'라는 말이었다. 혹자는 한 걸음 더 나아가 '어떻게 빨갱이 김원봉을 추적하고 책을 쓸 생각을 하냐'며 필자에게 항의성 발언을 하기도 했다. 가까운 지인도 1954년 1월에 발간된 경향신문을 꺼내와 '이거 봐라, 약산이 이렇게 간첩을 보내지 않았냐'고 강조했다.

결론부터 말하면, '아직 아무도 모른다'. 일단 약산의 북한 행적을 다룬 연구논문 자체가 적다. 금기시돼온 탓인데, 그나마 2019년 3월에 나온 건국대학교 한상도 교수의 〈김원봉의 월북 배경과 이후 정치활동 궤적〉이 약산의 북한 행적을 다룬 거의 유일한 최신 논문이다. 이 논문에서조차 '한국전쟁 시기 김원봉의 활동이나 행적은 제대로 파악되지 않는다'면서 '한국전쟁 기간 중 김원봉은 남한에 남아있던 인민공화당(민족혁명당 후신) 당원들을 월북시켰다'고만 정리돼 있다.

물론 한 교수는 1954년 1월 26일 경향신문 자료를 인용해 '남한의 경제를 혼란시키고 선거를 방해하고, 간첩을 내려보냈다'는 보도가 있다면서 '약산이 남한지역을 대상으로 인민공화당의 조직 재건과 활동을 지속적으로 시도했다'고 덧붙이긴 했다. 하지만 기사를 소개하는 수준으로만 정리했다. 이 보도가 나온 당시의 시대적 배경과 다른 증거자료, 기사가 갖고 있던 오류는 설명하지 않았다.

약산을 오랫동안 연구한 한홍구 성공회대 교수 등은 약산의 경향신문 보도가 '당시 서울시경이 만들어낸 가짜뉴스'라고 강조한다. 기사에 처음부터 등장하는 오류와 당시 시대적 상황 때문인데, 1954년 1월 26일 경향신문 기사에는 약산의 직책이 '8.15 직후 괴뢰집단 국가검열성 고문'이라고 명시됐다. 그러나 여러 차례 강조했듯 약산은 북에 올라간 뒤 1948년 9월부터 1952년 2월까지만 국가검열상을 맡았다. 1954년은 이미 노동상으로 바뀐 상황이다. 기사 속에는 약산이 역할 했던 직책도 틀렸고 심지어 그 시기도 틀렸다.

또 '어마어마한 간첩단'이라고 말했는데, 경향신문의 이 보도 이외에는 후속 보도가 없다고 전해지고 있다. 주요 간첩 사례를 다룬 〈북괴대남스파이전선(1979)〉, 중앙정보부의 〈북한대남공작사〉, 국군보안사령부의 〈대공30년사〉 등에도 경향신문이 보도한 '약산의 간첩 남파'는 전혀 언급되지 않고 있다고 한다.

당시 이승만 정권은 1954년 5월 20일 3대 민의원 선거를 앞두고 있었다. 반공을 국시로 내건 이승만 정권이 공안 분위기를 조장하고 이를 이용해 선거판을 자신들의 흐름대로 조작하기 위해 끊임없이 행동하고 결과물을 만들던 시기다. 약산의 이름을 차용해 공작 한 건을 만들어 내는 것은 전혀 어색하지 않다. 익히 알지만 이후에도 선거 때면 북풍과 총풍을 앞세워 간첩단을 조작하거나 발표한 것이 독재정권과 군사정권이 자주 써먹던 방법이다.

🚶 어떻게 갈까

모르겠다. 솔직히 평양, 영역을 확대해 북한 어디로 가서 약산의 흔적을 추적해야 할지 답이 나오지 않는다. 약산의 두 아들이 아직 살아있다면 한 번쯤 만나보고 싶다. 약산이 어떻게 숙청됐는지, 어떤 말년을 보냈는지 아무도 모른다. '혁명열사능과 애국열사능에 잠들어 있지 않다'라는 사실 정도만 알려졌다. 심지어 2015년 광복절, 문재인 대통령이 야당 대표 시절 쓴 글을 보면 문 대통령 역시 피상적으로만 약산의 흔적을 알고 있는 듯하다.

새정치민주연합 대표 시절, 문 대통령은 70주년 광복절을 맞아 자신의 페이스북에 '약산 김원봉 선생에게 광복 70주년을 맞아 마음속으로나마 최고급의 독립유공자 훈장을 달아드리고, 술 한 잔 바치고 싶다'라면서 '이제는 남북 간의 체제 경쟁이 끝났으나 독립유공자 포상에서 더 여유를 가져도 좋지 않을까? 우리의 독립운동사를 더 풍부하게 만드는 길이고, 항일의 역사를 바로 세우는 길이기도 할 것이다'고 적었다.

김태영 박사를 만났을 때 가장 궁금했던 지점이 바로 약산의 무덤이었다. 악수를 하자마자 결례를 무릅쓰고 가장 먼저 물은 것이 '약산의 묘가 어디 있는지 들었냐'는 질문이었다. 김태영 박사는 담배에 불을 붙이며(놀랍게도 그의 담배 피는 모습은 정말 약산과 다르지 않다. 심지어 피우는 각도마저 유사하다), 그는 조심스럽게 언급했다.

> "언젠가 중국에서 북한 출신 고위직을 우연히 만나게 된 적 있어요. 약산을 '1960년대 교과서에도 봤다'라고 하더라고요. 그러면서 말하기를 '(약산의 묘가) 없지는 않다'라고 덧붙이더군요. 그 이상은 말하지 않았지만. 곰곰이 따져보니 북한 정권도, 약산이 숙청당했다 할지라도, 함부로 유해를 훼손하거나 망가뜨리지는 못했다는 것이겠죠. 약산의 죽음 자체가 처음부터 말이

안 됐고, 그렇다고 그의 모든 흔적을 다 없애버리기엔 존재감이
너무 컸어요."

2019년 7월 26일에 SNS에 《약산로드 7000km》의 표지를 먼저 공개했
다. 표지 사진과 함께 아래 문구를 덧붙였다.

"정확히 1년을 추적했습니다. 밀양을 시작으로 서울, 지린, 베이
징, 상하이, 난징, 우한, 광저우, 구이린, 치장, 충칭 그리고 평양까
지. 언젠가 북녘땅, 약산의 무덤 앞에 이 책 들고 가 소주 한 잔,
담배 한 대 올리고 싶습니다. 한 번도 만난 적 없는데 오늘은 더
보고 싶네요. 열심히 썼습니다."

이 책을 쓴 이유는 단순하다. 언젠가 나 역시, 문 대통령처럼, 약산의 무
덤에 서서 술 한 잔과 담배 한 대 올리고 싶었다. 그날 약산에게 이 책 한
권 함께 올리고 싶었다. 그날이 오기를 희망한다.

독립군 살육 백선엽이 국군 아버지?
현충원 안장 안 돼

"백선엽의 현충원 안장? 절대 안 될 말이다. 현충원에 잠든 친일
파부터 이장해야 하는 상황이다."

김원웅 신임 광복회장은 지난 6월 21일 인터뷰에서 필자가 백선엽 예비역
대장의 '현충원 안장' 가능성을 묻자 단호하게 일갈했다.

앞서 김 회장은 2019년 6월 16일 '자유한국당 황교안 대표의 백선엽 예
방을 꾸짖는다'라는 제목의 공식 광복회 성명을 통해 '순국선열의 독립정
신을 되새기는 보훈의 달에 황 대표의 백선엽 예방은 국가 정체성을 부인
하는 행위'라면서 '항일독립 정신을 외면하는 것은 반역이며, 황 대표는
이런 몰역사적인 행위에 대해 국민 앞에 사과할 것을 강력히 요구한다'라
고 주장했다.

그러면서 김 회장은 '백선엽은 일제의 독립군 '토벌'시 가장 악명 높은
간도특설대에서 헌신한 자이며, 윤봉길 의사가 처단한 일본군대장의 이름
시라카와 요시노리로 창씨개명 했다'며 '일제
패망 전의 행위에 대하여 참회한 바도 없다'
라고 덧붙였다.

김 회장의 성명이 공개되자 재향군인회는
20일 서울 여의도 광복회관 앞에서 성명을 규
탄하고 대국민 사과와 사퇴를 촉구한다면서
항의 집회를 열었다. 이날 김진호 재향군인회
회장은 '(김 회장이) 대한민국 국군이 독립운동

김원웅 제21대 광복회 회장

가의 법통이 아닌 일제 앞잡이의 법통을 이어받은 조직이라고 한 것'이라며 '북한 김일성의 6·25 남침을 부정하고 국군의 뿌리를 뒤흔드는 궤변을 늘어놓은 것'이라고 주장했다.

재향군인회의 광복회 항의 집회가 진행된 다음 날(21일) 김원웅 광복회장과 전화로 인터뷰했다. 다음은 그와 나눈 대화를 정리한 내용이다.

간도특설대 출신 백선엽이 영웅 대접받는 나라

Q_ 재향군인회의 항의 집회가 있던 당일 '향군의 자기성찰을 기대한다'며 성명을 발표했다.

김원웅 광복회장(이하 김)_ 재향군인회가 친일·반민족의 썩은 뿌리를 잘라내고, 민족을 지키는 조직으로 거듭나길 바라는 마음에서 그렇게 말했다. 백선엽의 친일·반민족 행적을 거론한 것이 그들 말대로 '국론분열'이라면, 일제에 빌붙어 독립군을 살육한 백선엽을 국군의 아버지로 모시는 것이 '국론'인지 의심스럽다. '국군의 아버지 백선엽', 만약 이것이 국론이라면, 백선엽이 헌신했던 간도특설대의 총칼에 목숨을 잃은 수많은 독립군들은 뭐란 말인가. 말이 안 된다.

Q_ 그럼에도 불구하고 이대로라면 백선엽 예비역 대장은 사후 국립현충원에 안장 가능성이 높은 상황이다.

김_ 절대 안 될 말이다. 현충원에 잠든 친일파부터 이장해야 하는 상황이다. 무엇보다 백선엽은 간도특설대에서 헌신한 자다. 간도 특설대는 '조선 독립군은 조선인이 다스려야 한다'는 미명하에 설립됐다. 가장 악질적이고, 가장 철저한 친일파인 간도특설대 출신이 영웅 대접을 받는 나라? 그들의 총칼에 희생된 독립투사는 어떻게 되는 것인가? 백선엽은 호국의 대상이 될 수 없다.

백선엽은 만주국(일제가 세운 괴뢰국)의 봉천군관학교를 졸업하고 독립군 토벌부대로 알려진 간도특설대 출신으로 '친일인명사전'에 이름이 등재되어 있다. 일부에서는 대한민국 창군 주역이며, 한국전쟁 당시 제1사단장으로 공을 세운 '전쟁 영웅'이라고 추앙하기도 한다.

김원웅 광복회장이 비판한 백선엽 예비역 대장은 1920년에 태어나 올해 100살이 된 퇴역 군인으로, 만주국 육군군관학교를 졸업한 뒤 만주국 간도특설대 장교로 복무했다. 해방 후 남조선 국방경비대에서 활동했고, 1949년 제5사단장이 되었다. 1950년 한국전쟁이 발발하자 장군으로 전쟁에 참전했다.

광복회가 대한민국의 정신적 지주 역할 하겠다

Q_ 지난 7일 취임 후, 광복회 개혁의 바람이 만만치 않다. 내부 반발은 없나?
김_ 내부 반발은 없다. 처음부터 '개혁'을 21대 광복회장 공약으로 내걸었다. 이종찬 후보를 이긴 것도 이 공약이 통해서였다고 생각한다. 지금까지 우리 광복회는 친일·반민족 세력의 눈치나 보고 들러리나 섰다. '배반의 길'을 걸었던 것이다. 제 공약은 우리가 단순 보훈 단체의 역할을 벗어나 대한민국의 정신적 지주 역할을 할 수 있도록 변모해야 한다는 내용이다. 그것이 8,600명 광복회 회원들의 마음을 움직인 것 같다.

Q_ 공약 중 〈친일찬양금지법〉 제정이 있다.
김_ 가장 중요한 공약 중 하나다. 일부에서 일제강점기를 미화하고 있다. 마치 식민지배가 없었다면 우리가 근대화를 못 했을 것처럼 말한다. 말도 안 되는 소리다. 친일찬양금지법은 프랑스와 독일의 나치 찬양금지법과 비슷한 취지다. 돌아보면 우리 광복회가 친일 미화 교과서에 침묵했다. '일제의 조선 지배는 하나님의 뜻'이라고 주장한 문창극 씨를 총리로 임명하는데도 눈치만 봤다. 앞으로의 광복회는 국가가 옳은 방향을 정할 수 있도록 돕는 조직이 돼야 한다.

Q_ 광복회를 지금의 보훈처에서 국무총리실 산하로 이관 주장하는 이유는?

김_ 독립유공자는 국가유공자와 다르다. 현재 국가유공자 안에는 재향군인과 월남전 참전용사, 6·25 참전용사 등 모두 포함된다. 유신정권 때 독립유공자에게 불리하게 개정된 연금 지급 관련법부터 원상회복해야 한다.

김원봉은 순수한 민족주의자, 좌파도 아니다

Q_ 문재인 대통령이 현충일 추념사에서 약산 김원봉을 언급한 것을 놓고, 야당을 중심으로 비난의 목소리가 높았다.

김_ 나는 현장에 있었다. 문 대통령의 말은 조선의용대와 광복군이 합쳐져서 우리 군대가 탄생했다고 말한 것이다. 그리고 민족의 대표성을 강조하기 위해 김구와 김원봉을 언급한 거다. 과정을 말했을 뿐이다.

그런데 솔직히 말해서, 우리 국군이 광복군에 뿌리를 뒀나? '독립군 토벌대'에 뿌리를 둔 거 아닌가? 그런데도 대통령은 우리 국군의 명예회복을 위해 우리의 출발이 좌우 합작에 의한 광복군이라고 강조한 것이다. 눈물겨운 애국심의 표현이다.

Q_ 하지만 20일 재향군인회 집회에서도 약산이 계속 언급됐다

김_ 약산 김원봉은 순수한 민족주의자다. 좌파라고 보기도 어렵다. 해방 직후 왜 남쪽으로 왔겠나? 광복군에 몸담은 뒤, 광복군 부사령 자격으로 온 거다. 그런데 그 사람을 여기에서 못살게 하고, 생명의 위협을 가했다. 친일파들이 테러하고 쫓아냈다. 결국 남쪽에서 쫓겨난 거다. 자진 월북이라고 보기 어렵다. 대한민국이 친일파가 득세하니 절망 속에 간 거다. 우리는 이 부분에 대한 자기 성찰을 우선해야 한다.

Q_ 부친이 의열단 출신이라, 약산을 다소 우호적으로 보는 것 아닌가?

김_ 아버지(애국지사 김근수)가 약산 김원봉이 이끌던 의열단 출신이고, 모친(애국지사 전월선)은 의열단이 확대 개편된 조선의용대에 16살의 나이로 들어간 여성 대원이었다. 그런데 두 분은 김구 선생의 중매로 결혼했다.

광복 후에 부모님이 돌아와서 보니 독립운동가는 단하에서 박수치고 친일파들은 단상에서 박수받는 상황이 발생했다. 우리집도 독립운동한 사실을 1950년대와 1960년대까지 감추고 살았다. 왜 그랬을까? 경찰서 같은 곳에 가면 친일경찰들이 앉아 있으니 불이익당하는 경우가 발생했다. 약산을 가깝게 본 게 아니라 그가 우리 민족을 위해 김구 선생처럼, 단재 신채호 선생님처럼 행동했으니 사실을 말한 거다.

1944년 중국 충칭에서 태어난 김원웅 광복회 회장은 14대, 16대, 17대 국회의원을 역임했다. 이후 2014년 강원도 인제에 내려가 비영리 사회적 협동조합인 '허준약초학교'를 설립했다. 그곳에서 약초를 재배하고 약초 관리사 교육을 하며 지냈다.

김 회장은 올해 21대 광복회장 선거에 출마해 우당 이회영 선생의 손자인 4선 의원 출신 이종찬 전 국정원장과 겨뤄 승리했다. 광복회장의 임기는 4년이다. 김 회장은 2023년 5월까지 광복회를 이끈다.

- 19.06.25. 〈오마이뉴스〉 기사 / 김종훈

에필로그

약산 김원봉을
장군이라고 부르는 이유

나는 약산을 칭할 때면 항상 '김원봉 장군'이라 부른다. 그의 궤적을 추적하다 자연스레 그리 부르게 된 것인데, 물론 약산 스스로도 자신이 '장군'으로 불리기를 원했다. 그런데 곰곰이 생각해보면 정치인 김약산 보다는 군인 김약산이 훨씬 자신의 성향과 맞았다.

장군將軍, 한자를 풀이하면 군軍을 이끈다將는 뜻이다. 독립운동가 약산의 목표는 명징했다. 제 손으로 군을 만들고 이끌어 조국 광복을 이뤄내고 싶었다. 이 목표 하나로 평생을 직업 독립투사로 살아왔다. 그리고 거의, 정말로 거의 다 목표를 이뤘는데, 마지막 순간, '정치인 김약산'으로서의 역량만 발휘됐다면 좋았을 텐데, 그러지 못해 실패했다.

앞서 살폈듯 해방 후 만난 정치인 김약산은 독립투쟁 시기 장군 김약산 만큼의 놀라움을 보여주진 못했다. 결과적으로 남과 북이 모두 외면한 김약산이 되고 말았는데, 정치인 김약산의 선택이 성공하지 못했다고 김약산 장군의 행적까지 모두 외면하고 부정당하고 말았다. 최소한 의열단 100주년을 맞은 올해는 다시 한번 제대로 평가해야하지 않을까라는 생각이 들었다.

의열단 100주년, 우리는 약산을 제대로 만나야 한다
그의 고향 밀양을 시작으로, 그가 북으로 떠날 수밖에 없었던 해방정국의 서울, 그가 숙청된 평양, 그가 활동한 중국 난징, 지린, 상하이, 베이징, 광저우, 우한, 구이린, 치장, 충칭 등을 다니며 그의 행적을 추적했다. 현장에 가면 최소한 우리가 외면하고 놓쳤던 김약산을 다시 살필 수 있지 않을까. 예상대로, 현장에는 약산이 남긴 발자취가 여러 형태로 남아있었다.

조국 광복을 위해 군을 이끌면서 김약산은 철저한 현실주의자로 살았다. 목표를 위해서라면 이용할 수 있는 모든 건 다 이용했다. 심지어 자신의 성향과 직함까지도 내려놓을 준비가 언제나 됐다. 일제가 가장 두려워한 의열단 의백에서 중국군의 일개 장교 후보생이 됐고, 공산주의자 안광천과 함께 베이징에서 레닌주의정치학교를 만들었던 약산은, 만주사변이 발생하자 중국 정부의 직접적인 지원을 받을 수 있는 적기라 여겨 반공주의자 장제스를 만나 조선혁명간부학교를 설립하는 지원을 얻어냈다. 이를 바탕으로 1938년에는 마침내 약산의 최종 목표 중 하나인 군대 창설을 이뤄냈다. 철저하게 실리에 따라 행동했기 때문이다.

그러나 정치인 김약산의 행보는 참으로 아쉽다. 역사에 가정은 없지만, 좀 더 냉혹하게 권력을 쟁취해 나갔어야 했는데, 그러지 못했다. 마지막까지 믿었던 최창익에게 뒤통수를 맞았다. 그것이 연쇄작용처럼 이어져 최종목표인 '내 손으로 이룬 자주독립'을 달성하지 못했다. 좀 더 모질게 자신의 군대를 지켜내고, 좀 더 냉철하게 자신의 군대를 이끌고 나아갔다면 얼마나 좋았을까. 친일파들이 현충원에 모셔지는 말도 안 되는 현실은 막을 수 있지 않았을까.

근래 들어 일부 정치인들이, 약산을 두고 자꾸 '뼛속까지 공산주의자다, 빨갱이다'라고 말한다. 김약산 장군이, 당신들에게 그런 평가를 받을 위치에 있는 사람도 아니지만, 최소한 제대로 알고나 말했으면 하는 바람도 있다. 특히 개중에는 '약산이 전쟁 공로로 훈장을 두 번 받았다'라고 주장한다. 아니다. 북으로 올라간 순간부터 김일성의 심각한 견제를 받은 약산은 군인으로서의 실권이 전무했다. 경력으로 보면 약산은 독립진영의 사령관이었고, 김일성은 중대장급에 불과했다. 그런데 소련을 등에 업고 권력의 최정점에 오른 김일성이 과연 약산에게 실권을 줄까. 1952년 3월에 받은 훈장의 경우 '1급 최고훈장'이 아니라 1951년 북조선 군사위원회 평북도 전권대표 재직 시 평북 지역 보리 파종 실적이 우수하다고, 인민회의 상임위원장 김두봉이 준 노력훈장에 불과하다. 1958년 훈장 역시 숙청 직전에 받은 허울뿐인 종이 쪼가리다. 빨갱이와 공산주의자라는 오해, 모든 것이 현실주의자 김약산에 대한 제대로 된 연구와 기록 없이 나온 설이다. 약산에 대한 진실을 밝히는 과정,《약산로드 7000km》를 취재하고 집필하며 마지막까지 더 힘쓴 이유다.

최종적으로 이 책을 보고, 좀 더 많은 청년과 시민들이 김약산을 찾아 떠날 용기를 가졌으면 하는 바람이다. 여러분들이 힘을 모아 의열단 창립지에 김약산을 기억한다는 표지석을 세워줬으면 좋겠다. 난징 천녕사 입구에 '이곳에서 125명의 조선 청년이 조국 광복을 위해 목숨 바쳤다'는 내용을 기록했으면 좋겠다. 충청 김약산 장군의 집 앞에 김약산·박차정 지사의 동상을 세우고 싶다. 그리고 북녘땅 어딘가에 있을 김약산의 무덤에《약산로드 7000km》를 올리고 싶다. 분명한 사실은 우린 약산 김원봉 장군을 위해 해야 할 일이 너무나 많다. 김약산을 기억한다.

1년간의 추적 : 감사의 말

지난 2019년 6월 약산의 생질(외조카) 김태영 박사를 서울 시청 인근에서 만났다. 함께 걷는 동안 김태영 박사는 "그래도 우리 김기자는 좋은 회사에 다니는 것 같아. 이렇게 취재한다니 지원도 해주고, 고맙네"라고 말했다. 김태영 박사에게 진실을 고백했다.

> "아닙니다. 선생님. 임정로드 때도 그랬지만 약산로드는 임정로드보다 더 많이 제 시간과 사비, 휴가를 써서 기록한 이야기입니다. 과정에서 누구의 개입 없이, 제 의지대로 쓰고 싶어서 그리 선택했습니다."

김태영 박사는 적잖이 놀란 모습이었다. 그때까지도 김태영 박사는 약산로드가 최소한 회사의 지원을 받아 제작되고 만들어진 것이라 생각했다고 한다. 아니다. 이 책은 철저하게 내 모든 휴가와 사비를 들여 만든 작품이다. 나중에는 약산이 하도 꿈에 나와, '내가 이 정도로 약산을 깊이 생각하나' 싶었다.

애인 지은혜와 가족들의 이해와 지원이 없었다면 불가능했다. 친구들도 거의 만나지 않았다. "이번 주말에는 그래도 봐야 하는 것 아니냐"라는 친구들의 물을 때마다, "중국에 있다" 혹은 "지금 글 쓰고 있다"라는 말로 평계를 댔다. 사실이다. 지난 1년, 임정로드 취재 이후 주말과 휴가 때면 약산만 올곧이 쫓았다. (그렇다고 '노동분야' 취재기자로서의 역할을 소홀히 하진 않았다. 매 순간 진심 다했다.)

이 책은 지난 1년 약산에 대한 진심과 노력, 시간의 결정체다. 약산에게 부끄럽지 않기 위해 걷고 또 걸었다. 그러나 이 책은 나 혼자 만들지 않았다. 필로소픽 가족들, 특히 김경준 디렉터와 김무영 편집자가 없었다면 결코 세상에 나올 수 없었다. 함께 마음을 모아주고 행동해준 덕분에 빛을 볼 수 있었다. 진심으로 고맙다.

그래서 더 잘됐으면 하는 바람이다. 수십만 권 팔려 2019년 11월 의열단 100주년에 맞춰 창립하는 약산기념사업회(장학회)에 역할을 했으면 하는 욕심이 있다. 기대보다 적게 팔려도 역할은 할 생각이지만, 약산로드를 통해 만들어진 수익으로 2019년 우리 사회에 역할 했으면 좋겠다.

물론 이 책의 진짜 목적은 하나다. 이 책을 통해 우리 청년과 시민들이 약산을 찾아 떠났으면 좋겠다. 단언컨대 글로 만나는 약산보다 현장에서 만나는 김약산이 훨씬 멋있다. 밀양에서부터 충칭까지, '불가능한 꿈은 없다'는 사실을, 현장에서 만난 현실주의자 김약산을 통해 끊임없이 마주하게 된다. 함께 떠나자.

약산 김원봉 연표

1898년 3월 14일, 경남 밀양군 부북면에서 태어나다. 9월 출생설도 있지만 약산의 가족들은 3월 14일로 보고 있다. 필자 역시 가족 의견에 따른다.

1905년 만 7세, 서당에서 처음으로 정식 학습을 하다. 조선은 일본과 그해 11월 17일 을사늑약을 체결했다.

1908년 만 10세, 밀양공립보통학교 2학년에 편입하다. 이듬해 10월 26일 중국 하얼빈에서 안중근 의사가 이토히로부미를 저격한다.

1910년 만 12세, 뒷집 사는 윤세주와 함께 11월 3일 일왕 메이지明治 생일 때 받은 일장기를 교내 뚱통에 투척한다. 약산은 퇴학 처분을 당한다. 이후 밀양 동화학교에 입학, 전홍표의 지도를 받는다. 앞서 3월 26일 안중근 의사가 뤼순감옥에서 순국한다. 8월 29일 경술국치를 맞는다. 약산은 망국노가 된다.

1913년 만 15세, 동화중학이 폐교된 뒤 약산은 서울 유학을 결심한다. 하지만 오래지 않아 다시 고향으로 돌아온다. 집안 어른의 행태에 실망했다.

1914년 만 16세, 고향에 돌아온 약산은 표충사에서 각종 병서를 섭렵한다. 전국의 명산승지를 찾아 무전여행도 한다. 부산사람 김철성과 영주사람 강택진을 만난다.

1916년 만 18세, 약산은 연초에 서울 중앙학교에 입학한다. 그곳에서 친구 김두전과 이명건을 만난다. 일생동안 자신을 따라다닐 호, 약산若山을 얻는다. 친구 김두전과 이명건은 각각 물처럼, 별처럼 살아가라는 의미에서 약수若水와 여성如聖이라는 호를 얻는다. 그해 10월 약산은 중국 천진에 위치한 덕화학당으로 유학길에 오른다. 덕화학당의 학장은 독일인이었다. 친구 한봉인의 도움이 컸다.

1917년 만 19세, 여름방학을 맞아 일시 귀국하지만 1차 대전에서 중국이 연합국 편에 서면서 중국 덕화학당이 폐쇄된다. 약산은 미래를 고민한다.

1918년 9월 만 20세, 약산은 중국 금릉대에 입학한다. 당시 금릉대학교 학장은 미국인. 약산은 가장 부강했던 나라의 언어인 영어를 배우고자 했다. 앞서 1월 미국의 윌슨 대통령은 '평화원칙 14개조'를 발표한다. 11월 11일 제1차 세계대전은 종료한다. 결과론이지만 이때 고향을 떠난 약산은 만 27년 뒤인 1945년 12월에야 다시 돌아온다.

1919년 만 21세, 3.1혁명이 발발하자 친구 이여성과 김약수는 고국으로 돌아간다. 홀로 남은 약산은 6월 서간도 신흥무관학교에 입학한다. 9월 고모부 백민 황상규가 있는 지린으로 돌아온 김약산은 11월 10일 중국 지린시에서 동지들과 함께 일제가 가장 두려워하는 '의열단'을 창립한다. 의백으로 선출됐다. 앞서 4월 11일, 3.1혁명의 열기가 모아져 중국 상하이에서 대한민국 임시정부가 탄생했다. 9월에 통합정부가 이어진다. 중화혁명당이 중국 국민당으로 개편한다.

1920년 6월 만 22세, 의열단 1차 의거가 진행되지만 밀정에 의해 모든 계획이 탄로나 실패한다. 석정 윤세주를 비롯해 곽재기, 이성우 등 대두분의 창단 동지들이 검거된다. 고모부 황상규 역시 체포된다. 9월 14일 의열단원 박재혁이 부산경찰서 의거에 성공한다. 12월 의열단원 최수봉이 밀양경찰서에 폭탄을 던진다. 앞서 봉오동전투와 청산리대첩에서 큰 승리를 거둔다.

1921년 만 23세, 상하이에서 중국 공산당이 탄생한다. 9월 의열단원 김익상의 조선총독부 의거가 일어난다. 경천동지할 일이었다.

1922년 만 24세, 의열단원 김익상 오성륜 이종암의 상하이 황포탄 의거가 발생하지만 실패한다. 이 사건으로 김익상은 체포돼 20년 넘게 감옥 생활을 한다. 같은해 12월 약산은 단재 신채호를 만나 조선혁명선언을 부탁한다.

1923년 만 25세, 조선혁명선언이 작성 발표된다. 의열단원 김상옥의 종로경찰서 폭탄 투척사건이 발생한다. 김상옥 의사는 1:1000의 결전 끝에 자결한다. 3

월, 영화 〈밀정〉의 배경이 되는 2차 의열단 무기반입사건이 발생한다. 밀정의 고발로 실패한다. 5월, 지사들이 모여 임시정부를 놓고 국민대표회를 진행한다. 결론을 내리지 못하고 결렬된다.

1924년 만 26세 1월, 관동대지진으로 인해 발생한 한인 학살에 대한 응징으로 도쿄 이중교 폭탄 투척 의거를 진행한다. 아깝게 불발한다. 6월 국공합작의 결과로 황포군관학교가 개교한다. 약산은 의열단 본부를 상하이-베이징-톈진 등에 두고 활동을 이어간다.

1925년 만 27세, 쑨원이 베이징에서 사망한다. 3월 의열단원 이인홍과 이기환이 베이징에서 일제 밀정 김달하를 처단한다. 11월 의열단원 이종암, 배중세 등이 3차 무기반입사건을 준비하다 다시 한 번 밀정의 모략으로 실패한다. 김약산 깊은 고민에 빠지다.

1926년 만 28세 3월, 약산은 의열단의 모든 권위를 내려놓고 동지들과 함께 황포군관학교 4기생으로 입학한다. 7월 쑨원의 유지를 받들어 국민당의 북벌전이 시작된다. 과정에서 황포군관학교 장교들이 큰 역할을 한다. 12월 다이쇼 일왕이 죽고, 히로히토가 즉위한다. 바로 이어 의열단원 나석주가 동양척식주식회사와 조선식산은행에 폭탄을 던지고 자결한다.

1927년 만 29세, 4월 장제스의 청당 운동 시작. 당내 사회주의 계열 및 공산당 계열 탄압 당하다. 1차 국공합작이 결렬됐다. 약산은 광저우를 나와 상하이로 이동, 중국혁명군이 돼 8월에 난창봉기에 참여하다. 12월 11일 광주봉기가 발생하다. 3일천하로 끝나 5000여명이 사망했다. 조선청년 150여명도 과정에서 사망했다. 약산은 '어제의 동지가 오늘의 적이 돼 서로의 총부리를 겨눈다'는 이유로 광주봉기에 참여하지 않았다.

1928년 만 30세, 약산 상하이에서 안광천을 만나 깊이 교류했다. 6월 9일, 중국 북벌군이 베이징을 점령함으로써 북벌전이 종료됐다. 11월 의열단 창립 9주년 대회가 상하이에서 열렸다.

1929년 만 31세, 약산 의열단 본부를 상하이에서 베이징으로 옮겼다. 4월에 레닌주의정치학교를 개교한다. 〈레닌주의〉라는 잡지를 발간하다. 연말 레닌주의정치학교 1기 졸업생이 배출됐다. 12월 2일 의열단 상하이지부가 해체됐다.

1930년 만 32세, 약산 레닌주의에 깊이 심취했다. 7월, 단재 신채호가 다롄에서 10년형을 언도받았다. 앞서 1월에 상하이에서 한국독립당이 결성됐다.

1931년 만 33세, 약산 3월에 박차정 지사와 혼인했다. 7월에 지린에서 '만보산 사건'이 발생해 한중간 갈등이 크게 치달았다. 9월 만주사변이 발발했다. 10월에 베이징에서 의열단 대회가 열렸다.

1932년 만 34세, 의열단 본부가 난징으로 이동한다. 이후 장제스의 국민당정부와 제휴한다. 조선혁명간부학교 개교에 합의한다. 그해 10월 난징에서 조선혁명간부학교가 탄생한다. 김시현이 이육사와 윤세주를 조선혁명간부학교에 입교시킨다. 앞서 1월에 한인애국단원 이봉창이 도쿄에서 일왕이 탄 마차에 폭탄을 던진다. 3월에 일본의 괴뢰국인 만주국이 수립된다. 4월 29일 한인애국단원 윤봉길이 상하이 홍커우공원에서 물통형 폭탄을 투척해 의거에 성공한다.

1933년 만 35세, 4월에 조선혁명간부학교 1기생이 졸업한다. 약산은 졸업생들에게 만주와 국내 공작 작전을 지시한다. 6월 말 의열단 대표회의 이후 7월에 조선혁명간부학교 2기생이 입학한다. 조선이 낳은 천재 작곡가 정율성이 2기생으로 입학한다.

1934년 만 36세, 3월에 조선혁명군사학교 1기 출신 지사들이 국내 작전을 진행하던 중 대부분 검거된다. 4월 초 백범 김구가 조선혁명간부학교를 방문해 2기 생도들을 응원한다. 만년필을 선물한다. 4월 말 조선혁명간부학교 2기생들이 졸업한다. 10월, 국민당의 토벌을 피해 중국공산당의 대장정이 시작된다.

1935년 만 37세, 4월 조선혁명간부학교 3기생 입학식이 거행된다. 7월에 난징 금릉대에서 여러 정당이 하나로 모여 민족혁명당으로 탄생한다. 약산은 민족혁명당의 실권자인 서기부장으로 선출된다. 9월에 조소앙과 박창세 등 구 한국독립당 계열 인사들이 민족혁명당을 탈당한다. 10월에 조선혁명간부학교 3기생이 난징 천녕사에서 졸업한다. 마지막 졸업생이다.

1936년 만 38세, 1월 민족혁명당 기관지 〈민족혁명〉이 발행된다. 3월 단재 신채호가 뤼순감옥에서 옥사한다. 12월 12일 장쉐량의 서안 사변이 발생한다. 장제스가 구금된다.

1937년 만 39세, 민족혁명당 2차 전당대회가 난징에서 개최된다. 4월에 지청천 계열이 민족혁명당에서 탈당한다. 7월 7일 중일전쟁이 발발한다. 8월에 한국국민당 등 우파 민족주의 세력이 힘을 모아 한국광복운동단체연합회를 결성한다. 9월에 민족혁명당소속 청년대원들이 중국중앙군관학교 싱즈분교에 입교한다. 약산이 난징 호가화원에서 이들에게 명연설을 남긴다. 9월 22일 일본에 맞서 2차 국공합작이 성립된다. 난징은 민족혁명당 대원들과 함께 난징에서 우한으로 적을 옮긴다. 12월 초 민족혁명당과 조선민족해방동맹, 조선혁명자연맹 등 좌파 민족주의세력이 하나로 모여 우한에서 조선민족전선연맹을 결성한다. 약산은 대표로 선출된다.

1938년 만 40세, 6월에 최창익이 민족혁명당을 탈당해 우한에서 조선청년전위동맹을 결성한다. 7월, 약산은 중국국민당정부 군사위원회에 '조선무장부대건설 계획안'을 제출한다. 10월 10일 각고의 노력 끝에, 우한에서 조선의용대가 창설된다. 약산은 총대장에 선임된다. 약산은 조선의용대를 이끌고 우한방어전에 참전한다. 12월, 마지막까지 전투한 뒤 조선의용대 본부를 우한에서 구이린으로 옮긴다.

1939년 만 41세, 뉴욕 시카고 로스앤젤레스 등에서 조선의용대 후원회가 결성된다. 5월에 약산은 백범과 함께 치장에서 '동지동포에게 보내는 공개통신'을 발표한다. 약산이 통신문의 기조를 잡았다. 두 사람의 공개통신을 바탕으로 8월에 치장에서 한국혁명운동 통일 7단체 회의가 열린다. 그러나 주도권을 놓고 다투다 격론 끝에 회의는 종료된다.

1940년 만 42세, 10월에 조선의용대 본부가 충칭으로 철수한다. 조선의용대 2주년 창립대회에서 기념대회에 맞춰 열린 간부회의에서 격론 끝에 조선의용대 주력부대의 화북 이동이 결정된다.

1941년 만 43세, 1월에 약산이 부재한 상황에서 산시성 타이항산에서 최창익 등을 중심으로 화북조선청년연합회가 결성된다. 5월에 민족혁명당이 대한민국 임시정부 참여를 선언한다. 약산의 실권이 크게 약화됐다. 11월 28일, 대한민국 임시정부가 '건국강령'을 발표한다. 12월 8일 태평양전쟁이 발발한다. 12월 10일 대한민국 임시정부가 '대일선전포고문'을 발표한다. 12월, 약산은 민족혁명당 5차 전당대회에서 임시정부 참여를 선언한다.

1942년 만 44세, 5월에 약산은 충칭 잔류 조선의용대 본대의 광복군 1지대 편입을 결정한다. 5월 말 약산의 평생 지기이자 동지인 석정 윤세주가 십자령 전투에서 전사한다. 석정마저 사라진 상황, 조선의용대 화북지대가 조선의용군으로 개편한다.

1943년 만 45세, 약산은 인도 주둔 영국군 대표와 '민족혁명당 인도연락단 파견'에 관한 협정을 체결한다. 이에 따라 43년 8월 최성오와 주세민 등을 인도에 파견한다. 영국군과 공동 작전을 수행했다는 이유로 훈장을 받은 것으로 파악된다. 그러나 정확하게 확인된 바는 없다. 10월에 약산은 민족혁명당 리더로 임시의정원에 참여한다. 약산은 경상도대표의원이 된다. 12월 5일 약산이 광복군 부사령 겸 1지대장으로 취임한다.

1944년 만 46세, 약산 임시정부 군무부장에 취임한다. 5월 27일 부인 박차정 지사를 떠나보낸다.

1945년 만 47세, 1월에 약산은 최동옥 여사와 재혼한다. 2월에 대한민국 임시정부에서 '대독일선전포고문'을 발표한다. 미국은 8월에 일본 히로시마와 나가사키에 원자폭탄을 투하한다. 8월 15일 충칭에서 광복을 맞이한다. 11월 중국에서 국공내전이 시작된다. 11월 3일, 대한민국 임시정부 요인들 충칭 연화지 청사 백범의 계단에서 기념사진을 찍고 상하이를 거쳐 고국으로 돌아온다. 12월 2일 약산도 2진으로 국내에 복귀한다. 1918년 중국으로 망명한 뒤 만 27년이란 시간이 지났다. 큰아들 중근이 출생한다.

1946년 만 48세, 1월에 약산은 김성숙과 함께 국내 좌익세력대표와 회담을 한다. 23일 임정이 주도했던 비상국민회의에서 탈퇴한다. 2월에 약산은 민주주의민족전선에 참여한다. 공동의장에 추대된다. 약산은 2월말과 3월에 걸쳐 대구, 밀양, 부산, 진주 등 환영식에 참여한다. 6월에 김규식과 좌우합작 문제로 회담을 한 뒤, 민족혁명당의 전국 확대를 위해 애쓴다. 11월 30일 민족혁명당 서울시당부가 결성된다.

1947년 만 49세, 1월에 약산은 민전 의장에 재선된다. 3월 하순에 약산은 노덕술을 필두로 한 미군정 경찰에 체포돼 모욕 당한다. 4월 9일 무혐의로 석방되지만 크게 분노한다. 약산의 둘째 아들 철근이 출생한다. 7월에 약산은 김규식, 여운형, 허헌 등과 함께 회담하고 서재필을 만나 통일 방향을 모색한다. 7월 19일 여운형이 사망한다. 약산은 장례위원에 선임된다. 8월에 약산의 자택이 습격을 받고 민전과 인민공화당(민족혁명당 후신) 사무실은 폐쇄된다. 약산은 종적을 감춘다.

1948년 2월 김구와 김규식이 '남북지도자회의'를 소집 제안한다. 제주 4.3이 발생한다. 4월에 약산은 가족들과 함께 월북한다. 4월에 열린 남북제정당사회단체연석회의에서 전체 사회를 맡는다. 8월 15일 대한민국 정부가 수립한다. 9월에 조선민주주의인민공화국이 수립한다. 약산은 국가검열상에 취임한다.

1949년 6월 남북 민전이 통합돼 조국통일민주주의전선을 결성한다.

1950년 김일성이 스탈린과 마오쩌둥을 만난 뒤 남침의 동의를 얻고 6월 25일 한국전쟁을 일으킨다. 12월 김일성은 무정을 숙청한다.

1951년 7월 10일 개성에서 휴전회담 본회의가 열렸다.

1952년 5월 약산은 국가검열상에서 해임된다. 7월에 노동상에 임명된다.

1953년 3월에 남로당 당수 출신 박헌영이 '반당 및 반혁명' 혐의로 체포, 8월에 '반당 및 반국가 파괴 암해분자와 종파분자' 혐의가 추가돼 완전 실각한다. 7월 27일 정전이 수립된다. 약산은 11월에 납북된 임시정부 인사들을 만난다.

1954년 10월 약산은 조완구 선생 장례위원회 위원장을 맡는다.

1955년 12월 박헌영에게 '미제국주의의 고용간첩의 두목' 및 '공화국 전복 기도' 혐의가 추가돼 사형이 선고된다.

1956년 7월 박헌영이 총살당한다. 재북조선평화통일촉진협의회가 결성된다. 박헌영에 이어 8월에 최창익 등 옌안파가 '반당 및 반혁명 분파'를 이유로 숙청당한다.

1957년 약산은 최고인민위원회 상임위원회 부위원장에 선임된다. 권력의 중심에서 서서히 멀어진다.

1958년 3월 조선노동당 대표자회의에서 옌안파의 거두 김두봉이 숙청당한다. 약산이 노력훈장을 받지만 그해 가을 최고인민위원회 상임위원회 부위원장직에서 해임된다. 연말 약산이 숙청된 것으로 전해지고 있다. 독립운동의 거두, 약산의 끝을 어느 누구도 정확히 모른다.

참고문헌

단행본

• 김산, 님 웨일스, 조우화 옮김, 《아리랑》, 동녘, 1984

• 김삼웅, 《김상덕평전》, 책보세, 2011

• 김삼웅, 《약산 김원봉 평전》, 시대의창, 2013

• 김영범, 《의열단 민족혁명당 조선의용대의 영혼 윤세주》, 역사공간, 2013

• 김종훈, 《임정로드 4000km》, 필로소픽, 2019

• 김태빈, 전희경, 《한번의 죽음으로 천년을 살다》, 레드우드, 2019

• 김호웅, 김혜양, 《김학철 평전》, 실천문학사, 2007

• 김희곤, 《이육사평전》, 푸른역사, 2010

• 김희곤, 《항일투쟁에서 반독재투쟁까지 김시현》, 지식산업사, 2013

• 밀양시 엮음, 《2019년 의열단 창단 100주년 기념 의열단 논문 자료집》

• 박시백, 《35년》, 비아북, 2019

• 박태원, 《약산과 의열단》, 깊은샘, 2000

• 윤태옥, 《중국에서 만나는 한국독립운동사》, 섬앤섬, 2018

• 이중, 《모택동과 중국을 이야기하다》, 김영사, 2002

• 정정화, 《장강일기》, 학민사, 1998

• 한상도, 《대륙에 남긴 꿈 김원봉》, 역사공간, 2006

• 한시준, 《대한민국 임시정부의 지도자들》, 역사공간, 2016

논문

• 강대민, 〈박차정 민족해방운동의 여성 투사〉, 내일을여는역사재단, 2006

• 강옥, 〈김학철의 '투사'와 '작가'적 생애에 대한 고찰〉, 2005

• 김명섭, 〈류자명의 항일 의열활동 연구〉, 2015

• 김명섭, 〈신채호의 무정부주의동방연맹 활동〉, 독립기념관 한국독립운동사연구소, 2017

• 김명섭, 〈이회영의 중국 망명생활과 독립운동〉, 독립기념관 한국독립운동사연구소, 2017

- 김영범, 〈오늘 이 땅에 되살아오는 김산〉, 새얼문화재단, 2007
- 김용달, 〈김익상의 생애와 의열투쟁〉, 독립기념관 한국독립운동사연구소, 2011
- 김용달, 〈한국독립운동사에서 의열단과 의열투쟁의 의의〉, 독립기념관 한국독립운동사연구소, 2014
- 김현수, 〈심산 김창숙의 유교 인식과 독립운동의 전개〉, 한국학 논집, 2018
- 박걸순, 〈아나키스트 의 자료 현황과 새로 발굴한 의 성격〉, 충북대학교 중원문화연구소, 2013
- 백선기, 홍정선, 〈한 장의 사진과 김산의 생애〉, 문학과 사회 가을호, 1998
- 염인호, 〈김원봉 의열투쟁과 무장독립운동의 선구자〉, 일조각, 2010
- 염인호, 〈의혈투쟁에서 민족통일전선운동으로〉, 고려사학회, 1996
- 전성현, 〈일제강점기 경남지역의 의열투쟁과 지역성〉, 독립기념관 한국독립운동사연구소, 2011
- 조선의용대 창설 80주년기념 학술회의, 신흥무관학교기념사업회, 2018
- 조우찬, 〈김두봉의 해방 후 정치활동의 특징과 숙청의 배경〉, 한국 근현대사연구, 2019
- 조은주, 〈이육사의 문학관과 광야의 사상성〉, 숭실대학교 한국문화과예술연구소, 2017
- 한상도, 〈김원봉의 월북 배경과 이후 정치활동 궤적〉, 한국근현대사학회, 2019
- 한상도, 〈유사병의 아나키즘 이해와 한중 연대론〉, 한국동양정치사상사학회, 2008
- 한홍구, 〈인물평전 태항산에 묻힌 혁명가 윤세주〉, 역사비평 여름호, 1988

참고사이트
- 공훈전자사료관 http://e-gonghun.mpva.go.kr/user/index.do
- 국가보훈처 https://www.mpva.go.kr/mpva/main.do
- 국립서울현충원 http://www.snmb.mil.kr/mbshome/mbs/snmb/
- 국사편찬위원회 http://www.history.go.kr/
- 국외독립운동사적지 http://oversea.i815.or.kr/
- 동북아역사재단 https://www.nahf.or.kr/main.do
- 민족문제연구소 https://www.minjok.or.kr/
- 밀양독립운동기념관 http://www.miryang815.or.kr/
- 밀양의열기념관 http://www.miryang.go.kr/milyang/index.php
- 조선의열단기념사업회 http://www.justicekorea.org/
- 오마이뉴스 http://www.ohmynews.com/
- (사)항일독립선열선양단체연합 http://www.hddy.or.kr/

약산로드 7000km

초판 1쇄 발행 | 2019년 9월 12일
초판 2쇄 발행 | 2020년 11월 30일

지 은 이 | 김종훈
펴 낸 이 | 이은성
기　　획 | 김경준
편　　집 | 김무영, 김지은
디 자 인 | 이윤진

펴 낸 곳 | 필로소픽
주　　소 | 서울시 동작구 상도동 206 가동 1층
전　　화 | (02)883-9774
팩　　스 | (02)883-3496
이 메 일 | philosophik@hanmail.net
등록번호 | 제379-2006-000010호

ISBN 979-11-5783-157-9 03910

필로소픽은 푸른커뮤니케이션의 출판 브랜드입니다.

이 도서의 국립중앙도서관 출판예정도서목록(CIP)은 서지정보유통지원시스템
홈페이지(http://seoji.nl.go.kr)와 국가자료종합목록시스템(http://www.nl.go.kr/
kolisnet)에서 이용하실 수 있습니다. (CIP제어번호 : CIP2019027286)